# 다플랫폼 다채널 시대의 통일방송

서울대학교통일학연구총서 11

# 다플랫폼 다채널 시대의 통일방송

**펴낸곳** 서울대학교출판문화원
**펴낸이** 오연천
**지은이** 윤석민·배진아·곽정래·이현우·채정화

**초판 1쇄 인쇄** 2011년 9월 5일
**초판 1쇄 발행** 2011년 9월 10일
**출판등록** 제15-3호

**주소** 서울 관악구 관악로 1 우편번호 151-742
**대표전화** 02-880-5252 **팩스** 02-888-4148
**마케팅팀(주문상담)** 02-889-4424, 02-880-7995
**이메일** snubook@snu.ac.kr
**홈페이지** www.snupress.com
**영문홈페이지** eng.snupress.com



**ISBN** 978-89-521-1221-7 94330
978-89-521-1029-9 (세트)

서울대학교통일학연구총서 11

# 다플랫폼 다채널 시대의 통일방송

윤석민 · 배진아 · 곽정래 · 이현우 · 채정화

서울대학교출판문화원

# The Unification Broadcast for Multimedia & Multichannel Era

Seg-Min Youn
Jin-Ah Bae
Jeong-Rae Kwak
Hyun-Woo Lee
Jeong-Hwa Chae

Seoul National University Press

# 서울대학교통일학연구총서를 내면서

냉전체제가 와해되고 남북교류가 증대하면서 21세기 한반도의 창조적 미래구상이 절실히 요청되고 있다. 우리의 희망과는 달리 남북관계는 여전히 불안정하고 국제정세 또한 유동적이지만, 상호적대적인 분단체제는 더 이상 유지되기 어려운 상황임이 분명하다. 민주화와 경제발전을 성공적으로 이룩한 우리 사회의 역량을 바탕으로 이제 통일한국의 미래를 기획하고 추진하는 일이 핵심적인 시대적 과제로 부각되고 있다.

어떤 형태의 통일이 바람직할 것인가에 대해 완전한 합의를 얻기는 쉽지 않다. 통일이 이루어질 시기를 예측하기도 어려우며, 통일과정이 반드시 점진적이거나 평화적일 것이란 보장도 없다. 우리가 원치 않는 방식으로 통일문제에 맞부딪치게 될 가능성도 얼마든지 있다. 그럼에도 불구하고, 아니 그렇기 때문에 통일에 대한 연구는 더욱 총체적인 시야에서 체계적으로 이루어져야 한다. 실제로 통일과정에 돌입했을 때 그 전 과정을 적절히 관리할 역량이 갖추어지지 못하면 오히려 심각한 갈등과 후유증을 겪을 우려가 크기 때문이다.

통일논의가 구체화되고 정책적 실현가능성이 높아지면 질수록 그에 적합한 전문성과 책임성을 갖추기 위해 노심초사해야 하는 것이 한국 지식인의 책무일 것이다. 반세기 이상 남북한 주민들이 경험해온 상이한 제도와 관행을 적절히 통합하고 전쟁의 상처와 오랜 대립에서 비롯되는 적대감과 이질성을 극복하기 위해서는 고도의 전문성과 기획력이 무엇보다도 필요하다. 한반도 통일을 바람직한 동북아 지역질서와 연계시키고 보다 나은 공동체를 구현하는 일도 지식인들의 높인 식견과 섬세한 대응역량이 없이는 불가능하다.

서울대학교는 2003년부터 통일학 연구 지원 사업을 시작하였고, 우리 사회의 지적 대응능력을 키우는데 진력하고 있다. 서울대학교의 통일연구 사업은 북한에 대한 지역연구 차원을 넘어서 통일과정 전반에서 고려되어야 할 쟁점들을 학제적으로 분석하는 데 목적을 둔다. 따라서 정치, 경제, 사회, 역사, 문화, 환경의 영역은 물론이고 농학과 의학, 과학기술과 예술 및 체육에 이르기까지 광범위한 영역을 포괄한다. 이 일을 총괄하는 서울대학교 통일평화연구원은 국내외의 연구기관 및 연구자들과 교류하면서 종합학문으로서의 통일학을 정립하고자 애쓰고 있다.

서울대학교 통일학 연구총서는 이러한 학문적 노력의 결실이다. 이 신서가 우리 시대 최대의 과제인 분단극복과 통일한국을 향한 역사적 장정에 긴요한 지적 자산이 되기를 기대한다. 또한 소모적인 이념 논란을 지양하고 창조적인 대안과 정책적 지혜를 탐색하는 이성적 도구로 활용되기를 바란다. 끝으로 통일 연구의 시대사적 중요성을 인식하고 서울대학교 통일연구 사업의 제도적 바탕을 마련해주신 정운찬 전 총장님과 변함없이 이 연구 사업을 지원, 격려해주신 이장무 전 총장님, 그리고 종전의 통일평화연구소를 통일평화연구원으로 승격하여 새로운 도약과 발전의 기틀을 마련해주신 오연천 총장님께 깊은 감사를 표한다.

2011년 9월

서울대학교 통일평화연구원

# 머리말

민족의 통일이 그 어떤 이념, 그 어떤 가치에 앞서 21세기 한국 사회, 한국 민족이 지향해야 할 가장 중차대한 목표라는 점은 새삼 강조할 필요가 없다. 민족통일은 우리 민족 모두가 지향하는 소원의 처음이자 마지막이다. 우리와 북한 간의 역사적 관계가 무엇이건, 그리고 우리가 처한 국내외 정치 역학의 이해관계 속에서 우리가 현시점에서 취하는 단기적인 대응양상이 무엇이건, 궁극적으로 민족통일은 결코 저버릴 수 없는 우리 모두의 비원이다.

그럼에도 불구하고 지난 60년 분단의 역사, 특히 최근의 상황은 말 그대로 답답할 뿐이다. 이제 우리는 중국과 대만의 사례를 제외한다면 지구상에 남아 있는 유일한 분단국가다. 특히 이명박 정부가 등장한 이후, 김대중-노무현 진보정권하에서 유화국면으로 접어드는 것처럼 보였던 남북관계는 경색국면으로 급선회하고, 금강산 관광객 김왕자 씨 피살사건, 천안함 사태, 3대 권력세습, 그리고 연평도 포격 사태를 거치며 말 그대로 일촉즉발의 위기상황으로까지 악화되고 말았다. 현시점에서 민족통일이라는 말을 거론하는 것 자체가 과연 적절하며 온당한 일인지 의구심이 들 정도다. 일각에서는 북한의 도발에 대비한 선제공격, 북한의 체제 붕괴, 흡수 합병이 통일로 나아가는 현실적인 방안이라는 주장까지 공공연히 회자되고 있는 상황이다.

하지만 이러한 주장은 명백히 잘못된 것이다. 두말할 나위 없이 남북의 통일은 결단코 평화통일이어야 한다. 현 시점에서 그리고 미래에 남한과 북한의 상황이 어떤 식으로 전개되건 이 원칙은 포기될 수는 없다. 남북관계가 최악의 경색국면을 맞고 있는 최근 상황이라 해서 이 원칙이 바뀔 수는 없다. 정치학자 문정인 교수의 글을 인용하다.

우리 모두 시장경제와 자유민주주의에 기초한 단일민족국가로서의 통일을 바라지만, 흡수통일이 현실적 대안은 아닌 것 같다. 상대가 있기 때문이다. 설령 현 북한 체제가 붕괴한다 해도 주권국가로서의 북한은 존속할 것이다. 집단지도체제, 군부정권, 민주정부든 그 어떤 정치주체가 들어서든 이들과 협상하고, 합의를 구해야 통일이 가능하다. 우리가 북의 연방제 통일방안을 수용할 수 없는 것처럼 북도 흡수통일 방안을 받아들이기 어려울 것이다.

과거에 점진적 통일방안이 선호되었던 이유도 바로 여기에 있다. (중략) 두 개의 주권을 당장 하나로 합치는 법적 통일보다는 교류협력, 신뢰구축, 평화공존의 모색을 통해 사람과 물자가 자유롭게 오가는 사실상의 통일 상태를 먼저 만드는 것이 바람직하다는 것이다. 분단, 전쟁, 그리고 대립과 갈등의 역사를 겪어온 남북한이 협력과 통합의 과정을 거치지 않고 단숨에 단일민족국가로 통일하는 것은 현실적으로 어렵기 때문이다.

우리 정부가 준거로 삼고 있는 독일 통일도 엄밀히 말해 흡수통일이 아닌 합의통일이다. (중략)

일부 보수 진영에서는 아예 "전쟁을 두려워하면 통일을 이룰 수 없다"고 주장하며 최악의 경우 무력통일 가능성도 내비치고 있다. 그게 가능한 일인가. 1994년 1차 핵 위기 당시 미 국방부는 한반도에 전면전 발생 시 개전 90일 이내에 미군 5,200명, 한국군 49만 명, 그리고 민간인 사상자 수는 100만 명을 넘을 것으로 추정한 바 있다. 그리고 미국이 부담해야 할 전쟁비용은 1,000억 달러, 한국과 주변국은 1조 달러의 손실을 감당해야 할 것으로 내다보았다. (중략) 여기에 막대한 인명 손실까지 고려하면 아무리 통일의 편익이 크다 해도 이는 대안이 될 수 없다. 더구나 전쟁에 따른 지워지지 않은 상흔 때문에 통일 후 사회통합이 불가능해질 수도 있다.

이제 상식과 순리에 따라야 한다. 통일은 우리의 일방적 강요가 아니라 남북 상호합의에 의해 이루어져야 한다는 점을 유념해야 할 것이다. 그러기 위해서는 신중한 현실주의 자세로 통일에 앞서 교류협력, 신뢰구축, 그리고 평화공존의 기반을 구축하고 북이 선뜻 합의통일에 나설 수 있는 대내외적 여건을 만들어주어야 한다(문정인, 2011. 1. 24, 중앙일보 시평, "통일 논의 상식과 순리 따라야.").

그렇다면 "상식과 순리에 따른" 평화 통일이란 무엇인가? 이는 남한과 북한 간의 군사적 긴장상태를 완화하고 평화를 보장하며 더 나아가, 이질적인 정치, 경제, 문화 등 전반적인 사회적 구조를 통합하고 재편하는 작업이며 궁극적으로 민족의 하나 됨을 추구하는 것이다(이우승, 2005: 11). 한민족 사회의 모든 성원이 민족으로서의 일체감을 느끼도록 하는 것, 그리고 궁극적으로 남북한 간의 평화로운 하나 됨을 실현하는 것이다. 군사력에 의한 무력통일 내지 경제력에 의한 물질적 지배가 아닌 사회문화적 · 정신적 통합을 이룩하는 것이다.

하지만 현실적으로 이를 실천에 옮기는 것은 참으로 어려운 일이 아닐 수 없다. 분단 이후 60여 년 이상 쌓여온 정치 · 경제 · 사회 · 문화적 이질성은 이제는 생각만으로도 아득한 장벽이 되어 남한과 북한의 상호작용과 소통을 원천적으로 가로막고 있다. 이러한 장벽을 넘어서는 것이 애초에 가능한 일인가? 특히 천안함 침몰, 연평도 포격 사태 이후 남과 북이 말 그대로 일촉즉발의 상태로 대치하고 있는 현 상황에서 사회문화적 통합 운운하는 주장은 가망 없는 탁상공론 내지 심지어는 비겁한 종북주의적 유화론으로 비추어지기도 한다.

하지만 남과 북의 긴장과 대치 양상이 심각할수록 양측의 사회문화적 이질성을 극복하기 위한 노력은 가일층 강화되어야 한다는 것이 필자를 포함한 연구자들의 판단이다. 남북이 총부리를 겨누고 있는 정전상황에서 양측 간에 물리적 충돌이 발생할 개연성은 상존한다. 이러한 사태는 최대한 방지되어야 한다. 하지만, 보다 중요한 것은 이러한 사태가 발생했을 때 그 파장 내지 충격을 흡수할 수 있는 상호 신뢰와 동질성의 기반을 다지는 일이라고 할 것이다. 사회문화적 동질성의 기반이 강화될수록 남북관계의 큰 줄기는 일시적인 관계의 악화, 물리적 충돌의 파장에 의해 흔들리거나 경색됨이 없이 공고함을 유지할 수 있게 될 것이다. 중장기적으로 이는 물리적 충돌 내지 도발 기도 자체를 억지하는 선순환 효과를 불러오게 될 것이다.

정치적 · 군사적으로 남북관계가 급진전 양상을 보이는 경우를 가정하더라도 마찬가지다. 이러한 과도기의 혼란과 충격 속에서 남과 북이 진정한 통일의 방향으로 나아갈 수 있을지 여부는 결국 양측의 구성원이 마음 깊은 곳에서 얼마나 강하게 서로의 차이를 극복할 수 있다고 믿으며, 소소한 갈등에 좌우됨이 없이 궁극적으로 하나 되기를 바라는가, 그 신뢰, 관용, 열망의 정도에 달려 있다고 할 것이다.

이 연구서가 다루는 주제는 남북한 간의 사회문화적 이질성 극복을 위한 방송의 역할이다. 수많은 미디어들이 경쟁하는 미디어 빅뱅시대에 여전히 가장 큰 사회문화적 영향력을 지니고 있는 방송 미디어의 중요성에 대해서는 굳이 강조할 필요가 없다. 이러한 맥락에서 남북한 간의 사회문화적 통합 차원에서 방송의 사회문화적 영향력을 활용하려는 시도가 방송현장에서 그리고 학계의 논의 속에서 지속되어왔다. 방송을 통한 남북한 사회문화 교류의 증진, 이질화, 분리, 차별, 불평등 상태의 해소, 동질성의 강화는 이미 우리에게 낯익은 구호들이다.

하지만 남북 관계의 현실은 지속적으로 요동치고 또 방송의 미디어적 특성 및 산업적 상황 역시 급변하고 있다. 우선 남북관계는 세습적 권력 이양의 과도기인 향후 몇 년간 매우 불안정한 양상을 보일 것으로 예측된다. 여기에 남한과 미국의 대선, 중국 공산당의 리더십 변동, 김일성 탄생 100주년이 겹쳐 있다. 이 격변기를 북한은 한층 강한 긴장과 대치로 돌파하려 할 가능성이 높다.

방송의 변화 역시 한치 앞을 내다보기 어려울 정도다. 최근 들어 종래의 기술, 산업, 서비스, 정책 등 방송의 제반 측면에서 근본적인 변화를 초래하는 이른바 다플랫폼 다채널화, 방송통신 융합 상황의 전개는 방송의 기본 개념 자체를 뒤흔들고 있다. 이제 방송은 거실이라는 한정된 상황에서 고정된 수신기를 통해 제한적 내용을 공동시청하던 미디어를 넘어 개별 시청자가 다양한 수신기를 통해 이동상황을 포함한 다양한 시청 상황에서 자신이 원하는 프로그램을 소비하는 미디어를 의미한다.

이러한 상황은 다음과 같은 질문을 불러일으킨다. 방송이 지향하는 '민족동질성 강화' 및 '통일'이라는 공공적 가치를 우리 방송의 목표로 내세우는 것이

다플랫폼 다채널 상황에서 여전히 유효한 것인가? 설사 명목적으로는 이러한 가치를 인정한다고 한들 급변하는 현재의 방송시장 환경에서 이러한 이념적 가치가 계속 유지될 수 있을 것인가, 아니면 약화되거나 아예 실종되어 버릴 것인가? 민족 통일의 그 날까지 통일 지향적 가치를 방송을 통해 지속적으로 공고히 구현해가고자 한다면 그 실천적 방법론은 무엇이 되어야 하는가?

필자가 과문한 탓인지 모르지만 남북한 간 사회문화적 통합을 위한 방송의 역할을 모색하는 종래의 논의들 속에서 이러한 질문들에 대한 답은 여전히 불충분한 상태로 남아 있다는 판단이다. 남북한 간 사회통합을 위한 방송의 역할은 상황을 반영하며 지속적으로 조정되어야 할 것이다. 이와 관련된 연구활동 역시 일회성이 아니라 상황 변화를 주시하며 지속적으로 업데이트될 필요가 있다.

이 책은 크게 7장으로 구성된다.

1장은 해외의 사례를 중심으로 분단국의 사회통합과정 및 이를 위한 방송의 역할을 다룬다. 국가체제 차원에서 완전한 통일을 이룬 독일의 사례와 사회·경제·문화 등의 전면적 교류를 통해 '하나의 중국'을 지향하는 중국과 대만의 사례를 통해 분단국의 사회통합과정이 어떠한 방식으로 진행되어왔고, 이 과정에서 방송이 어떠한 기능과 역할을 수행했는지 살펴볼 것이다. 이러한 사례분석을 통해 남북한의 통일과 사회통합과정에서 수행해야 할 방송의 역할에 대한 시사점을 도출해보고자 한다.

2장은 남북 간에 이루어져온 사회문화교류 그리고 방송교류의 역사를 검토한다. 분단 이후 남한의 역대 정권은 통일정책의 큰 틀 안에서 나름의 소통과 교류를 통해 '민족동질성' 회복 내지 강화를 위해 노력해왔다. 이러한 노력들은 시기적으로 어떠한 변화를 겪어 왔으며 어떤 성과 내지 한계를 드러내왔는지를 분석함으로써 향후 남북 간의 사회문화교류가 지향해야 할 방향성을 모색해보고자 한다.

3장은 방송법령과 통일이념의 제도화 문제를 논의한다. 우리의 방송이 사회문화적 차원의 민족동질성 강화 목표에 부합하는 방향으로 운영되기 위해서는 그 첫 단계로 우리 사회의 방송이 실현하고자 하는 궁극적 목표를 함축하는 방송이념에 이러한 이념적 지향성이 담겨져 있어야 함은 물론이다. 이념이 실천을 보장하지는 않지만, 이념 없는 실천이란 있을 수 없기 때문이다. 이러한 관점에서 현재 우리나라 방송관련법상에 통일 관련 정책이념이 어떻게 구체화되어 있으며, 어떠한 하위조항들이 마련되어 있는지 검토해보고자 한다.

4장은 남북의 사회문화적 통합 차원에서 실질적인 방송편성 현황을 분석한다. 방송사는 편성 행위를 통해 기업으로서의 경영 목표인 이윤 추구, 그리고 미디어로서의 철학과 이념 달성이라는 두 가지 가치를 실현하고자 노력한다. 이 장에서는 우선 북한 및 통일 관련 방송 프로그램에 관한 기존 연구를 검토한 후, 방송에서 정기 편성하고 있는 통일 관련 정규 프로그램의 현황 및 특징을 고찰할 것이다. 이와 더불어 방송 3사의 4개 채널(KBS1, KBS2, MBC, SBS)의 통일 및 북한 관련 프로그램 편성 분석을 통해, 방송의 통일이념 실천을 구체적인 행위 수준에서 살펴보고자 한다.

5장은 방송을 통한 남북의 사회문화적 통합과 관련된 주요 관계자의 인식을 분석한다. 실질적인 방송의 통일 이념 실천은 주요 관계자들의 인식에 의해 심대한 영향을 받게 되기 때문이다. 주요 관계자들에 대한 심층면접을 통해 남북의 사회문화적 통합과 관련된 방송의 역할, 문제점, 개선 방안 등을 탐색한 결과를 제시한다.

6장은 변화하는 방송시장 환경 하에서 방송의 통일 이념 실천을 제도화하기 위한 방안을 검토하고자 한다. 이를 위해 방송환경 변화의 기본 방향 및 이를 추동하는 요인들은 무엇이며, 새로운 방송환경 하에서 방송시청은 어떻게 이루어지는지를 살펴본 후, 새로운 방송환경 하에서의 통일 이념의 제도화 및 실천방안은 무엇인지를 제안해본다.

7장은 이상의 논의들을 종합 정리한다. 그리고 이러한 논의를 토대로, 21세기 한국 사회에서 남북한 간의 사회문화적 통합에 기여하는 방송의 역할을 강화하기 위한 정책방안을 제안해보고자 한다.

이 책은 서울대학교 통일평화연구소의 통일학 기초연구사업 지원을 받아 수행된 연구과제인 『다매체 다채널 시대 방송 기본이념으로서의 '통일' 제도화방안』에 기초하고 있다. 공주대학교의 배진아 교수님, 서울대학교 언론정보연구소의 곽정래 박사, 이화여자대학교 박사과정의 채정화 선생, 그리고 서울대학교 박사과정의 이현우 선생이 과제의 수행 및 연구서 집필에 헌신적인 노력을 기울여 주었다. 이 분들의 수고 없이는 과제의 수행이며 연구서의 출간이며 애초에 엄두를 낼 수 없었을 것이다. 이 자리를 빌어 다시 한번 이 분들의 노고에 고맙다는 말씀을 드린다. 연구의 수행 및 연구서 집필 작업을 물심양면으로 적극 지원해준 서울대학교 통일평화연구원 박명규 원장님, 그리고 출판실무를 맡아주신 서울대학교출판문화원의 여러 관계자 선생님들께도 이 자리를 빌려 심심한 감사의 말씀을 전한다.

2011년 8월

윤석민

# 차례

## 표차례

## 그림차례

# 제1장

# 분단국의 사회통합과정과 방송

같은 민족이 정치적 상황과 이념의 차이에 따른 내전 등으로 민족분단을 경험하고 이후 어떤 방식으로든 통일을 성취하거나 과정 중에 있는 분단국의 사례들로 독일, 베트남, 예멘, 중국과 대만 등을 들 수 있다. 독일은 1990년 10월 서독연방정부에 동독이 편입되면서 평화적으로 사실상의 흡수통일을 이룩한 형태이고, 베트남은 1975년 4월 월맹에 의한 무력통일, 예멘은 1990년 5월에 시도된 합의통일이 실패한 후 내전으로 치닫는 상황에서 북예멘이 승리하여 1994년 7월에 무력으로 재통합을 이룬 복합적인 통일형태를 띠고 있다. 중국과 대만은 1949년 각각의 정권이 수립된 이후 긴장과 대립을 반복하고 있지만, 큰 틀에서 '하나의 중국'을 전제로 다양한 영역에서 상호간의 협상과 교류를 지속적으로 확대, 발전시키고 있다. 각각의 통합방식은 우리의 통일 방안 논의에 다양한 함의들을 제공하지만, 어떠한 무력통합 방식도 철저히 배제해야 할 우리의 상황을 고려할 때 베트남과 예멘의 통합방식보다는 독일식 통합방식과 중국과 대만의 통합방식이 주는 적실성이 높다고 할 수 있다.

분단된 민족을 하나의 국가체계 속에 복귀시키는 사회통합은 이질화된 정치 · 경제 · 사회 · 문화체계 속에 사는 집단들 간의 내 · 외적 동질성을 재확보하는 것이 핵심 과제이다. 왜냐하면 서로 다른 국가체계에서 삶을 영위하던 이들 간의 통합은 최소한 초기단계에서는 높은 긴장과 갈등이 유발될 가능성이 높기 때문이다. 따라서 같은 민족의 사회적 재통합은 긴장과 갈등이 타협·조정될 수 있는 안정적인 법적·제도적·사회적 장치들을 구비할 것을 요구한다. 특히 사회적 재통합은 분단경험을 갖고 있는 모든 구성원들로 하여금 내면적으로 공동의 정체성을 갖출 것을 요구한다. 분단 상황에서 야기된 서로의 불신과 이질감을 해소시키고 구성원 개개인의 재통합과정에서 가장 핵심적으로 선행되어야 할 사안은 '우리는 하나'라는 민족공동체 의식을 확립하는 것이다. 통합과정에서의 새로운 정체성 수립은 재사회화 과정이고, 이 과정에서 가장 효율적으로 활용될 수 있는 매체가 바로 방송이다.

정치적·사회적·경제적·문화적으로 완전한 통일을 이룬 독일의 사례와 사회·경제·문화 등의 전면적 교류를 통해 '하나의 중국'을 지향하는 중국과 대만의 사례를 통해 분단국의 사회통합과정이 어떠한 방식으로 진행되었고, 이 과정에서 방송이 어떠한 기능과 역할을 수행했는지 살펴볼 것이다. 이를 통해 우리 현실에 맞는 남북의 통일과 사회통합과정에서 수행해야 할 방송의 역할과 그 함의를 논의하고자 한다.

## 1. 독일의 사회통합과정과 방송

### 1) 동서독 간의 인적 교류 및 사회문화적 교류

2차 세계대전 직후인 1945년부터 1949년까지 미국과 소련, 영국, 프랑스의 독일점령시기에 이루어졌던 독일내 점령지역 간 교류관행이 동서독으로 분단된 1949년 이후에도 다양한 수준에서 지속적으로 유지되었다. 특히 1960년대 말 서독의 브란트 총리가 이끄는 사민당(SPD) 정부의 출범은 동서독 관계에 큰 전환점을 가져왔다. 당시 서독의 사민당 정부는 유럽의 긴장완화추세에 부응하면서 분단으로 인한 독일민족의 고통을 완화하기 위해 동독과의 대화 필요성을 인식했다. 이에 따라 서독 정부는 동독의 요구대로 동독을 '사실상'의 국가로 인정했고, 그 결과 1972년 '동서독 기본조약'의 체결을 통해 동서독 관계를 정상화시킬 수 있었다.

'동서독 기본조약'이 체결된 이후 동서독은 정치와 경제, 그리고 사회와 문화 등 모든 분야에서 교류·협력의 제도적 기반을 구축해갔으며, 그로 인해 동서독 관계는 양적 및 질적 차원에서 괄목할 만한 발전을 보이게 되었다. 게다가 서독의 보수정당인 기민당(CDU)이 1980년대 초 정권을 인수한 이후에 브란트의 정책을 그대로 계승함으로써 동서독 간 신뢰는 더욱 견고하게 되었다. 이러한 관계발전 과정에서 확대된 동서독 주민들 간의 상호접촉은 1980년대 말 동독의 평화혁명과 나아가 독일 통일의 밑거름이 되었다(한국방송공사, 2003: 11~14).

독일의 통일과정에서 동서독 간 인적 교류는 1949년 이래로 점진적으로 증가하다가 1970년대부터는 급증하여 매년 평균 300만 명에 달하는 동서독 주민의 상호방문이 이루어졌다. 동독에 대한 서독의 지속적인 인도주의적 차원에서의 설득과 경제적 지원으로 다양한 교류와 협력이 활성화되었고, 그 결과 동서독 주민 간의 반목과 대립을 극복하여 독일주민의 자주적이고 평화적인

**표 1-1** 동서독 주민의 상호방문(단위: 1000명)

| 연도 | 동독 주민의 서독방문[1] | | | 서독 주민의 동독방문 | | | | |
|---|---|---|---|---|---|---|---|---|
| | 연 금 수혜자 | 긴 급 가사방문 | 총계[2] | 서베를린 주 민[3] | 베를린경유1일 방문 | 2일 이상 체류 총 인원 | 접경지역 | 총계[4] |
| 1953–55 | 3,786 | – | 3,786 | – | – | – | – | – |
| 1956–60 | 2,720 | – | 2,720 | – | – | – | – | – |
| 1961–65 | 2,635 | – | 2,635 | – | – | – | – | – |
| 1966–70 | 5,274 | – | 5,274 | – | 1,140 | 1,254 | – | 6,186 |
| 1971–75 | 6,016 | 130 | 6,146 | 12,910 | 5,700 | 10,219 | 987 | 29,816 |
| 1976–80 | 6,958 | 214 | 7,172 | 15,760 | 5,700 | 14,955 | 2,176 | 38,591 |
| 1981–85 | 7,727 | 274 | 8,001 | 8,750 | 5,600 | 11,636 | 1,551 | 27,537 |
| 1986 | 1,760 | 242 | 2,002 | 1,800 | 1,150 | 3,790 | 325 | 6,740 |

출처: 최의철·신현기 (2001). p. 63.

통일을 이룩하게 되었다(한국방송공사, 2003: 15). 특히 동서독 간의 이산가족 재회는 내독관계에서의 폭넓은 인적 교류라는 틀 속에서 이루어졌다.

서독은 초대 수상인 콘라드 아데나워(Konard Adenauer) 정권 초기부터 분단의 고통을 해소하고 민족의 동질성을 유지하기 위해 인도주의를 주장하면서 동서독 주민 간의 인적 교류를 지속해왔고, 이를 위해 동독에 대한 경제적 지원과 동독의 '사실상' 국가로서의 인정 등 정치적 양보를 제공했다(최의철 · 신현기, 2001: 51~53). 또한 서독의 사민당(SPD)에서 기민당(CDU)으로의 정권교체에도 불구하고 정책의 일관성을 유지하면서 인적교류의 활성을 위한 법적 · 제도적 기반조성에 노력하였다. 반면에 동독은 체제유지를 위해 대 서독 차단정책을 실시하였으나 서독이 제공하는 경제적 · 정치적 인센티브와 인적교류를 지지하는 동독 주민들의 요구 등 국내적 요인, 그리고 유럽의 분단구조가 동독의 안보를 보장할 것이라는 기대에 따라 서독의 인적 교류 활성화 요구를 동독이 수용하게 되었다(최의철 · 신현기, 2001: 54~55).

동서독의 이산가족 상봉과 친지방문 등 인적 교류정책은 새로운 사고로 대(對)동독 정책을 추진한 신동방정책(Neue Ostpolitick)으로 새로운 전기를 맞게 되었다(황병덕 외, 2000). 특히 1970년대 동서독 간에 기본조약의 체결과 경제지원의 확대를 통해 인적 교류의 제도적 기반을 마련함으로써 1980년대 동서독 간 인적교류의 확대를 가져오게 했다.

서독 브란트 수상의 신동방정책으로 동서독 간 '통행협정'은 도로, 철로 및 수로를 통한 민간인과 민간물자의 상호교류를 보장하였고, 서독 주민들이 1년

---

1 1961년까지의 통계에서 서베를린 방문자 수는 제외됨. 1986년까지의 통계에서 긴급한 가정 사정으로 서베를린을 방문한 동독 주민의 수도 제외됨.

2 1964년부터 소수의 당 관료, 기업인, 화물차 운전수 등의 서독 방문이 허용되기 시작했으나, 대부분의 서독방문은 여전히 연금수혜자에 국한되었음. 1980년대 중반이후 친지방문이나 단체여행이 가능.

3 동베를린 주민들의 상호방문이 비교적 자유로웠던 1961년 베를린 장벽 설치 이전까지의 방문자 수에 대한 종합적 통계는 없음.

4 1961년까지 서독 주민의 동독방문에 대한 종합적 통계자료는 없음. 다만 베를린장벽 설치 이후 1966년까지는 매년 약 200만 명 정도가 동독을 방문했다고 추정함.

에 총 30일 동안 한 번 혹은 여러 번에 걸쳐 동독지역을 방문할 수 있게 되었다. 동베를린에 대한 1일 방문도 허가되어 서독 주민의 동독방문은 1970년대에 매년 평균 114만 명에 이르렀다. 또한 '국경근접지 통행'이 허용되어 국경지역에 인접한 56개의 서독도시 및 지역에 거주하는 약 600만 명의 서독 주민들이 동독의 허가를 받아 1년에 총 30일 한도 내에서 인접하는 동독의 54개 지역 군(郡)을 1일 동안 방문할 수 있게 되었다. 이러한 인적 교류 숫자는 1970년대 말에 약 300만 명에 달했다(김학성, 1996: 43). 1973년 6월부터는 양독 간에 새로운 국경통과점이 신설되어 도로 10곳, 철도 8곳, 수로 2곳에서 국경을 연결하는 교통망이 구축되었다.

서독의 신동방정책 추진으로 1970년대에 들어서면서 동서독 간 사회문화 교류가 활성화되기 시작했다. 우선, 언론인 교류의 확대로 1973년 이후에 서독 특파원의 동독 내 상주활동이 보장되면서 1970년대 중반에는 동독을 방문한 서독 언론인이 700명에 이르렀다. 또한 1974년 4월과 5월에 각각 보건협정과 체육협정을 체결하여 질병치료를 위한 동서독 주민들의 상호방문이 허용되었고, 체육교류는 1970년대 말까지 약 355경기를 공동 개최하여 총 3,956명의 선수가 참가했다. 문화협정(Kulturabkommen)은 정치적인 이유로 체결되지 못했지만, 반면에 문화교류는 증대되었다. 그러나 문화교류는 동독의 서독에서의 순회공연과 같은 일방적인 형태로 진행되었다.

1980년대 동서독 간의 사회문화 교류는 1982년 청소년 단체의 교류를 시작으로 1986년에는 도시 간 자매결연을 통한 인적 교류확대와 예술, 학술, 교육 분야 등에 대한 문화협정, 그리고 1987년 '학문 · 기술 협정'으로 더욱 활성화되었다. 특히 1980년대 내독 간의 집중적인 인적 교류를 동반한 문화교류는 동독 사회의 시민의식을 제고시키는 데 상당한 기여를 한 것으로 평가되고 있다.

동서독 간 지속적인 문화교류의 결과로 1986년 양독 간 문화협정이 체결되어 서독 미디어의 동독 주민에 대한 접근성이 대폭 증대되었고, 텔레비전과 라디오는 서독의 우월한 물질문명을 동독으로 전파하여 아래로부터의 독일 통일을 촉진시키는 데 커다란 역할을 담당하였다. 이와 같이 인적 교류의 활성화와 사회문화 교류의 증대는 독일민족의 문화적 이질성을 극복하고, 동독 주민들의 서독으로의 흡수통일을 촉진시키는 데 큰 기여를 하였다.

### 2) 독일 통일에 있어서 방송의 역할

독일 통일 이전 서독은 분단극복과 통일에 방송매체를 효율적으로 활용했던 국가로 평가받고 있다. 독일은 한반도와 달리 지정학적으로 전파월경이 별 어려움 없이 가능했으며, 이것이 독일민족이 공유할 수 있는 집단 커뮤니케이션의 유일한 통로로 기능할 수 있었다. 방송이라는 매체를 통한 집단적 커뮤니케이션에서 동독인들은 적극적으로 서독 방송을 수용함으로써 통일에 대한 열망과 기대를 확장시켰다.

통일 전후 독일의 사회통합과정에서 서독 방송은 객관성, 방송국 간의 협조체제, 공격적 편성시간대, 다양한 프로그램 소재 등 통일 관련 보도프로그램의 원칙을 규정했다(이우승, 2005: 266). 먼저 서독 방송의 프로그램 명칭 변화에서도 알 수 있듯이 동독에 관한 보도 프로그램 제작에 있어 가장 주된 목적은 객관적이고 공정한 입장에서 정보를 제공함으로써 동독에 대해 심리적 친밀감을 높이는 것이었다.[5] 다음으로 방송사 간 협동제작시스템을 갖춤으로써 동서독 사회통합을 위한 양질의 프로그램을 만들 수 있는 여건이 구비됨으로써 전문성과 객관성을 확보하고 문제점을 개선시킬 수 있었다.[6] 셋째, 서독의 통일 관련 보도프로그램들은 독일 국민들이 쉽게 접할 수 있는 주요

---

5 최초의 통일 관련 보도 프로그램이었던 <Berlin am mikrofon(베를린이 말한다)>와 <Berlin zurrr Zone(베를린이 소련군 점령지역에 말한다)>가 냉전시대를 대표하는 프로그램 명칭이라면, 뒤에 등장한 <Ost-West(동-서)>는 분단문제를 객관적으로 바라보려는 전략을 나타내는 프로그램이다.

6 1962년 WDR, NDR, SFB가 협력하여 창설했던 '동 · 서 문제 합동프로그램제작부'가 대표적 사례이다. 그러나 한국은 이와 대조적으로 통일에 관한 프로그램을 제작하는 데 있어 방송국들 간의 공조체제가 김대중 정부와 노무현 정부 때 일시적으로 진행되었다가 이명박 정부에 들어와서는 전혀 이루어지지 않고 있다.

시간대에 편성되었다. NDR이 1961년 7월부터 방송한 <Diesseits und jenseit der Zonegrenze(국경의 이쪽, 저쪽)>는 매주 일요일 저녁 7시에 방영되었다. 이와 같이 일요일 저녁 7시라는 프라임타임 시간대에 통일 관련 프로그램을 방송할 수 있었던 것은 제작자뿐만 아니라 서독 국민들이 통일을 중요한 이슈로 인식하고 있음을 반증하는 것이다. 그러나 한국의 경우는 통일 관련 프로그램이 이른 오전이나 저녁 늦은 시각의 사각지대에 편성됨으로써 통일에 대한 무관심 내지 인식 부재를 가져오는 요인으로 작용하고 있다. 마지막으로 서독 방송은 다큐멘터리, 보도 등 시사 정보프로그램뿐만 아니라 분단을 소재로 한 드라마 등 다양한 장르와 시스템을 활용해서 통일에 관한 프로그램을 제작하였다.[7] 이와 같이 통일 전후 독일의 사회통합과정에서 독일 공영방송에 규정된 통일 관련 프로그램의 원칙에도 불구하고 전후 통일 독일의 사회통합기능에 한계를 보여주었다.

### (1) 통일 전 서독의 통일 관련 프로그램[8]

동서독 분단 초기에 사회주의와 자본주의 체제하의 양독 언론은 극단적인 흑색선전으로 상대방의 이념과 체제를 신랄하게 공격하는 선전매체였다. 1961년 베를린장벽 건설로 두 진영 방송매체의 선전활동이 극에 달하면서 강경 대치하는 상황이 조성되었다. 그러나 베를린장벽 건설로 인한 정치적 긴장과 감정적 흥분상태가 지난 후 일부 방송인들 사이에서는 분단을 현실로 받아들이는 분위기가 조성되었다. 이들은 가까운 시일 안에 통일을 기대하기 어려운 상황에서 독일인들이 분절되는 것을 막아 미래의 통합을 대비해야 한다는

---

7 <Drüben(건너편)>이라는 프로그램은 정치적 요소에서 탈피하여 동독 주민들의 일상적인 생활상과 문화에 대한 정보를 제공함으로써 기존에 서독 주민들이 갖고 있던 부정적 이미지들을 제거하고 동독 사람들을 한민족으로 받아들이고 친밀하게 느낄 수 있는 계기를 마련해주었다. 한국의 통일 관련 방송프로그램 역시 시사물에 국한한 것이 아니라 오락 프로그램 등 새로운 장르를 활용해서 시청자들에게 친밀감을 높일 필요가 있다.

8 이우승의 『통일방송론』(한울아카데미, 2005)의 제6장 독일의 통일방송과 한국의 통일방송 (pp.241~256)을 재정리.

주장을 제기하기 시작하였다. 특히 1960년대 중반에 보수 기민당과 진보 사민당의 대연정이 성사되고 당시 외무장관이었던 빌리 브란트가 동방정책을 추진하면서 방송 프로그램에도 많은 변화를 가져왔다.

최초의 통일 관련 정규 라디오 프로그램은 1950년대 초반 서독 북서 공영방송국인 NWDR(Nordwestdeutsche Rundfunkanstalt)이 베를린 스튜디오에서 제작한 <Berlin am Mikrofon(베를린이 말한다)>이었다. 뒤이어 베를린 미군점령군 방송국인 RIAS(Rundfunk im amerikani-schen Sektor)가 <Sendungen fur Mitteldeutschland(중부 독일을 위한 방송)>[9]와 <Berlin zur Zone(베를린이 소련군 점령지역에 말한다)>을 방송하기 시작하였다. 이 밖에도 SDR(남독방송국)의 <Wir denken an Mittel-und Ostdeutschland(우리는 중부, 동부 독일을 생각한다)>, SWF(남서방송국)의 <So sieht es der Westen(서독은 이렇게 생각한다)>, RB(브레멘 방송국)의 <Jenseits der Elbe(엘베 강 건너편)>, BR(바이에른 방송국)의 <Zwischen Oder und Elbe(엘베 강과 오더 강 사이)>, SFB(자유 베를린방송국)의 <Hier spricht Berlin(베를린에서 말한다)> 등의 통일 관련 프로그램이 있었다. 당시 통일을 위한 프로그램은 일종의 특수 프로그램으로 지역 공영방송사 차원에서 방송되었다. 서독의 통일 관련 방송물은 대동독 프로그램(Ostsendung), 대소련군 점령지역 프로그램(Sowjetzonensendung), 특수 프로그램(Spezialsendung) 등으로 불렸는데, 선별기준은 통일정책에 관한 시사정보와 동독인들의 여론 형성에 영향을 미치기 위해 제작된 프로그램이었다.

초기 라디오의 통일 관련 보도프로그램은 서독인들에게 계몽 차원에서 공산주의와 자본주의의 이데올로기 차이를 교육시키고, 동독지역 청취자들에게는 자유민주주의를 선전하는 프로파간다 기능을 수행하고 있었다.

1960년대 지역 공영방송국들이 실시한 방송수용행태 조사결과, 동독인들은 통일 관련 프로그램보다는 일반 프로그램 장르를 선호한다는 것이 밝혀졌다. 이로 인해 서독 방송사들은 동독인들보다는 서독 청취자들을 주요 수용자 계

---

9 소련군 점령지역(동독)인 중부독일을 위한 방송.

층으로 상정하기 시작하였고, 보도 프로그램 역시 서독 청취자들에게 더욱 집중하는 경향이 나타났다. 그러나 동독인들의 소극적인 수용과 부정적 평가에도 불구하고 서독 라디오는 통일 관련 보도 프로그램을 폐지할 수 없었다. 이는 통일이라는 특정 목표를 지향하는 프로그램을 종영할 경우 정치, 사회단체로부터 방송이 통일 문제를 등한시한다는 비판을 받을 것이 자명했기 때문이다.

서독 라디오 방송사들은 동독인들이 일반 서독인들을 대상으로 하는 다수 취향의 프로그램을 선호한다는 점에 착안하여 기존의 프로그램 명칭을 변경하였다. 그 예로 NDR과 WDR이 함께 방송하던 <Wir sprechen zur Zone(우리는 소련 점령지역에 말한다)>가 폐지되고, <Deutsche Frage(독일의 문제)>, <Ost-West-Aktuell(동구-서구의 시사문제)>, <Ost-West-Forum(동구-서구의 광장)> 등의 프로그램이 등장하였다. 이 외에도 WDR은 1주일 간격으로 <Unteilbares Deutschland(분할할 수 없는 독일)>와 <Wettkampf der Systeme(체제경쟁)>을 방송하였다.

명칭 변경과 더불어 서독 라디오는 동독인과 서독인을 차별하지 않고 동일한 청취자로 취급하며, 선입견 없는 비판적 시각에서 두 진영을 바라보는 보도 방법으로 동독인들의 특수 프로그램에 대한 거부감을 해소하려 노력하였다.

[표 1-2]에서는 WDR과 NDR이 공동 제작하여 방송하였던 한 보도 프로그램의 명칭변화를 1956년부터 1971년까지 시기별로 살펴보고 있다. 이러한 명칭 변화에서 드러나듯이, 1960년대 중반부터 시작된 동서독 긴장 완화 시기를 기점으로 보도 프로그램의 명칭이 점차 중립화, 객관화되기 시작하였음을 알 수 있다.

앞서 언급한 바와 같이, 1960년대 중반으로 들어서면서 서독의 외무장관 빌리 브란트가 추진한 동방정책의 영향으로 방송 프로그램에도 많은 변화가 초래되기 시작하였다. 이러한 변화를 반영한 대표적인 프로그램이 제2공영방송 ZDF가 시작한 <Drüben(건너편)>이라는 보도 프로그램과 그 후속 프로그램인 <Kennenzeichen D(표식 D)>라고 할 수 있다.

**표 1-2** WDR/NDR 공동제작 라디오 프로그램 명칭변화

| 연 도 | 명 칭 |
|---|---|
| 1956 | 〈Gur ß an die Zone (소련군 점령지역에 보내는 인사말)〉 |
| 1961 | 〈Wir sprechen zur Zone (우리는 소련군 점령구역에 말한다)〉 |
| 1965 | 〈Ost-West-Aktuell (동구와 서구의 시사문제)〉 |
| 1971 | 〈Kommentar (논평)〉 |

ZDF 설립을 위한 국가방송조약에는 "ZDF는 전체 독일 국민을 대상으로 프로그램을 방송한다"라고 명시되어 있다. 여기서 전체 독일이란 서독 헌법에서 말하듯 동서독을 포괄하는 것이다. 또한 이 조약에서는 ZDF 프로그램의 임무로 '독일 현실에 관한 포괄적인 영상을 전달할 것'을 규정하고 있다. 이에 기반하여 1963년 제정된 ZDF 프로그램 제작 가이드라인은 '소련군 점령지역(동독)'의 실정을 전하는 프로그램을 제작, 방송해야 한다고 명시하고 있다.

1966년 1월 1일에는 이러한 통일 관련 방송 의무 구현을 위한 프로그램으로 <Drüben(건너편)>이라는 TV 보도프로그램이 방송되기 시작하였다. <Drüben(건너편)>은 ZDF 서베를린 스튜디오에서 제작되었고 서독 통일방송의 대표적 인물인 슈워처(Hanns Werner Schwarze)가 책임자였다. 슈워처는 독일 분단현실에 대한 객관적 정보를 제공하면서 동독에 대한 관심을 환기시키고, 수용자들이 동독에 대한 부정적 이미지를 탈피할 수 있도록 하기 위해 노력하였다.

<Drüben(건너편)>은 고정 꼭지를 중심으로 '여론조사', '일상생활 메모', '논평', '테마', '집중', '건너편으로부터' 등으로 구성되었는데, 그 내용은 [표 1-3]과 같다.

한편 <Drüben(건너편)>은 1965년부터 1967년까지 총 30회에 걸쳐 설문조사를 실시하였는데, 이는 서독인의 동독에 관한 정보수준을 알아보기 위한 것이었으며, 설문조사 결과는 프로그램 방향을 설정하는 기초 자료로 활용되었다. 다음 [표 1-4]는 설문조사 내용 및 그 결과를 소개한 것이다.

**표 1-3** 〈Drüben(건너편)〉 프로그램 구성

| 꼭지명 | 내 용 |
|---|---|
| 여론조사 | 서독인의 동독에 대한 지식수준을 조사 |
| 테마 | 동독의 경제, 동독인의 휴가나 동서독 대학, 학생 상황과 같은 비정치적인 분야 |
| 집중 | 개별 주제를 좀더 심도 있게 분석 |
| 건너편으로부터 | 동독을 방문한 인사나 단체에 대한 보도 |

**표 1-4** 〈Drüben(건너편)〉이 실시한 설문조사

| 질 문 | 답 변 |
|---|---|
| 빌리 슈토프라는 정치가를 아는가? | 94%가 아는 바 없다고 대답 |
| 동독에서는 생필품을 구매할 때 표를 가지고 한다고 생각하는가? | 그렇다고 잘못 대답한 비율이 28%, 정확한 대답은 26% |
| 콧부스(Cottbus)라는 도시가 중부 독일, 폴란드 국경지역 어디에 위치하고 있는가? | 60%가 콧부스라는 도시가 동독지역에 위치하고 있다는 사실을 모름 |
| 동독에는 정당이 하나인가 아니면 다당제인가? | 28%가 정확한 대답, 51%가 공산당 하나라고 잘못 대답 |
| 동독에서는 서독방송 수신이 금지되어 있다고 생각하는가? | 16%만이 공식적으로는 금지되지 않았다고 정확히 답변 |
| 동독학교에서는 어떤 외국어를 배우는가? | 2/3가 학교에서 러시아어뿐만 아니라 영어, 프랑스어를 배운다고 정확히 답변 |
| 재즈음악이 금지되어 있는가? | 약 50%가 그렇다고 잘못 답변 |
| 개인소유의 생필품 가게가 있는가 아니면 모두 국가운영인가? | 35%만이 개인 소유 가게가 있다고 정확히 답변, 29%는 모두 국가소유라고 답변 |
| 극장에서 서방세계 영화도 상영되는가? | 동독에서 상영되는 영화의 절반이 서독이나 서방세계 작품이라는 사실을 모르는 비율이 약 2/3에 달함 |
| 성인의 몇 %가 당원이라고 생각하는가? | 대부분이 약 51%가 당원이라고 생각, 실제로는 약 16%만이 당원 |
| 베를린 장벽은 언제 건설되었는가? | 33%만이 정확히 대답 |

위의 설문조사 결과는 서독인 대다수가 동독에 관해 매우 낮은 수준의 지식을 가지고 있었음을 잘 보여주고 있다. <Drüben(건너편)> 제작진이 관심을 가졌던 부분이 바로 동독 일상에 대한 부정적 판단과 선입견이었다. 동독에 대한 무관심과 정보부재라는 설문조사 결과를 바탕으로 <Drüben(건너편)>은 수용자에 대한 정보제공에 중점을 두는 보도프로그램으로 방향을 설정하였다.

당시 서독언론은 이 프로그램이 종전의 프로그램과 달리 비선동적인 내용으로 동독에 대한 정보를 제공하고 있으며, 동독 정부 관계에 대해서는 유연한 태도를 보여주면서 동독을 객관적으로 제시하였다고 평가하였다.

<Drüben(건너편)>이 방송되던 1960년대는 서독이 동독을 일시적인 현상으로 치부하면서 동독의 공식 국가명인 DDR(Deutsche Demokratische Republik)을 공개적으로 명명하기 힘든 시절이었다. 이러한 이유로 프로그램 명칭도 DDR이 아닌 <Drüben(건너편)>일 수밖에 없었다.

그러나 1970년대에 사민당(SPD) 연방정부가 집권하면서 동서독 관계가 변화하기 시작하였고 <Drüben(건너편)>은 새로운 형태의 매거진 프로그램인 <Kennzeichen D(표식 D[10])>로 발전하게 되었다. 슈워쳐는 동서독 관계가 변화함에 따라 동독정보를 단순히 나열하는 <Drüben(건너편)>만으로는 충분치 못하다는 인식하에, 1971년 동서독에서 진행되는 사건과 사회발전을 소재로 하는 비판적 매거진 프로그램으로 <Kennzeichen D(표식 D)>를 시작하였다.

슈워쳐는 객관성 확보 차원에서 자신의 견해를 프로그램에서 밝히는 것을 억제하였는데, 첫 회 방송에서 시청자 스스로가 판단할 것을 강조하면서 자신은 사실 전달자 역할로 만족하겠다고 밝혔다. <Kennzeichen D(표식 D)>는 동서독 진영의 발전과 사건을 비판적 · 집중적 · 객관적으로 보도하려 노력하였으며, 프로그램은 '시스템 경쟁', '논쟁', '동독에서 바라볼 때'와 같은 고정

---

10 여기서 D는 동독과 서독 자동차가 유럽에서 출신국가 표시로 모두 D를 사용하고 있는 데서 연유한다.

꼭지로 구성되었다. 슈워처는 프로그램을 통해 동독에 관한 지식수준 향상, 선입견 타파, 우월감 제거 등의 목표를 달성하고자 노력하였다.

다른 정치매거진과 달리 <Kennzeichen D(표식 D)> 제작진은 정보 전달을 매우 중시하였다. 국내정치 매거진 프로그램과 달리 <Kennzeichen D(표식 D)> 제작진은 동독에 대한 사건과 발전 등을 보도할 때 서독인의 정보수준과 동독에 관한 부정적 선입견을 고려해 프로그램을 제작하고자 하였다. <Kennzeichen D(표식 D)>가 지녔던 통일 교육적 성향은 동독에 관한 정보수준을 제고하고 선입견을 타파한다는 제작 목적에서 잘 나타나고 있다.

### (2) 통일 전 동독의 텔레비전 방송 프로그램

동독 사회주의당(SED)은 1956년 공식적으로 텔레비전 프로그램 방송을 시작하면서 텔레비전이라는 새로운 미디어에 내재된 이데올로기 선전 · 선동 매체로서의 가능성과 잠재성을 인식하게 되었다. 따라서 방송 초창기부터 동독 텔레비전 방송사의 주요 뉴스해설 프로그램인 <Aktuelle Kamera(시사 뉴스)>가 사회주의당 정치 선전 프로그램의 핵심을 이루게 되었다. 오락 프로그램은 방송시간 면에서 높은 비율을 차지하고 있었으나, 동독인들의 오락욕구 충족보다는 단순히 방송시간을 메운다는 시각에서 이루어졌다.

베를린 장벽 설치 이후에 동독 텔레비전 프로그램의 정치성은 더욱 강화되었다. 1960년부터는 동독 텔레비전의 대표적인 대(對)서독 비방 프로그램이었던 <Schwarzer Kanal(흑색채널)>이 방송되기 시작하였으며, 방송은 1989년까지 지속되었다.

1971년 사회주의당의 제8차 전당대회는 동독 텔레비전 프로그램에 많은 변화를 가져왔다. 사회주의당 서기장으로 선출된 호네커(Erich Honecker)는 전당대회에서 동독 텔레비전 프로그램을 '지루하다'고 비난하면서 자체 텔레비전 프로그램의 오락성 향상을 촉구하였다. 이와 더불어 서독 텔레비전 시청을 금지하던 종전의 대(對)서독 방송정책을 폐지하고 "동독 국민은 자유의지에 따라 텔레비전 채널을 선택할 수 있다"라고 선언함으로써 동독 국민들의 서독 텔레비전 시청을 허용하였다.

동서독 간의 단일 국가 형성을 통일정책으로 내걸었던 1950년대와는 달리 1960년대 중반부터는 2국가 2민족론을 앞세워 역사·민족 문제에서 서독과의 분리정책을 실시하였다. 이처럼 분단 고착화 정책을 추진하던 동독에서, 같은 민족이면서 다른 정치 이데올로기를 추구하는 서독의 텔레비전 프로그램을 동독인들이 시청하는 것은 국가이데올로기를 위태롭게 하는 정치적 불안요소였다.

행정적·사법적 조치로 서독 텔레비전 시청을 금지시키려던 1960년대의 대(對)서독 방송정책이 실패로 끝난 뒤 사회주의당(SED)은 1970년대 들어 자체 텔레비전 프로그램의 오락성을 향상시켜 서독 텔레비전의 높은 시청률에 대항하는 방향으로 대서독 방송정책을 전환하였다. 동독 정부는 종전과 같은 행정적·물리적 방안을 통해 서독 텔레비전 시청을 금지하는 것은 국제사회에서 동독의 이미지를 훼손시킬 뿐 아니라 대서독 관계를 악화시킬 수 있다는 계산 하에 서독 텔레비전 시청을 허용하면서 한편으로는 동독 국민들의 적극적인 수용을 억제시키기 위해 끊임없이 동독 텔레비전의 오락성을 향상시키기 위해 노력한 것이다.

따라서 동독 텔레비전 방송사는 '국민의 사회주의 이데올로기 교육과 당의 정책과 노선에 대한 선전 선동 임무'는 물론이고 흥미롭고 다양한 정보를 담은 프로그램을 방송해야 하는 모순적 방송 임무로 어려움을 경험하였다.

동독 텔레비전은 대다수의 동독인들이 저녁 7시부터 9시 30분까지 텔레비전을 시청한다는 시청자 조사에 근거하여 1971년에는 저녁 프로그램 방송시간을 7시로 앞당겼다. 또한 해외 통신원 망을 확대하여 저녁 주요 뉴스 프로그램인 <Aktuelle Kamera(시사뉴스)>의 국제화를 꾀하였다.

게다가 서독 텔레비전의 주 시청자층이 청소년이라는 점에 착안하여, 동독 텔레비전은 1970년대에 청소년층의 사회주의 교육을 강화하기 위한 프로그램을 다수 신설하였다. 1973년에는 제1텔레비전에 청소년층을 대상으로 정치 및 시사문제를 흥미 있게 다루면서 오락 요소가 가미된 <Rund>를 신설하였으며, 1972년부터는 대형 오락쇼 프로그램인 <Ein Kessel Buntes(A Kettle of Color)>를 방송하기 시작하였다.

1970년대에는 사회주의당의 노선이었던 서독과의 분단 고착화정책이 텔레비전 프로그램에도 반영되어 1960년대에 비해 서독 사회를 비방하는 프로그램이 감소되기 시작하였다. 그러나 동독 국민들이 서독 텔레비전 프로그램을 시청하면서 갖게 되는 동경심을 경계하여, 서독 텔레비전 프로그램의 허구성을 폭로하는 <Schwarzer Kanal(흑색채널)>은 계속 방송하였다.

사회주의당이 행한 통제와 더불어 동독 방송의 활동을 제한하였던 주요한 요인은 1960년대와 마찬가지로 서독 텔레비전 프로그램과 시청률 경쟁을 벌여야 한다는 점이었다. 1978년 ARD와 ZDF가 단행한 프로그램 개편에서 저녁 주요 프로그램이 늦은 밤 시간대로 편성되자 동독인들은 서독 텔레비전 시청이 어려워졌다고 불평하였는데, 이처럼 당시 동독인들은 서독 텔레비전 시청을 통해 해외 정치 동향과 동독 내부에 관한 정보를 취득하고 있었다.

서독과 민족문제를 비롯한 모든 부문에서 단절을 꾀해야 했던 동독으로서는 서독에 관한 모든 보도를 부정적 내용 일색으로 채워 넣었으며, 동독인들의 서독 텔레비전 시청을 고려하여 서독 텔레비전의 보도 내용을 반박하는 대응보도를 많이 내보냈다.

1980년대의 동독 방송정책은 서독 방송과의 경쟁에 역점이 두어졌다. 서독 방송의 전파월경과 서독 방송에 대한 동독인들의 호응은 동독 체제에 위협적인 요소로 인식되었으며, 이를 반영하여 프로그램에서도 서독 방송국과 경쟁하는 제작 · 편성 경향이 나타났다.

동독 제1텔레비전 프로그램 내에서 가장 많은 방송시간을 차지하였던 드라마는 동독인들의 오락 욕구를 충족시키는 역할을 담당하였다. 제1텔레비전이 방송하였던 영화, 드라마, 시리즈물 가운데는 서독이 제작하였거나 제작에 참여하였던 드라마가 일부 포함되어 있었다. 해외에서 수입된 영화, 텔레비전 드라마물의 상당수는 구소련을 비롯하여 미국, 프랑스, 이탈리아에서 제작된 것들이었는데, 1980년대 들어서는 악화된 동독 경제 여건상 외국 프로그램을 수입하는 데 한계가 있었기 때문에 나치 하에서 제작된 오락영화를 방송하는 경우가 많았다.

오락 프로그램 가운데 쇼, 무용, 퀴즈, 대담 프로그램 등은 높은 시청률을 보였는데, 이들 프로그램은 서독 텔레비전과 마찬가지로 시청률이 높은 시간대에 방송되었다. 이 프로그램들은 동독의 유명 연예인들에 의해 진행되었으며, 진행방식과 형태 등이 전체적으로 서독 프로그램과 유사하게 구성되었다.

시사 뉴스와 정보 프로그램(다큐멘터리, 매거진, 생활정보 프로그램)은 제1, 2텔레비전 전체 방송시간의 14%를 차지하고 있었다. 시사 뉴스 프로그램은 국가행사를 선전하는 수단으로 이용되었기 때문에 시청자의 관심을 끌 수 없었다. 또한 매거진 프로그램의 정치 보도 행태도 프로파간다 성격을 벗어나지 못하였다. 이러한 양상은 제1텔레비전이 월요일 21시 25분부터 20분간 방송하는 <Schwarzer Kanal(흑색채널)>에서 두드러지게 나타났다.

1960년부터 방송되기 시작한 <흑색채널>은 월요일에 방송되었고 제1, 제2채널에서 재방송되었다. <흑색채널>은 동독인들이 서독 사회에 대해 갖는 동경심의 허구를 밝히면서 동독인들이 서독 텔레비전을 시청함으로써 발생하는 정치 사회적인 부정적 영향을 중화시키려는 목적 하에 방영되었다. 이 프로그램의 진행자인 슈니츨러(Schnitzler)는 서독 부호 출신으로 2차 세계대전 후 대(對)서독 흑색선전 프로그램을 제작, 진행함으로써 동독 텔레비전 정치 프로파간다의 대명사로 알려진 인물이다. 그는 이 프로그램에서 서독을 비판하면서 자본주의의 몰락과 호전성을 강조하였다. 이러한 일방적인 흑색선전은 교묘한 진행 방법을 통해 마치 동독 사회주의당의 노선과는 무관한 동독 전체의 의견인 것 같은 인상을 시청자들이 갖도록 제작되었다.

1980년 이래로 동독 텔레비전 방송사는 주요 방송시간대에 흥미 위주의 오락 프로그램 방송을 강화한다는 기조로 프로그램을 개편해왔다. 이러한 동독 텔레비전 방송사의 프로그램 개편은 1978년 서독의 ARD와 ZDF가 단행한 프로그램 개편 내용과 그 맥을 같이하는 것으로, 1982년 말 이래로 동서독의 텔레비전에서 저녁 8시부터는 오락 프로그램이 주를 이루는 방송문화가 나타나게 되었다.

### 3) 통일 이후 독일의 사회통합 방송 프로그램의 한계

동독혁명으로 사회주의당은 매스미디어 통제력을 상실하였고, 텔레비전을 비롯한 각종 매스미디어의 뉴스 내용에도 혁신적인 변화가 초래되었다. 국영 텔레비전 방송은 새로운 사회에 적응하는 데 도움을 줄 수 있는 각종 생활정보 프로그램을 신설하였고 프로그램의 지역 네트워크화를 추진하였다. 또한 뉴스나 정치 프로에서 동독지역의 문제를 심도 있게 다루기 시작하였으며 이것이 서독의 ARD, ZDF를 보충하는 수준으로까지 질적 향상을 보였다.

한편 서독 방송인들은 동독혁명의 열기에서 벗어나 동독지역의 문제점에 접근하기 시작하였다. 이 과정에서 방송인들은 동서독인들이 생활 목표와 기본 가치관, 그리고 소비욕구를 비롯한 기대 수준에서 별다른 차이를 보이지 않는다는 사실을 알 수 있었다. 동독혁명 이후 급변하는 사회정세에 관한 보도에 모든 관심을 집중시켜왔던 서독 방송인들은 동독 사회의 발전을 분석하고 동서독 사회발전과정의 차이점을 찾아내기에는 시간적 여유가 없었다. 따라서 이들은 동독 사회를 단순히 붕괴 또는 몰락이라는 편협한 시각에서 볼 수밖에 없었다. 그 예로 과거 혁명 이전에 동독 사회를 긍정적으로 평가하였던 일부 서독 방송인들이 동독 혁명 이후 갑자기 태도를 바꾸어 부정 일변도의 내용으로 과거의 동독을 평가하기 시작하였으며, 이 과정에서 자신들의 태도 변화에 대한 어떠한 이유도 제시하지 않았던 점을 들 수 있다.

이러한 서독 방송인들의 태도 변화를 비롯해 서독 방송 프로그램을 휩쓸었던 동독 반체제 인사들의 출현은 대다수의 동독인들에게 거부감을 불러일으켰다. 서독 방송은 특히 시대의 증인역으로 반체제 인사에 초점을 맞추고, 이들을 마치 동독 국민들 가운데 유일하게 믿을 수 있는 계층인 것처럼 취급하였다.

혁명과 경제 통합이 동독 개개인에게 가져올 경제적 · 사회적 불안이 현실화되면서 동독인들은 서독 방송이 이러한 문제점과 해결책 마련을 위한 토론의 마당을 제공해줄 것을 기대하였다. 그러나 서독 방송은 뉴스나 보도 해설 프로그램에서 서독 정치인들의 의견을 우선적으로 반영하였고, 이들의 견해를 현장에서 검증하는 과정을 무시하였다. 서독 방송은 국민들에게 정부가 홍보하는 '단시일 내에 동독경제 부흥'만을 선전하였고, 이러한 보도 태도는 통일이 가져올 경제적 환상만을 독일 전역에 만연시키는 데 일익을 담당하였다.

서독 공영방송 ARD, ZDF도 이와 유사하게 구동독 국가안전국 활동 내역, 동독지역의 낙후된 주거환경, 생산 활동이 마비된 공장 등을 보도 프로그램의 주된 소재로 삼았다. 서독 방송은 동독 노동자들이 일자리를 지키기 위해 벌였던 노동 쟁의와 한 지역의 전체 경제가 붕괴하는 과정을 다루는 보도에는 무관심한 태도로 일관하였다. 이와 달리 통일이 서독지역에 가져올 영향에 관해서는 근본적인 심층취재를 통해 보도하는 대조적인 모습을 보였다. 서독 방송의 동독 지역에 관한 보도는 동독 사회를 전반적으로 부정하는 것이었으며, 긍정적인 내용의 보도는 특정 분야로 한정되는 등 비판적인 시각 일변도로 진행되었다.

사실 과거 청산의 의미에서는 개혁을 거부하였던 동독 지도층 인사들에 대한 폭로성 보도가 필요했을지도 모른다. 그러나 서독 방송들은 철저한 사전 검증 없이 동독의 주요 계층 인사들을 전면 배척하는 것은 동독지역의 사회구조를 붕괴시킬 위험성이 있을 뿐만 아니라 재건을 어렵게 할 수도 있다는 사실을 인식하지 못했다.

통일 과정에서 정치・경제 분야뿐만 아니라 방송문화의 주도권도 서독 측이 장악하면서 서독인들을 중심으로 동서독 방송인들 간의 위상이 설정되었다. 한 예로 1990년 5월 6일 서독의 ZDF가 동베를린 프리드리히 스타트 팔라스트(Friedrich Stadt-Palast)에서 생중계한 <Guten Abend, Deutschland(안녕하세요, 독일)>라는 쇼 프로그램 진행에서 동독 방송인들에 대한 차별대우가 극명하게 나타났다. 서독의 연예인들이 프로그램 진행을 주도하였던 반면, 동독 출신의 연예인들은 거의 진행에 참여할 기회를 가지지 못하였으며 보조적 지위에 머물러 있었다.

또한 서독인들 위주의 방송인 위상 설정은 ARD의 주요 시사뉴스 프로그램인 <Tagesthemen(하루의 주제)> 논평위원 배정에서도 나타나고 있다. ARD는 동독지역 공영방송 측의 논평위원 수를 한 명으로 제한하고 나머지는 모두 서독지역 인사로 선임하였다.

1992년 1월 1일 동독지역에 새로운 지역 공영방송국인 ORB와 MDR이 개국하였다. 이로서 동독인들은 그동안 낯익었던 동독 방송인들의 모습을 더 이상 볼 수 없었고, 갑자기 새로운 진행자가 나타나 프로그램을 진행함으로써 심정적 상실감을 갖게 되었다.

동독지역의 시청자들은 ORB와 MDR이 공급하는 새로운 방송 프로그램이 정보의 질과 다원성 측면에서 자신들이 혁명을 통해 개혁하였던 동독 국영방송보다 못하다는 시각을 가지고 있었다. 이러한 상황은 동독 방송매체를 정기적으로 수용해왔던 시청자들에게는 상실감으로 받아들여졌다. 친숙한 방송 진행자와 목소리가 사라지면서 이들이 일터와 생활에서 느끼는 존재 위기가 더욱 심화되었고, 이러한 과정에서 새로운 것은 오히려 퇴행적인 것으로 느껴지게 되었다.

동독인들이 혁명을 통해 추구하였던 언론의 자유는 방송 면에서는 공영방송제도의 도입으로 연결되었다. 하지만 정치권력으로부터 독립된 공영방송 체제의 도입이라는 이상이 현실과는 유리되었다는 것을 깨닫는 데에는 오랜 시간이 걸리지 않았다. 새로운 방송사 임원 임명 과정에서 자격이 미달된 서독 출신 인사가 채용되거나 서독의 특정 정당에 소속된 인사들이 동독지역 공영방송사 경영진을 장악한 반면, 동독 출신 방송인은 극소수에 불과하였다. 일선 방송인 선발에서는 개개인의 자질과 역량보다는 구동독에서 어느 당과 사회조직에 가입했는지가 중요한 판단기준으로 작용하였다.

동독지역을 대표하는 지역 공영방송사 인적 구성이 해당지역 출신의 방송인들로 이루어지지 않고 서독 방송인에 의해 장악됨으로써, 동독 지역의 방송문화가 지역인들의 정서와 유리되는 현상이 나타나게 되었다. 40년 이상의 분단 기간 동안 동독지역 및 지역 주민들과는 심정적으로 이질화된 서독인들이 동독 주민을 위한 지역 프로그램을 제작하게 되었고, 이런 상황에서 동독 지역의 이익과 관심이 얼마나 프로그램 제작과 편성에 반영될 수 있는지에 대한 의문이 지속적으로 제기되었다.

서독 방송은 동독이라는 국가를 단지 체제 붕괴의 측면에서만 접근하였고, 붕괴의 원인 또한 협소한 시각에서 조명하였다. 동독 사회에 대한 배경 지식 부족으로 서독 방송인들은 철저한 사전조사 없이 눈에 띄는 소재만을 보도 대상으로 삼았다. 또한 동독인들을 선/악의 구도에서 차별화시킴으로써 동독 사회를 구분하였다. 이러한 보도 태도는 역사적인 관점에서 정당하고 필수적인 것으로 묘사되었으며, 초기 단계에서는 동독 사회의 정당성을 부정하였던 대다수의 동독인들로부터 환영받을 수 있었다. 그러나 시간이 지나면서 차츰 동독 사회의 과거 청산에만 치우친 보도 태도는 오히려 통일된 독일 사회의 융합과 통합을 저해하는 요소로 작용하게 되었다. 동독인들은 친구·동료·이웃들을 차별적으로 평가하는 서독 방송매체의 보도에 거리감을 갖게 되었고, 이것이 동서독 통합에 어려움을 주었다.

한편 서독 방송인들의 과거 청산 보도 자세 역시 문제점이 많았다. 방송인들의 지식 부족에서 기인하는 애매한 평가기준과 충분치 못한 사료조사, 그리고 구체적이지 못한 구동독 사회에 대한 보도로 인해 동독지역의 시청자들은 서독 방송의 프로그램에 불만을 가질 수밖에 없었다. 동독 지역인들은 이질적인 사회에 근거한 시각으로 보도할 수밖에 없는 서독 방송이 동독의 과거 청산 문제를 다루기에는 역부족이라고 여기게 되었고, 이들의 보도는 신뢰할 수 없는 것으로 보았다. 동독 역사 전반에 걸친 청산과 정치 정화의 이유에서 동독에 대한 총체적인 재검토와 평가의 필요성은 부인할 수 없지만, 동독의 역사만을 도마에 올려놓고 서독의 시각에서 재단하기보다는 서독의 역사와 정치인들의 통일정책을 동시에 검토함으로써 동서독 역사의 흑백논리를 상대화시킬 필요가 있었다.

이러한 서독 방송의 태도에 동독인들은 시청 거부로 반응하였다. 통일이 이루어진지 20여 년이 흘렀음에도 불구하고 아직도 방송 면에서의 통일은 실험단계를 벗어나지 못하고 있다. 서독 공영방송은 서독 정치인들과 마찬가지로 동독 사회를 전면 부정한다는 시각 하에서 프로그램을 제작하였으며, 문헌조사를 통해 사회주의당과 동독 정부의 범죄행위를 폭로하고 규탄하는 데 역점을 두었다. 그러나 이와 달리 통일 이후 동독지역에서 나타나는 경제 · 정치 · 문화 문제에는 상대적으로 관심을 두지 않았으며 프로그램에도 반영하지 않았다. 또한 동독의 역사 청산에 관한 보도와 같이 통일 이후의 문제점을 다루는 프로그램은 동독지역 주민들의 시각과 입장을 토대로 제작되지 않고 서독 시각이 주도하는 편향된 제작 자세를 보였다.

## 2. 중국과 대만의 사회문화 교류와 언론

### 1) 양안 간의 인적 교류와 사회문화 교류

중국(중화인민공화국)과 대만(중화민국)이 분단된 지 반세기가 넘었고, 그동안 양국은 서로 체제를 달리하며 나름대로의 정치, 경제적 발전을 이룩해왔다. 국제사회에서 하나의 정치실체만을 인정하는 배타적인 승인원칙에 의해 이들은 분단 이후 치열한 외교전을 벌여왔고, 그 결과 중화인민공화국이 국제사회에서 중국을 대표하는 정치실체로 자리 잡게 되었다(임채완 외, 2006: 229).

중국은 엄격히 중화민국과 중화인민공화국을 포함하는 하나의 포괄적인 개념으로 양국정부는 공식적으로 '하나의 중국'을 표방하고 있지만, '하나의 중국'이 의미하는 바는 서로 다르다. 즉, 분단 당사자인 서로의 정치적 입장에 따라 각자의 중국을 대표하는 정치실체라고 주장하는 것이다(김남이, 1999: 157).

중국과 대만의 분단은 중국의 공산당과 국민당 간의 대결에 뿌리를 두고 있으며, 본격적으로는 1949년 공산당이 중국 베이징에 정권을 수립하고, 국민당 정권이 난징에서 광저우를 거쳐 대만으로 이주하면서 전개되었다(임채완 외,

2006: 232). 중국과 대만, 즉 양안관계는 기본적으로 중국에 의한 대만의 국제적 고립을 특징으로 하고 있으며, 이로 인해 양측 상호간의 긴장과 대립, 그리고 서로의 주장과 접근법이 다르지만 '하나의 중국'을 전제로 상호간의 협상과 교류를 기본 축으로 전개되고 있다(임채완 외, 2006: 238~239).

분단 이후 양안관계의 시대적 특징을 개괄하여 살펴보면(임채완 외, 2006: 272~274), 우선 1949년부터 1978년까지는 '군사적 충돌단계'로서 양안 간 군사적 대립과 긴장이 지속되었던 시기였고, 양안 간에는 크고 작은 군사적 대립이 지속적으로 발생했다.

다음으로 1979년부터 1987년까지는 '평화대치단계'로 중국은 조국의 평화통일 방침과 양안의 우편, 항공, 통상 분야에 있어서 쌍방의 개방을 의미하는 '3통' 주장과 동시에 무력으로 대만을 해방시키겠다는 기존의 주장을 일정 기간 보류할 수 있음을 천명했다. 반면에 대만은 '삼민주의를 통한 중국통일안'을 정책적 대안으로 제시하면서 중국정권에 대한 기존의 '3불정책' 입장을 고수하여 '일국양제'를 통한 중국의 통일전략에 어느 정도의 정치적 거리감을 두었다.

셋째, 1987년부터 1998년까지는 '민간교류 제도화단계'로서 중국의 개방정책 가속화에 따른 경제발전과 대만의 정치적 민주화와 양안정세의 평화기류에 따라 대만은 1987년 중국에 대한 문호를 개방하여 양안교류 활성화를 위한 새로운 계기를 마련하게 되었다. 이후 중국과의 사회 · 경제 · 문화방면에 있어서의 민간교류가 지속적으로 성장, 발전해오면서 양안의 교류 · 협력의 제도화와 동시에 정치와 비정치분야, 정부와 민간차원의 철저한 분리라는 기존 교류 · 협력방식의 점진적인 전환을 모색하는 단계로 진입하게 되었다.

넷째, 정경분리에 기반한 교류협력의 제도화는 1998년 10월 상해에서 열린 2차 왕구회담에서 양안 간의 '정치적 차이'가 여전히 중국의 통일에 결정적인 변수라는 사실을 재확인했지만, 양안 간에 최초로 정치문제를 언급한 정치협상의 서막으로 평가하는 '제한된 정치적 접근' 단계로 발전했다. 양안관계의 주요쟁점은 '하나의 중국'이라는 정치적 지위의 문제, '일국양제(一國兩

制)'의 통합문제, 그리고 중국의 무력사용에 따른 '대만의 안전 문제' 등이 있다(임채완 외, 2006: 241).

마지막으로 2002년부터 중국공산당 최고지도자로 선출된 후진타오 정권의 양안정책은 집권 1기(2002~2006)의 호사점(胡四点)과 집권 2기(2007~)의 호육점(胡六点)으로 대표된다. 이는 대만 정치권력의 변화와도 밀접하게 연계된 것인데, 대만 민진당의 천수이볜이 집권하던 시기 후진타오의 양안정책은 호사점(胡四点)과 반국가분열법을 중심으로 대만의 독립과 분열을 억제하겠다는 데 초점이 맞추어져 있었고, 2008년 대만 국민당 집권 이후에는 양안간의 삼통 허용, 화해와 교류의 분위기가 조성됨으로써 호육점(胡六点)이라는 새로운 양안정책이 도출되었다.

먼저 중국 후진타오의 양안정책인 호사점(胡四点)이 발표된 배경은 대만의 민진당 정권이 일관되게 추진하고 있는 분리독립 움직임을 제어하지 않으면 중국이 그동안 추진해왔던 일국양제 통일정책에 장애가 될 뿐만 아니라 중국의 입지를 상실할 수 있다는 인식에 근거하고 있다. 2005년 2월 후진타오가 양안관계의 새로운 모색을 위해 발표한 호사점(胡四点)의 네 가지 내용은 다음과 같다(박광득, 2009: 139~150).

첫째, 하나의 중국원칙을 견지한다는 것에는 절대 변함이 없다. 하나의 중국원칙의 견지는 양안관계의 발전과 조국평화통일을 실현하는 초석이다. 1949년 이래 양안은 아직 통일되지 않고 있지만 대륙과 대만이 하나의 중국에 속한다는 것은 변함이 없다. 둘째, 평화적인 노력을 쟁취하기 위한 노력을 절대 포기하지 않는다. 대만동포를 포함한 13억 중국인민 모두는 평화를 사랑하고 있고, 진정으로 평화수호를 희망하고 있으며, 골육형제들은 자신의 문제를 평화적으로 해결하기를 더욱 희망하고 있다. 셋째, 대만인들에 대한 방침이 절대 변화되지 않는다. 대만동포는 우리의 골육형제이고, 양안관계 발전의 중요역량이다. 그리고 '태독(台獨)' 분열 활동을 억제하는 중요역량이다. '태독(台獨)' 분열세력은 대만동포를 우리하고 분리하려 하고, 우리는 대만동포들과 긴밀히 단결하려 하고 있다. 넷째, '태독(台獨)'을 반대하며 분열활동에 절대 타협하지 않는다. 국가주권과 영토보존의 수호는 국가의 핵심이익이다. 어떤 사람도 중국의 주권과 영토보존을 위협할 수 없으며 13억 중국인민도 여기에 응하지 않을 것이다.

당시 중국이 상술한 네 가지 대(對)대만 정책은 대만 민진당 정권의 양안정책이 중국과의 대결구도가 아니라 중국으로부터 완전히 이탈하려는 움직임이었기 때문에 이에 대한 중국의 입장을 대만에 경고하는 메시지였다고 볼 수 있다. 당시 민진당 정부는 대만을 하나의 국호로 하는 대만공화국 건립을 주장하고 있었고, 그동안 중화민족과 중화문화라고 믿어 왔던 대만인들의 인식을 대만민족과 대만문화로 대체하려는 움직임을 보이고 있었기 때문이다.

다음으로 후진타오가 집권 2기에 발표한 호육점(胡六点)은 대(對)대만 정책의 새로운 이정표라고 할 수 있을 뿐만 아니라 중요한 의의를 가지고 있다. 호육점(胡六点)의 주요 내용은 후진타오의 대(對)대만 정책의 핵심인 '평화발전'으로 요약할 수 있다. 호육점(胡六点)은 전문 총 5,300자로 기본적인 내용은 크게 세 가지로 나누어 설명할 수 있다. 첫째, '평화발전'이라는 대(對)대만 정책을 어떻게 공포할 것인가. 둘째, '평화발전'과 '평화통일'의 관계는 어떠한가. 셋째, 평화발전을 추진하기 위한 방법은 무엇인가로 구성되어 있다. 호육점(胡六点)의 대략적인 내용을 보면 양안관계의 역사적인 변천과 정책변화를 서술하고 있고, 대(對)대만 정책의 연속성과 조정에 대한 설명과 함께 향후 대(對)대만 정책과 중점에 대해 서술하고 있다. 호육점(胡六点)의 여섯 가지 원칙은 다음과 같다. 첫째, 하나의 중국을 엄수하고, 정치적 신뢰를 증진한다. 둘째, 경제적 합작을 추진하고, 공동의 발전을 촉진한다. 셋째, 중화문화를 선양하고, 정신적 유대를 강화한다. 넷째, 사람의 왕래를 강화하고, 각계의 교류를 확대한다. 다섯째, 국가의 주권을 수호하고, 외교적 사무를 협상한다. 여섯째, 적대적 상황을 종결하고, 평화적 협의로 해결한다.

이와 같이 호육점(胡六点)을 발표한 목적은 대만 총통 마잉저우의 양안관계 발전을 위한 일련의 조치들에 대한 중국 지도부의 의지 표현인 동시에 중국의 새로운 양안정책인 평화적 발전을 위한 지도강령을 제시하기 위한 일련의 행동에 기반하고 있다. 이전의 내용과 다른 측면은 과거에는 평화통일을 강조해왔으나 금번 후진타오의 발표제목에는 평화적인 발전이라는 표현이 사용되었다는 점이다. 물론 중국의 대(對)대만 정책의 근본적인 골격은 변함이 없으나 '평화통일'에서 '평화발전'이라는 용어의 전환으로 이미지가 매우 부드러워졌다는 것은 시사하는 바가 크다고 할 수 있다.

종래의 양안의 갈등구조는 크게 대만을 통일시키려는 중국의 대(對)대만 통일정책과 대륙으로부터 분리 독립하려는 대만의 분리 독립정책으로 대비할 수 있다(정용하, 2000). 1949년 이후 양안관계는 중국의 '해방대만'과 대만의 '광복대륙' 등의 구호 하에 첨예한 정치적 대립구조를 유지하다가 1978년 이후 중국의 개혁·개방과 함께 대만에 대한 평화통일 공세를 계기로 중국과 대만 사이에 정치적 관계 이외의 다른 부분의 관계가 형성되기 시작했고, 이 부분의 교류와 협력은 쌍방의 이해에 따라 과정이나 속도의 차이는 있었지만 지속적으로 확대되어 왔다. 또한 양안의 이념적·정치적 제약의 틀을 넘어 예민하게 반응하는 정치적 관계를 선도하는 양상을 보여주었다(이병대, 2001: 80~81).

중국과 대만의 관계는 중국이 개혁·개방을 실시하고, 이어 대만정부가 대만인들의 대륙 친지방문을 허용한 후, 정치관계의 냉각에도 불구하고 양안 간 경제관계를 중심으로 발전을 거듭해왔다. 또한 2001년 11월부터는 중국이 미국을 제치고 대만의 최대 수출시장으로 부상하였으며, 나아가 민간교류도 활발하게 추진되어 왔다(임채완 외, 2006: 271).

중국은 문화적인 포용을 강조하여 양안 간의 사회문화 협력에 긍정적인 자세를 취해왔다. 특히 양안의 인적교류는 대만정부가 국민당정부를 따라 대만에 이주한 국부군 중에서 일부 퇴역자들 가족의 친척방문을 허용하는 차원으로 출발했지만 그 정치적 의미는 적지 않았고, 대만에서는 대륙방문을 무역, 투자, 학취재의 기회로 활용하였다.

대륙의 친지방문 이후 대만인의 대륙방문자 수는 1987년 4만 6,679명에 불과하였으나, 2004년에는 368만여 명으로 증가함으로써 총 연인원 3,388만여

**표 1-5** 중국과 대만 간 인적교류 현황

| 연도 | 대만인의 중국방문숫자 | 증가율 (%) | 대륙인의 대만방문숫자 | 증가율 (%) | 대만으로의 교류항목 수 | 증가율 (%) | 대만으로의 교류인원 수 | 증가율 (%) |
|---|---|---|---|---|---|---|---|---|
| 1987 | 46,679 | – | – | – | – | – | – | – |
| 1992 | 1,317,770 | 39.2 | 10,904 | 21.1 | 155 | 761.1 | 920 | 3,307.4 |
| 1997 | 2,117,576 | 22.1 | 56,570 | 13.2 | 1,262 | 30.4 | 8,430 | 49.3 |
| 2002 | 3,660,565 | 6.4 | 138,981 | 13.7 | 4,384 | 50.4 | 38,259 | 54.8 |
| 2004 | 3,685,250 | 34.9 | 144,526 | 14.2 | 4,475 | 57.18 | 30,728 | 25.52 |
| 소계 | 33,885,252 | | 1,040,261 | | 24,241 | | 183,999 | |

출처: 임채완 외 (2006). p. 286.

명 정도가 다녀왔다. 대륙인의 대만 방문 역시 연간 평균 10% 이상 증가율을 보여 2004년 총 연인원 104만여 명에 이르렀다. 또한 2004년 말까지 대만에 대한 대륙의 교류항목은 총 2만 4,000여 건에 달했고, 교류인원 역시 18만 4,000여 명에 이르렀다([표 1-5] 참조).

중국과 대만 간의 문화·교육 교류를 목적으로 한 대만 방문 중국인 수는 2001년 6월까지(허가된 수 기준) 7만 2,000여 명이나 되었으며, 중국 출판물의 대만유입은 2001년까지 1,142만여 권, 영화유입 59편, 중국 텔레비전 프로그램 4만여 편이 유입되는 등 문화교류가 활발하게 진행되어 왔다([표 1-6] 참조).

또한 양안 간의 서신왕래가 1억 7,000만 통, 전화통화는 7억 3,000만 통에 이르는 등 비정치적 교류가 폭발적으로 확대되어 왔다. 양안 간의 문화·예술분야의 교류는 양안주민의 상호이해를 촉진시키는 데 중요한 역할을 수행했으며,

**표 1-6** 중국과 대만 간 문화교류 현황

| 항목 | 2001년(1~6) | 2000년 | 1999년 | 1998년 | 역대 총계 |
|---|---|---|---|---|---|
| 문화/교육교류목적 대만방문중국인수 | 7,350명 | 12,154명 | 11,622명 | 10,660명 | 72,732명 |
| 중국 출판물 유입 | 236,854권 | 946,642권 | 669,186권 | 1,263,159권 | 11,426,583권 |
| 중국 영화 유입 | 0편 | 0편 | 7편 | 0편 | 59편 |
| 중국 TV프로그램 유입 | 46편 | 1,097편 | 2,771편 | 14,894편 | 42,420편 |

특히 1988년 7월 대만정부가 중국 내 문학작품 및 서예, 음악작품, 문화텔레비전과 음악작품의 출판과 유입을 허용하고, 또 텔레비전 · 신문 등의 언론매체를 통해 대륙의 각종 풍물을 소개하면서 본격화되었다. 양안 간 민간교류는 양안당국과 민간단체의 적극적 활동으로 인적교류 및 각종 형식의 교류가 진행되어 왔다.

## 2) 양안의 관계개선과 평화발전을 위한 언론 교류

양안의 관계개선과 평화발전을 위한 언론교류와 관련하여 1987년 9월 대만 자립석간신문(自立晚报) 기자 리융더(李永得)과 쉬루(徐璐)가 당국의 금지령을 깨고 중국 대륙에 취재차 방문한 것이 양안 간 최초의 뉴스접촉이었다.

**표 1-7** 양안 간 관계개선과 평화발전을 위한 언론분야 교류

| 시 기 | 교류 내용 |
|---|---|
| 1987년 | 대만 자립석간신문(自立晚报) 기자 이영득(李永得)과 서루(徐璐)가 당국의 금지령을 깨고 중국 대륙에 취재차 방문. 이것은 양안(중국과 대만) 조격 후 최초의 뉴스 접촉임 |
| 1991년 | 민사어선사건(闽狮渔船事件) 발생, 중국 신화사(新华社), 중신사(中新社) 기자 2명이 대만으로 취재차 방문. 중국 대륙 미디어 기자의 최초 대만 취재 활동 |
| 1994년 | 중국 대륙이 최초로 대만 기자들의 뉴스 스테이션(news station) 설립 허용 |
| 2000년 | 대만도 중국 대륙 메이저 미디어들에게 뉴스 스테이션 허용. 당시 인민일보, 신화사, 중앙방송사(CCTV), 중앙인민방송국 4개 개국 |
| 2004년 | 중국 대륙 중신사(中新社) 기자 대만 방문. 대만에 있는 중국 대륙미디어 5개로 증가 |
| 2008년 | 대만이 중국대륙 지방 미디어의 방문을 허용. 복건(福建)일보, 동남위성 TV 기자들이 교대방식으로 대만에 가서 뉴스 스테이션 취재. 매번 취재 기간이 3개월로 길어지며 대만에 가는 신청절차를 간소화함 |
| 2009년 | 대만 15개 미디어의 고위층 지도자들이 중국 대륙(베이징) 방문 교류함. CCTV, 신화사, 인민일보를 참관하고 중국 대륙 미디어와 주관기관들의 참여 하에 비공식적인 좌담을 진행함 |
| 2010년 | 대만 3개 미디어(동삼(东森), 중시(中视)방송국과 왕보(旺报))가 복건성의 복주와 하문에 뉴스 스테이션 주재 |

이후 중국이 1989년 3월에 대만기자의 대륙취재를 본격적으로 허용하였고, 그에 따라 대만도 1989년에 대만 언론기관의 대륙취재를 허용하였다. 대만이 1990년 6월에 대륙의 언론 · 문화 · 예술 · 체육 인사의 대만방문 허용을 발표하면서 양안 간의 언론교류는 제도화되었다. 중국과 대만정부가 언론교류를 제한해 온 기존의 각종제한은 교류가 활성화됨에 따라 규제가 완화되고, 나아가 양안주민의 상호이해 증진과 양안정부의 입장을 간접적으로 전달하는 매개체로의 역할도 수행해왔다(최의철 · 신현기, 2001: 36). 1994년에는 중국 대륙이 최초로 대만 기자들의 뉴스 스테이션(news station) 설립을 허용했다. 2000년 들어 대만도 인민일보, 중앙방송사(CCTV) 등 중국 대륙 메이저 미디어들에게 뉴스 스테이션을 허용했고, 2010년에는 대만 3개 미디어(동삼(东森), 중시(中视), 왕보(旺报) 방송국)가 중국 복건성의 복주와 하문에 뉴스 스테이션을 주재시키고 있다([표 1-7] 참조).

이와 같이 정부 간 대화가 단절되고 양안의 정치관계가 저조하여 대만정부가 교류와 속도와 폭을 조절하는 상황에서도 사회문화 및 언론 교류가 과거에 비해 갈수록 점차 향상되고 있으며, 또 교류의 범위와 내용, 방식이 다양해져 왔다. 더욱이 2001년에는 양안 간 바닷길이 처음으로 열렸고, 2005년 9월 초에는 대만의 여객기가 중국 영공을 통과하게 됨으로써 3통이 부분적으로 실현되었다. 그러나 양안 간의 사회문화교류는 경제교류에 비하여 쌍방 간의 정치적 · 이념적 제약과 뿌리 깊은 상호불신이 해소되지 않아 아직은 실질적인 성과가 미흡한 실정이다(임채완 외, 2006: 288).

## 3. 소결: 논의 및 정책적 제언

분단을 극복하고 통일을 이루었거나 이루는 과정에 있는 독일과 중국, 대만의 사례에서 살펴보듯이 방송과 신문이라는 언론매체가 분단된 사회구성원의 사회통합을 촉진시키는 데 중요한 역할을 하고 있음을 다양한 차원에서 밝히고 있다. 이러한 사례를 통해 남북이 60여 년간 지속되어 온 분단 상황에서 언론이 어떻게 분단을 평화적으로 극복하고, 궁극적으로는 남북의 통일을 이끌어내어 구성원들의 사회통합을 이룰지를 진지하게 모색해야 할 것이다.

### 1) 통일 전후 사회통합 매개체로서의 언론

2차 세계대전 이후 독일 공영방송사의 기본적 방송 임무인 '국민통합'은 동서독 통일로 인해 큰 전환점을 맞았다. 통일 이전 주(州)정부 간에 체결된 ≪독일방송법≫은 공영방송사에게 평화와 자유의 방식에 따라 독일 통일에 기여해야 한다는 국민 통합적 성격의 방송 임무를 부여해왔다. 분단 상황을 겪은 독일의 경우처럼 한국의 공영방송국이 갖는 통합 임무도 특별한 의미를 갖는다. 분단 이후 60여 년 동안 상이한 정치 · 경제 · 사회 · 문화 이데올로기에 바탕을 두고 살아온 남북한 주민들의 이해를 촉진하고 융합시키는 역할을 공영방송이 수행해야 하는 것이다. 이러한 방송 임무는 교류와 협력을 통한 사회통합적 프로그램의 제작과 송신을 통해서 추구될 수 있다.

방송과 같은 언론은 체제와 이념이 다른 사회적 환경에서 사회화된 구성원의 다양성을 인정하고, 그 다양성에 기초해 다양한 프로그램들을 통해 방송의 사회통합적 임무를 수행해야 할 것이다. 독일 통일 이후 서독 방송의 동독지역에 관한 보도는 동독 사회를 전반적으로 부정하거나 열등한 것이었으며, 긍정적인 내용의 보도는 특정 분야로 한정되는 등 비판적인 시각 일변도로 진행되었다. 또한 통일과정에서 방송문화의 주도권도 서독 측이 장악하면서 서독인 중심으로 동서독 방송인들 간의 위상이 설정되었고, 동독지역 신설 공영방송사의 인적구성이 해당지역 출신의 방송인들로 이루어지지 않고 서독 방송인에 의해 장악됨으로써 프로그램 내용이 동독인의 정서와 유리되는 현상을 맞기도 했다. 결국 동독인들은 친구, 동료, 이웃들을 자신들과 다르게 평가하는 서독 방송매체의 보도에 거리감을 갖게 되었고, 이것이 통일 이후 동서독 사회통합과정에 어려움을 주었다.

방송과 같은 언론매체는 사회통합과정에서 사회구성원들 간의 대화와 이해를 증진시키며 상이한 의견 사이에서 합의점을 모색하고 공통점과 균형점을 찾을 수 있도록 커뮤니케이션의 장(場)이 되어야 할 것이다. 독일 통일 이후 서독 방송은 뉴스나 보도 해설프로그램에서 서독 정치인들의 의견을 우선적으로 반영하여 이들의 견해를 현장에서 검증하는 과정을 무시했다. 또한 정부가 방송을 통해 단시일 내에 동독경제 부흥을 선전함으로써 통일이 가져올 경제적 환상만을 독일 전역에 만연시키는 데 일익을 담당했다. 게다가 통일 이후 동독지역에서 나타나는 경제 · 사회 · 문화적인 문제에는 상대적으로 별다른 관심을 두지 않았고, 따라서 프로그램에 반영도 되지 않았다. 특히 동독의 역사 청산에 관한 보도와 같이 통일 이후의 문제점을 다루는 프로그램은 동독지역 주민들의 시각과 입장을 토대로 제작되지 않고 서독 시각이 주도하는 편향된 제작 자세를 보였다. 분단을 극복하고 진정한 사회통합을 이루기 위해서는 커뮤니케이션의 통로로서 방송이 초당파적인 자세와 분파를 초월하여 다양한 사회구성원을 포괄하는 보도 자세에 기초하여 여론 형성을 위해 노력해야 할 것이다.

분단국의 사회통합은 두 개의 이질적인 사회가 통일체를 형성하기 위해서 '서로 다름'을 인정하고 이것을 포용하는 것이 전제되어야 한다. 사회통합을 위한 방송 프로그램이 두 지역 주민들 간의 이해와 화합의 차원에서 평등원칙에 입각해 제작된다면 이러한 원칙은 어려 차원의 사회통합에 기여할 것이다. 통일 전후 사회통합과정에서 독일 방송은 동독에 관한 보도 프로그램 제작의 주된 원칙이 공정한 입장에서 '객관적인 정보'를 제공함으로써 심리적 친밀감을 높이는 것이었다. 최초의 통일 관련 보도 프로그램이었던 <Berlin am Mikrofon(베를린이 말한다)>와 <Berlin zur Zone(베를린이 소련군 점령지역에 말한다)>가 냉전시대를 대표하는 프로그램 명칭이라면, 뒤에 등장한 <Ost-West(동-서)>는 분단문제를 객관적으로 바라봄으로써 동서독 간의 이해와 화합의 차원에서 평등원칙 전략을 나타내주는 프로그램이라 할 수 있다. 또한 서독 사회의 대표적 통일 프로그램이었던 <Kennzeichen D(표식 D)>

역시 시청자 스스로의 판단을 강조하면서 동서독 진영의 발전과 사건을 평등하게 객관적으로 전달하는 것을 주요한 목표로 상정하였다.

마지막으로 통일 이후 독일의 사회통합과정에서 동독지역의 신설 지역 공영방송사들이 ARD 제1텔레비전을 통해 동독지역의 제반 문제점들을 독자적인 시각에서 동독인은 물론 서독인들에게 전달할 수 있는 기회를 갖게 됨으로써 동서독 주민의 사회적 통합에 긍정적으로 기여했다. 따라서 우리의 공영방송 역시 통일 이후 북한에 지역방송국을 설립하고 지역 및 향토의 문화와 풍물을 소재로 한 프로그램 제작을 활성화시켜 남한의 북한 이해를 도모하도록 준비해야 할 것이다. 통일 이후 한반도 전 지역을 대상으로 한 공영 프로그램에서 북한지역 문화를 보여주는 것은 북한 주민들에게 자긍심과 정체성 유지를 도모하고, 따라서 남북한 구성원들의 심리적 · 정서적 사회통합에 기여할 것으로 생각된다.

### 2) 분단국의 상호이해와 민족동질성 회복을 위한 지속적인 언론분야 협력과 교류

통일 전후 동서독 주민통합을 위한 통일 관련 프로그램 제작에 있어서 서독의 방송국들은 '긴밀한 협조체제'를 유지함으로써 양질의 프로그램을 만들 수 있는 여건을 갖추고 있었다. 1962년 WDR, NDR, SFB가 협력하여 창설했던 '동 · 서 문제 합동프로그램제작부'가 그 대표적 사례라 할 수 있다. 이는 3개의 지역공영방송사가 공동으로 제작에 참여하면서 동독에 대한 전문성과 객관성을 확보하고 문제점을 개선하는 방안으로 진행했다. 또한 방송 소재나 날짜 등에 대한 사전협의가 가능해 공조를 통한 통일 프로그램의 질적 향상에도 도움을 주었다. 그러나 한국은 이와 대조적으로 통일에 관한 프로그램을 제작하는 데 있어 방송국들 간의 공조체제가 전무한 실정이다. 북한이나 통일 관련 프로그램 제작은 개별 방송사들의 문제라기보다는 거국적인 차원에서 다루어져야 할 이슈이기 때문에 방송사들 간의 사적 이해관계를 초월한 협력이 요청된다고 할 것이다.

동서독 상호이해와 민족동질성을 회복하기 위해 추진된 또 다른 언론분야 협력은 서독의 통일 관련 보도프로그램들이 독일 국민들이 쉽게 접할 수 있는 '주요 시간대에 편성'되었다는 점이다. 가령, NDR이 1961년 7월부터 방송하던 <Diesseits und jenseit der Zonengrenze(국경의 이쪽, 저쪽)>는 매주 일요일 저녁 7시부터 30분간 방송되었다. 이처럼 일요일 저녁 7시라는 프라임타임 시간대에 통일 관련 프로그램을 방송할 수 있었던 것은 제작자뿐만 아니라 서독 국민들이 통일을 중요한 이슈로 인식하고 있었음을 반증하는 사례이다. 하지만 한국의 경우는 통일 관련 프로그램이 이른 오전이나 저녁 늦은 시간의 사각지대에 편성되어 있다. 실제 편성시간대를 살펴보면, 평일 심야시간대나 주말 이른 아침시간대처럼 시청률이 낮은 시간대에 집중되어 있는 실정이다. 이러한 사실은 방송 제작자들이 북한·통일 관련 프로그램을 주변적인 것으로 인식하고 있으며, 이것이 실제 제작 및 편성 과정에도 반영되고 있다는 사실을 보여주고 있다. 또한 국민들의 통일 관련 프로그램에 대한 관심도와 인지도 역시 매우 낮을 수밖에 없음을 시사하고 있다.

서독의 대표적 통일 프로그램인 <Kennzeichen D(표식 D)>는 동서독 진영에서의 사건을 객관적으로 보도하는 것을 목적으로 하고 있었다. 또한 <Drüben(건너편)>은 정치적 요소에서 탈피하여 동독 주민들의 일상적인 생활상과 문화에 대한 정보 제공을 주된 내용으로 하고 있었다. 이러한 프로그램들은 독일 주민들의 생활상에 대한 정보를 제공함으로써 기존에 서독 주민들이 갖고 있던 부정적 이미지들을 제거하고 동독 사람들을 한 민족으로 받아들이고 친밀하게 느낄 수 있는 계기를 마련해주고자 하였던 것이다. 그리고 서독의 방송은 다양한 장르와 체제를 활용해서 통일에 관한 프로그램을 제작하였다. 구체적으로 서독의 방송은 다큐멘터리, 보도 등 시사 정보 프로그램뿐만 아니라 분단을 소재로 한 드라마도 다수 제작하였다. 한국의 방송프로그램 역시 시사물에 국한할 것이 아니라 오락 프로그램 등 새로운 장르를 활용해서 시청자들에게 친밀감을 높일 필요가 있다. 즉, 우리나라의 통일 관련 프로그램 역시 객관적 정보 전달에 충실하면서, 국민들이 가지고 있는 부정적 대북인식을 개선하고 민족의식을 고취시킬 수 있도록 다양한 소재와 포맷을 적극 활용할 필요가 있는 것이다.

또 다른 측면에서 독일 방송은 통일 이후 통합 방송 시스템 구축에 있어 서독의 정치적 이해관계가 우선적으로 반영됨으로써 민족 이질감 해소에 역기능을 유발하고 있었다. 이를 바탕으로 보았을 때, 우리나라의 방송 역시 북한에 대한 고정관념이나 상대적 우월감 등을 버리려는 노력이 필요하다. 기존에 우리나라에서 제작된 통일 관련 프로그램에서는 사실적인 정보가 아닌 추측성 보도가 큰 비중을 차지하고 있었을 뿐만 아니라 북한 사회를 남한보다 열등한 사회로 인식하는 경우가 대부분이다. 이러한 방송은 시청자들에게 북한 사회에 대한 부정적 인식만을 심어주며, 통일 이후 독일과 마찬가지로 민족 동질성 확보를 저해하는 요인으로 기능할 것이 자명하다. 따라서 지역문화와 다양성이라는 방송이념을 토대로 사회적 유대 및 상호이해 증진을 목적으로 하는 통합 방송시스템의 큰 틀을 구성하는 작업이 바람직할 것으로 판단된다.

마지막으로 중국과 대만의 양안정책은 '하나의 중국'을 전제로 상호간의 협상과 교류를 기본 축으로 전개되고 있다. 중국이 개혁 · 개방을 실시하고, 이어 대만정부가 대만인들의 대륙 친지방문을 허용한 이후 정치관계의 냉각에도 불구하고 양안 간 경제관계를 중심으로 교류협력을 통한 발전을 거듭해오고 있다. 특히 1988년 7월 대만정부가 중국 내 문학작품, 음악작품, 문화TV의 출판과 유입을 허용하고, TV · 신문 등의 언론매체를 통해 대륙의 각종풍물을 소개하면서 각종 형식의 교류가 본격화되었다. 또한 양안의 언론교류와 관련하여 중국이 1989년 3월 대만기자의 대륙취재를 전격 허용함에 따라 대만도 대만 언론기관의 대륙취재를 허용했고, 이어 1994년에는 중국 대륙이 최초로 대만 기자들의 뉴스 스테이션(news station) 설립을 허용했다. 2000년 들어 대만도 인민일보, 중앙방송사(CCTV) 등 중국 대륙 메이저 미디어들에게 뉴스 스테이션을 허용했고, 2010년에는 대만 3개 미디어(동삼(东森), 중시(中视), 왕보(旺报) 방송국)가 중국 복건성의 복주와 하문에 뉴스 스테이션을 주재시키고 있다. 중국과 대만이 양안정책의 큰 틀 안에서 정치적 이해관계를 떠나 지속성을 가지고 진행되어온 언론교류는 실질적으로 양안주민의 상호이해증진과 협력에 중요한 역할을 해오고 있다. 중국과 대만이 독일식의 완전한 통일을 이루지는 못했지만 언론분야를 비롯한 다양한 분야에서 지속적인 교류와 협력을 통해 '하나의 중국'을 지향하는 민족공동체를 추구하고, 그 전제하에서 상호신뢰를 바탕으로 민족동질성을 회복해가고 있다. 따라서 남북한의 언론교류도 정치적 이해관계를 넘어 '민족의 동질성'을 회복하고, 남북 주민간 상호이해를 증진시키는 목적에 맞게 지속성을 가지고 추진되어야 할 필요성이 있다.

# 제2장

# 남북한 사회문화 교류와 방송

'민족동질성' 강화 및 '통일' 지향성은 우리 사회의 역사적, 정치적 맥락에서 그 중요성이 무엇보다 강조되는 특수한 가치이지만, 이 가치가 항시 같은 의미를 지니고 있는 것은 아니다. 민족동질성 강화와 통일 지향성은 정치적 상황의 변화에 따라 그 의미가 진화해왔다.

일제치하로부터의 해방과 함께 닥쳐온 한반도의 분단은 우리 민족에게 '통일'이라는 숙명적인 과제를 남겨 놓았다. 해방 당시 일본군의 무장해제와 항복 접수를 위한 일시적인 한반도 분단이 미소의 갈등과 냉전, 민족 내부의 갈등과 대립, 그리고 마침내는 한반도에서의 남북전쟁과정을 거치면서 공고화되고, 60년이 넘게 남북이 대치하면서 평행선을 달려오고 있다. 남북의 분단은 한민족의 정상적인 발전의 길을 제한하거나 차단시키고, 나아가 민족의 힘을 반으로 갈라놓음으로써 한민족의 이질화와 한반도의 불안정성을 지속시키고 있다.

한반도 분단 이후로 남한이나 북한에게 '통일'은 정권의 정당성을 주장하기 위한 필수적인 정치적 구호이자 무기였고, 따라서 남북은 의도했든 혹은 의도하지 않았든 다수의 통일방안과 정책을 수립해왔다. 남한은 이승만 정권 수립 이후부터 지금까지 한 번도 빠짐없이 정권의 가장 중요한 목표로서 '통일'을 앞세웠고, 이런 점에서 북한도 동일하다. 특히 남한에서의 통일정책 전개과정은 역대 정부의 부침에 따라 변화되어 왔다. 그러나 궁극적인 통일의 미래상에 대해서는 일관되게 시장경제와 자본주의, 그리고 자유민주주의를 고수하고 있다는 점에서 본질상의 변화는 없다고 볼 수 있다.

남북이 '통일'의 기본적인 정책 방안과 수립을 달리 해왔음에도 불구하고, 분단과 상처를 극복하고 하나가 되기 위해 여러 방면에서 나름의 시도와 노력들이 전개되어 왔다. 특히 분단 이후 남한의 역대 정권에 따라 수립된 통일정책의 큰 틀 안에서 나름의 소통과 교류를 통해 '민족동질성' 회복 내지 강화를 위해 노력해왔다.

## 1. 분단 이후 통일정책과 남북한 사회문화 교류

한반도 분단 이후 남한의 통일정책은 목표와 방법에서 변화를 거듭해왔다. 이승만 정권의 제1공화국 시기 통일정책 목표는 '북진통일론'이었고, 통일의 방법은 '북한만의 UN 감시 하에 총선거'였다. 장면 정권의 제2공화국 시기 통일정책은 '선건설 후통일' 정책을 취했다. 이러한 기조는 5 · 16 군사쿠데타로 등장한 박정희의 제3공화국에서도 이어졌다. 특히 박정희 정권은 '선건설 후통일' 정책을 확고히 강조했다. 1980년대에는 사회경제적 영역에서의 교류뿐만 아니라 정치적 결단과 의지가 중요한 요소라고 하는 신기능주의를 바탕으로 '민족화합민주통일방안(1982)'과 같은 통일정책이 제시되었다. 노태우 정부, 김영삼의 문민정부, 김대중의 국민의정부, 그리고 노무현의 참여정부와 오늘날의 이명박 정부에 이르기까지 다양한 통일정책이 수립되어 실행되어져 왔고, 그 가운데 남북한의 이질성을 극복하기 위한 다양한 교류 · 협력 등이 이루어져 왔다.

'민족동질성' 강화를 위한 남북한 간의 사회문화 교류협력은 한반도의 사회문화공동체 형성을 위한 기반을 구축하고 교류협력 과정에서 서로의 상이한 가치관과 생활양식 등에 대한 올바른 이해를 돕는 기능을 한다. 뿐만 아니라 남북 상호간에 신뢰를 높여주고, 나아가 통일 이후 예상되는 남북 간 문화·심리적 갈등을 최소화할 수 있도록 해주는 역할도 한다. 다시 말해 남북한 간의 사회문화 교류협력은 분단으로 인한 이질화를 극복하고 궁극적으로 민족공동체 형성을 지향하는 과정이라는 점에서 중요성을 찾을 수 있다. 특히 분단 이후 남북한 간의 사회문화 교류협력은 전체적인 남북관계의 진전 과정과 밀접히 연관되어 진행되었다(이서행 외, 2005: 219~286).

### 1) 이승만-장면 정부(제1~2공화국)의 통일정책과 사회문화 교류

제1공화국의 이승만 정권과 제2공화국의 장면 정권 시기 통일정책 핵심은 한마디로 국내외적인 냉전적 상황에 직면하여 현실성이 결여된 명분위주의 정책이었다(유석렬, 2007). 제1공화국의 이승만 정권 통일정책은 정부수립 당시의 국제법적 우월성과 도덕적 당위성에 기초해 북한 당국을 철저히 부정하는 인식에서 출발했으며, 방법론적으로는 한반도 문제 해결의 국제화, 특히 UN을 통한 해결방법과 북한지역에서의 자유선거 실시를 가장 중요한 수단으로 삼았다. 이에 따라 북한당국을 대한민국과 대등한 위치에 두고 출발하는 모든 논의는 배척되었다. 1948년 정부수립을 내외에 선포하면서 대한민국을 한반도의 유일한 합법적 주권국가로 선언하고, 북한 지역만의 선거를 통해 비어 있는 100석의 국회의석을 채워야 하며, 무력을 통해서라도 주권 회복을 하겠다고 표명했다. 이승만 정권 시기 남한 정부의 공식 입장은 북한과의 어떠한 대화나 협상도 거부하는 것으로 북한을 실체로 인정하지 않는다는 입장에 따른 것이다. 결과적으로 이승만 정권시기의 통일정책은 북한에 대한 일방적이고 실현불가능한 주장만을 반복하였으며, 때로는 '무력북진통일'이라는 자극적인 주장을 내세우기도 했다. 4·19를 계기로 이승만의 자유당정권이 붕괴하자 정권을 이어받은 제2공화국의 장면 정부는 당시 사회분위기로 끓어오르는 통일운동과 요구에 직면하게 되었다.[1]

장면 정권은 이승만 정권이 취했던 북한 실체의 불인정과 UN 결의안에 따른 한반도 통일원칙을 유지했지만, 이승만 정권의 전쟁과 무력에 의한 북진통일은 배제했다. 그러나 UN 감시하의 인구비례에 의한 자유총선거안은 북한이 도저히 받아들일 수 없는 것으로서 장면 정권 역시 실효성 없는 명분 위주의 통일정책을 고수했음은 이승만 정권과 동일했다(허문영, 1999: 114~115). 특히 당시 통일 논의의 상당 부분은 분단의 원인과 배경이 되고 있는 한반도에서의 국제정치 상황을 냉철하게 파악하지 못한 측면이 있었으며, 북한의 대남적화전략에 대한 인식이 간과된 측면이 있었다. 그리고 무엇보다 국민대중의 일반적인 정서를 도외시한 채 무질서하게 전개됨으로써 낭만적이고도 감상적인 차원의 통일 논의에 머물러 있었다(김성윤, 1998: 217~219).

결과적으로 이승만-장면으로 이어지는 제1, 2공화국 시기의 통일정책은 내용은 없고 명분만 난무했다고 볼 수 있다. 특히 이 시기 남북한 간의 사회문화 교류협력 전개는 냉전체제의 고착화라는 상황 하에서 매우 제한된 형태의 문제제기 혹은 정치적인 선전의 장에 머물렀다.[2] 해방 이후 6.25전쟁이라는 민족상잔의 비극을 경험하고 전쟁의 후유증과 거대한 사회적 변혁의 물결 속에서 이들 정권은 UN과 미국의 보호 속에 안주함으로써 '통일'을 전 민족의 지혜와 힘으로 풀어 나가야 한다는 원칙을 저버리고, 정치적 구호로만 이용했다고 볼 수 있다.

---

1 1960. 4. 19 직후부터 1961. 5. 16까지는 남한 내에서 통일방안과 정책이 폭발하던 시기였고, 재야 혁신계와 학생들을 중심으로 한 통일운동은 이후 1980년대 대중적인 통일운동의 부활에 역사적인 동력으로 작용했다.

2 예를 들면, 1957년 남북언론인 교류제의, 1958년의 제17차 올림픽 대회를 위한 단일팀 구성제의, 1965년 인민배우 박영신의 남북공동 영화제작 및 연극경연대회제의, 그리고 1966년 북한 언어학자 홍기문의 기자교류제의와 조류학자 원홍구의 과학자교류 등이 대표적인 사례이다. 그러나 이와 같은 제안들은 실질적이고 구체적인 방안을 담지 않은 채 '대남호소문'의 형식으로 제기되었으며, 북한의 일방적인 제의로 끝나고 말았다.

### 2) 박정희 정부(제3~4공화국)의 통일정책과 사회문화 교류

4·19를 계기로 터져 나왔던 사회적 변혁의 요구와 통일의 열망을 군사적 힘으로 억누르고 등장한 박정희 정권은 통일정책에 일대 변화를 가져왔는데, 반공체제의 재정비 강화와 통일을 위한 실력배양이라는 슬로건으로 새롭게 무장하고, 외면적으로는 UN 감시 하의 인구비례에 따른 총선거를 주장했지만, 실상은 '선건설 후통일'이라는 점진적 방식의 통일정책을 제시했다(허문영, 1999: 115). 박정희 정권은 조국 근대화를 통일의 첩경이라고 주장하였으며, 따라서 당장의 통일보다는 '근대화'를 보다 상위의 목표로 내걸었다. 즉, 통일을 위한 실력배양론이 박정희 정권이 제시한 통일정책의 핵심 요체였다. 그러나 박정희 정권 후반기에 접어들면서 미·중·일과의 화해와 신 데탕트 분위기라는 국외적 상황이 남북한 직접적인 대화와 협상의 자리로 이끌어내면서 북한을 정치적 실체로 인정하였을 뿐만 아니라 남북한 간의 대화와 협상, 교류를 통해 '평화통일'의 여건을 조성해 나가겠다는 새로운 대북인식과 접근자세를 제시했다. 그 결과 1971년 1천만 이산가족 생사확인을 위한 남북적십자 예비회담을 시작으로 남북대화가 공식적으로 재개되었고, 그 이듬해에 있었던 '7·4 남북공동성명'에 따른 당국 간 대화가 정례화되었으며, 남북적십자 본회담도 서울과 평양을 교차 방문하면서 남북한 간의 교류협력은 본격화되었다.

또한 1973년 '6·23 선언'에 의해 두 개의 한국을 상정하는 UN 동시가입을 주장함으로써 그동안 '할슈타인 원칙'에 따라 북한과 수교한 국가와는 국가 간 관계를 맺지 않았던 종래의 입장을 포기하고, 북한의 국제기구에의 참여를 인정했다(임현진·정영철, 2005: 36). 이로써 남한의 통일정책은 제1, 2공화국에서 보여주었던 명분위주와 정치적 구호를 벗어나, '대화 있는 경쟁'과 '통일 준비론'으로 나아가는 전기를 마련했고, 나아가 '선건설 후통일'이라는 초기 통일정책에서 탈피해 '선평화 후통일'이라는 통일정책으로 변화를 꾀했다. 그렇지만, 박정희 정권의 3, 4공화국 시기 통일정책은 엄밀한 의미에서 '반공'

과 '선건설'론이었지, '통일'론은 아니었다. 박정희 정권 시기 동안 통일은 정치적 목적에 의해 사용되어 온 수단에 불과했고, 특히 '대화 있는 경쟁'이나 '통일 준비론' 등은 오히려 북한과의 대결과 경쟁을 심화시켰고 군비경쟁의 가속화를 가져왔다.

결국 박정희 정권 시기의 통일정책은 이승만-장면 정권의 소극적, 방어적 정책을 벗어나서 일정한 근대화의 기반 하에 북한과의 경쟁을 공식화하고 대화와 협상을 통한 교류협력을 인정하는 데까지 나아갔지만, 여전히 통일은 내부 정치를 위한 수단으로서 유보된 채 남겨졌다.

### 3) 전두환-노태우-김영삼 정부(제5~6공화국과 문민정부)의 통일 정책과 사회문화 교류

12·12 쿠데타로 정권을 장악한 전두환 정권의 5공 정부는 '통일되고 독립된 근대적 민족국가의 건설'이라는 통일정책을 제시했다(장수련, 1998: 63~66). 이를 실현하기 위한 구체적인 방안으로 남북한당국 최고책임자 상호방문과 남북한 정상회담 개최제의, 통일문제와 남북한 관계정상화 문제를 포괄적으로 해결하기 위한 '민족화합민주통일방안'의 제시 및 민족적 화해와 신뢰를 조성하기 위한 '20개 시범실천사업' 등이 제시되었다(임현진·정영철, 2005: 37~38). 전두환 정권이 제시한 통일정책으로서 '민족화합민주통일방안'은 통일이 민족자결의 원칙아래 겨레 전체의 자유의사가 고루 반영되는 민주적 절차와 평화적 방법으로 성취되어야 한다는 기본원칙에 입각하여 평화통일을 성취하는 가장 합리적인 길로서 통일헌법을 채택하고, 이 헌법에 따라 통일된 단일 주권국가를 완성시킨다는 것을 내용으로 담고 있다. 또한 통일조국의 국호, 정치이념, 국내외의 정책의 기본방향, 정부형태, 국회구성을 위한 총선거의 방법과 시기 및 절차 등을 '민족통일협의회'를 구성하여 통일헌법을 기초하는 가운데 토의, 합의될 문제임을 구체적으로 적시하고 있다.

전두환 정권이 제안한 '민족화합민주통일방안'은 이전의 정권과 비교하여 진일보한 정책일 뿐만 아니라 구체적인 과정까지를 제시하고 있다. 그러나 전두환 정권의 통일방안 역시 박정희 정권의 '선평화후통일'의 기본원칙에 기초를 둔 것으로서 여전히 통일보다는 교류와 협력을 우선시하는 신뢰구축에 우선을 두고 있었다. 결국 전두환 정권 시기의 통일정책은 이전의 한국정부가 제시한 통일정책을 집대성한 것으로서의 성격을 가진다. 따라서 전두환 정권 시기의 통일정책 역시 앞선 정권의 한계에서 자유롭지 못하며, 정권 자체의 정통성 부재로 인해 자신감 있는 통일정책을 펼치지는 못했다. 이러한 한계에도 불구하고 남북한 교류협력 부분에서 1984년에 각종 회담 제의가 있었으며 실제로 남북대화 및 가시적 성과도 있었다.[3]

1984년 9월 북한적십자회가 한국의 수해 이재민을 위한 구호품 제공을 제의해왔고, 우리 정부는 처음으로 북한의 수해물자를 인도, 인수함으로 이후 남북한 간의 획기적인사회문화 교류협력의 길이 본격적으로 열리게 되었다. 1985년 9월에 성사되었던 '남북 이산가족 고향방문단 및 예술공연단 교환방문'은 남북 간에 실질적으로 있었던 첫 번째 사회문화·예술교류로서 이를 시발점으로 크고 작은 행사가 '교류'라는 이름으로 남북이 직접 또는 제3국에서 교섭의 맥을 이어왔다.

제6공화국의 노태우 정권은 국민이 최초로 직접선거로 선출하여 출범했다. 따라서 이전 정권들의 '반공'을 국시로 하는 통일정책에서 벗어나 '통일'을 국시로 하는 헌법 보장으로 과거와는 다른 차원에서 새로운 남북관계의 정립을 위한 통일정책을 전개했다(허문영, 1998: 117). 대내적으로는 역사상 처음으로 헌법에 대통령의 평화적 통일에 대한 의무와 평화통일에 대한 대원칙이 천명되었고, 대외적으로는 구소련의 붕괴와 동유럽 사회주의의 붕괴, 그리고 냉

---

3 1984년 1월의 우리정부의 '남북한 당국 최고책임자 회담'의 당면 해결과제 제시와 2월의 국토통일원장관의 '남북한 당국 및 정당·사회단체 대표회의' 개최 제의, 3~4월의 북한 김유순 올림픽위원장의 '남북체육대표단 회담' 제의와 정주영 대한체육회장의 '남북체육회담'제의, 8월 남한의 '남북한 교역·경제협력 실시' 제의, 9월 제8차 본회담을 위한 남북적십자 예비접촉 등이 있었다. 10월 신병현 부총리의 남북경제회담 개최제의 및 북한 김환 부총리의 남북 경제회담 수락, 11월 제1차 남북경제회담 개최로 남북관계가 급진전되었다.

전체제의 해체는 노태우 정권이 소위 '북방정책'을 통한 통일정책을 보다 과감히 추진할 수 있었던 조건이 이루어졌다. 1988년 '7·7선언(민족자존과 통일번영을 위한 특별선언)'을 통해 북한을 '선의의 동반자'로 간주하고, 상호교류와 이산가족 문제, 교역의 민족내부화 및 국제무대에서의 협력 등을 제안하였으며, 이어 후속조치로서 '남북교류협력에 관한 법률'을 제정했다. 또한 분단이후 지금까지의 점진적, 단계적 통일방안에 획기적인 변화를 가져오는데, 통일의 중간단계로서 '남북연합'을 담고 있는 '한민족공동체 통일방안'을 제안했다.

노태우 정권이 제안한 '한민족공동체 통일방안'은 통일을 원칙으로 하는 자주, 평화, 민주, 그리고 미래 통일국가상으로는 자유, 인권, 행복이 보장되는 민주국가를 제시하고 있다(임현진·정영철, 2005: 39). 그리고 통일국가의 수립절차는 우선 남북대화를 추진하여 신뢰회복을 기해 나가는 가운데 남북정상회담을 통해 '민족공동체헌장'을 채택하기로 했다. 이어 남북의 공존공영과 민족사회의 동질화, 민족공동생활권의 형성 등을 추구하는 과도적 통일체제인 '남북연합'을 거쳐 통일헌법을 제정하고 마지막으로 통일헌법이 정하는 바에 따라 총선거를 실시하여 통일국회와 통일정부를 구성함으로써 완전한 통일국가인 '통일민주공화국'을 수립하는 것으로 되어 있다. 그리고 이 '남북연합단계'에서는 민족공동체헌장에서의 합의에 따라 남북정상회의·남북각료회의·남북평의회·남북사무처 등을 두도록 했다(장수련, 1998: 64~65).

이처럼 '한민족공동체 통일방안'은 내용에 있어서도 구체적이며 북측의 연방제 통일방안과 공통성을 갖춘 것이었다. 노태우 정권 시기 이처럼 과감한 통일방안을 내놓을 수 있었던 이유는 우선 국내 통일운동의 활성화와 정치적 요구의 성숙에 기인했고, 외적으로는 사회주의권의 대격변으로 인한 국제환경이 남한에 유리하게 변하고 있었기 때문이다. 이러한 상황의 변화는 역대 어느 정권보다도 더 많은 남북대화와 협상이 이루어지게 했다.[4] 결국 노태우

4 남북한 쌍방은 여덟 차례에 걸친 남북고위급 회담과 체육 및 이산가족 상봉, 적십자 회담을

정권 시기에 통일정책은 '남북연합'을 최초로 제기하여 강화된 국내·국제역량을 바탕으로 '북방정책'을 추진함으로써 그 어느 정권보다도 남북 간의 수많은 대화와 협상을 이끌어냈다. 그러나 노태우 정권의 획기적인 통일정책 전환으로 이루어진 이러한 성과에도 불구하고 북한에 대한 압박을 통해 통일문제를 풀어갔다는 점과 '자주, 평화, 민족대단결'의 원칙을 파기하고, '자주, 평화, 민주'라는 자유민주주의 원칙을 통일의 원칙으로 삼음으로써 근본적으로 북한 체제의 변화와 흡수를 기도하고 있다는 점에서 한계를 가진다. 즉, 노태우 정권의 북방정책은 민족 내부의 자주적인 단결에 기초하지 않고, 외부의 힘을 빌려 한반도 문제를 풀어감으로써 외세의존적인 통일정책을 추진했다는 점이다. 노태우 정권 시기의 통일정책이 가졌던 한계에도 불구하고, 이 시기에 이룩된 '남북기본합의서'는 이후 1990년대 통일운동과 통일문제의 기본 원칙이 되었다는 점에서는 커다란 성과라 할 수 있겠다.

1980년대 후반까지 교류협력의 주체가 정부 중심에서 민간 및 사회단체로 다양해져 왔으며, 그 방식도 당국 간 대화와 적십자사 중심에서 경제, 문화, 예술, 군사, 관광, 교육과 학술, 체육 등 다양하게 추진되었지만, 남북의 정치환경변화의 지배를 벗어나지 못한 한계를 보여왔다. 그러나 1988년 노태우 정부는 '모든 부문에서 남북교류를 추진한다'는 '7·7 특별선언'으로 남북교류의 새로운 방향이 모색되었다. 1990년 '남북교류협력에관한법률'이 제정되었고, 1991년 남북고위급회담에서 채택된 '남북기본합의서'에 따라 남북관계 제도화의 기본 골격이 마련됨으로써 민족구성원의 자유왕래, 이산가족 문제의 해결, 경제 및 사회분야의 교류추진 등을 위한 '남북사이의 화해와 불가침 및 교류협력에 관한 합의서'를 채택해 남북한 간의 본격적인 사회문화교류가 가능하게 되었다.

---

지속시켰으며, 결국에는 1991년에 역사적인 '남북기본합의서'가 채택되었다. '남북기본합의서' 채택은 7·4남북공동성명 이후 보다 구체적인 남북한의 통일에 대한 원칙과 내용을 담고 있는 역사적인 사건이라고 할 수 있다.

김영삼 정권의 문민정부 통일정책은 제6공화국의 노태우 정권의 '한민족공동체 통일방안'의 기초 위에서 '민족공동체 통일방안'을 제안했다(노중선, 2005: 76~77). '민족공동체 통일방안'은 통일을 단계적인 과정으로 나누고, 첫 단계로서 '화해·협력 단계', 둘째 단계로서 '남북연합단계', 마지막 단계로 '통일국가'를 상정하고 있다. 또한 공존, 공영, 공리의 통일 3대 기조를 내세움으로써 김영삼 정권의 문민정부 통일정책은 3단계 3기조 통일방안으로 불리기도 한다. 이러한 '민족공동체 통일방안'은 노태우 정권의 '한민족공동체 통일방안'과 커다란 차이가 없으나, 보다 구체화된 단계를 설정하고 있다는 점에서 보다 진전된 것이라 평가할 수 있겠다. 그러나 '민족공동체 통일방안'은 이러한 진전에도 불구하고 구체적인 실천적 측면에서 북한의 실정과 남북한 관계의 현실을 도외시한 이론적 구상에 지나지 않은 것으로 평가되고 있다.

특히 김영삼 정권은 '민족공동체 통일방안'에서 내세운 화해·협력을 통한 평화적인 공존, 공영의 원칙에도 불구하고, 북한의 붕괴에 의한 흡수통일을 노골적으로 드러냄으로써 사실상 '통일방안' 자체를 포기하는 결과를 가져왔다.[5] 또한 북미 간의 협상에도 강경한 대응을 함으로써 결국에는 북한과의 대화에서도 실패하고, 미국과의 관계도 균열을 보이는 결과를 초래했다. 결국, 김영삼 정권의 문민정부는 민족의 이해에 대한 대중들의 관심과 기대에도 불구하고, 북한 위기와 독일 통일에 따른 무리한 '흡수통일'의 추진, 북한에 대한 감정적 대응과 강경책의 남발, 일관성이 부재한 통일정책 등으로 오히려 지금까지의 통일정책의 성과를 후퇴시키는 결과를 가져왔다고 볼 수 있겠다(임현진·정영철, 2005: 43).

5 이러한 김영삼 정권의 북에 대한 태도는 결국 북한의 '통미봉남(通美封南)' 정책을 가져왔으며, 한반도문제에서 남한은 소외되는 결과를 초래했다.

### 4) 김대중-노무현 정부(국민의정부와 참여정부)의 통일정책과 사회문화 교류

김대중 정권의 국민의정부는 사상 최초로 여야 간의 정권교체를 평화적으로 이룩한 정통성에 기반하여 과거와는 확연히 구분되는 통일정책을 추진하였다(이재승, 1998: 106~112). 김대중 정권의 대북포용(햇볕)정책은 한반도 문제의 국제화 현상을 방지하고 남북당사자 원칙에 입각하여 주도적인 입장에서 평화를 바탕으로 남북 간의 화해·협력을 적극 추진해 나가기 위한 것으로서, 민주주의와 시장경제의 성숙을 토대로 한 자신감이 그 배경이 되고 있다. 그러나 김대중 정부의 대북포용정책은 '평화·화해·협력'의 실현을 통한 남북관계의 개선과 분단의 평화적 관리를 목표로 하고 있기 때문에 엄밀한 의미에서 통일정책이라기보다는 북한을 상대하는 대북정책으로서의 성격을 갖는다고 볼 수 있다.

국민의정부로서 김대중 정권은 이전의 문민정부인 김영삼 정권의 전철을 답습하지 않기 위해 대북정책 3대 원칙을 천명하였는데, 그것은 일체의 무력도발 불용, 일방적 흡수통일 배제, 남북 간 화해·협력의 적극 추진 등이었다(권오중, 2007: 40). 이 원칙에 따라 안보와 협력의 병행 추진, 평화공존과 교류실현, 화해·협력을 통한 북한변화 조성, 남북한 상호이익 도모, 남북 당사자 해결 원칙하의 국제지지 확보, 국민적 합의하의 대북정책 등 6대 기조를 발표했다. 이후 김대중 정부는 남북한의 지속적인 교류와 협력을 보장하기 위해 정경분리 원칙에 입각해 경제협력이 정치적 파장에 흔들리지 않고 지속되는 대북 포용정책을 일관되게 유지했다. 그러나 김대중 정부는 완성된 통일방안을 내놓지 않았는데, 무엇보다 통일방안보다 현실의 문제, 즉 당장 실현 불가능한 통일보다는 평화정책을 통해 남북 간의 평화공존을 이루어 남북 간에 화해를 도모하고 협력을 추진한다는 기본적인 정책에서 출발했기 때문이었다.

김대중 정부의 대북포용정책 추진방향의 핵심은 노태우 정권 시기에 체결된 '남북기본합의서'의 이행과 실천, 정경분리 원칙에 입각한 남북경협의 활성화, 이산가족 문제의 우선적 해결, 대북지원의 탄력적 제공, 경수로 지원 사업의 차질 없는 추진과 한반도 평화환경 조성 등이다(임현진 · 정영철, 2005: 44~47). 이와 같은 국민의정부의 대북정책은 내외의 여러 가지 어려운 여건에도 불구하고 대체로 일관성을 가지고 진행되었고, 그 결과 '2000년 남북정상회담과 6 · 15 공동선언'의 발표로 결실을 맺게 되었다. 김대중 정부의 대북 통일 정책은 기존의 정권과 비교하여 가장 진일보적인 내용과 일관성을 보여줌으로써 커다란 성과를 낳았다고 평가할 수 있다. 그러나 대북포용정책은 국내에서의 합의와 동의의 문제, 미국과의 문제, 군사 및 안보 관련 문제에 대한 소극적 대처와 통일방안에 대한 유보적 자세 등 적지 않은 문제점도 가지고 있는 것으로 평가된다. 여전히 경제와 사회를 중심으로 한 기능주의적 교류 · 협력에 치우치고 있는 점도 문제로 지적되고 있다. 이러한 김대중 정부의 대북 통일정책은 역대 한국 정부가 취해왔던 통일에 대한 기능주의적 한계에서 여전히 탈피하지 못하고 있음을 말해주고 있다.

노무현 정권의 참여정부 통일정책은 김대중 정부의 대북정책을 계승 발전시킨 '평화번영정책'을 제시했다. 노무현 정부의 '평화번영정책'은 한반도의 평화를 증진시키고 남북공동번영을 추구함으로써 평화통일의 기반조성과 동북아 경제중심국가로의 발전토대를 마련하고자 하는 노무현 정권의 전략적 구상이다.[6] 평화번영정책은 단순히 북한에 대한 지원으로 평화를 보장받는 것을 넘어 '남북경제공동체 혹은 남북공동번영'이라는 보다 적극적인 경제적 호혜관계를 이룸으로써 보다 공고한 평화체제를 구축하려는 구상으로 해석된다. 이러한 노무현 정부의 평화번영정책은 기본적으로 김대중 정부의 햇볕정책의 성과를 계승하고 문제점을 해결한다는 의욕에서 구상된 것이다. 여기서 노무현 정부의 햇볕정책 계승은 김대중 정부의 대북관과 대북정책의 철학을 계승하고, 남북관계 진전과 민족화해의 증진을 일관되게 추진하는 것을 의미한다.

---

**6** 노무현 정부는 평화번영정책의 목표를 '한반도 평화증진'과 '공동번영 추구'로 정리하고 있다.

노무현 정부의 통일정책인 '평화번영정책'은 통일 · 외교 · 국방정책 전반을 포괄하는 개념으로, 안보적 측면의 '평화'와 경제적 측면의 '번영'의 균형을 강조하는 한반도 평화발전 구상이라고 할 수 있겠다(김근식, 2004). 이러한 구상 하에 노무현 정부는 평화번영정책 목표를 달성하기 위해 대화를 통한 문제해결, 상호 신뢰 우선과 호혜주의, 남북당사자 원칙에 기초한 국제협력, 국민과 함께하는 정책 등 네 가지 추진원칙을 제시했다(고유환, 2005). 이러한 평화번영정책의 추진원칙에 따라 노무현 정권의 참여정부는 대북 · 통일정책을 추진함에 있어 공론형성을 중시하고, 투명성을 확보하는 노력을 지속했다. 그러나 노무현 정부의 통일정책은 태생적으로 한반도에서의 북핵문제와 깊게 연동되어왔다. 노무현 정권 시기에 북핵문제를 둘러싼 북미 간 대결이 격화되고, 한미 간의 동맹 균열, 남남갈등 등은 일관된 통일정책을 추진하는 데 여러 장애요소로 작용했다. 무엇보다 노무현 정부의 북핵 3원칙 중 핵불용은 북핵 저지를 위해 최우선의 목표로 두는 것인 반면에 평화적 해결은 그 자체로 이미 핵문제 해결 이후 북미관계 정상화와 한반도 평화체제 구축과 연관되는 연결고리였는바, 이 '두 마리 토끼'를 잡으려는 탓에 노무현 정부의 실제 북핵 해법과 통일정책에 혼선을 빚을 수밖에 없었다.

노무현 정부의 통일정책인 '평화번영정책'이 갖는 한계는 우선 남북한 관계 개선과 민족화해의 진전이 있지 않고서는 화해협력을 넘어 평화번영도 현실적으로 가능하지 않다는 전제에서 이 시기 내내 북핵문제를 둘러싼 현안들의 실질적 실현 가능성을 제한시키는 결과를 초래했다. 또한 동북아 경제중심국가라는 목표가 과도한 기대라는 측면도 있고, 평화번영정책의 목표가 전반적으로 지나치게 포괄적이고 장기적인 과제를 포함하고 있는 측면도 있는 것으로 나타났다.

전체적으로 1989년 이후 사회문화교류는 경제교류에 비해 상대적으로 활발하지 못하였으나, 김대중 정부의 대북포용정책실시 이후 양적 · 질적인 측면에서 큰 진전을 보여주었다. 1989년 6월 이후부터 1997년 말까지 사회문화 부분의 남북 간 주민접촉이 분야별로 성사된 인원은 교육학술이 19명, 문화예술이 50명, 체육이 335명, 종교가 9명, 언론출판이 11명, 과학기술이 12명, 관광 · 환경 · 경협 등 기타가 446명으로 나타났다([표 2-1] 참조).

**표 2-1** 사회 · 문화 분야 남북왕래 교류인원(단위: 명)

| 구분 | 교육학술 | | 문화예술 | | 체육 | | 종교 | | 언론출판 | | 과학기술 | | 기타 | | 계 |
|---|---|---|---|---|---|---|---|---|---|---|---|---|---|---|---|
| | 방북 | 방남 | 방북 | 방남 | 방북 | 방남 | 방북 | 방남 | 방북 | 방남 | 방북 | 방남 | 방북 | 방남 | |
| 1989~97 | 19 | | 17 | 33 | 187 | 148 | 9 | | 11 | | 12 | | 446 | 353 | 1,235 |
| 1998 | 21 | | 87 | | | | | | 48 | | 31 | | 1 | | 239 |
| 1999 | 1 | | 92 | | 163 | 62 | 39 | | 14 | | 16 | | 1 | | 392 |
| 2000 | 76 | | 25 | 336 | 446 | | 47 | | 143 | | 8 | | 476 | 68 | 1,554 |
| 2001 | 76 | | 134 | | 310 | 1 | 86 | | 82 | | 13 | | 2,215 | 31 | 2,948 |
| 2002 | 68 | | 513 | | 326 | 765 | 165 | | 84 | | 37 | | 1,308 | 172 | 3,438 |
| 2003 | 360 | 18 | 24 | | 1,190 | 717 | 584 | | 253 | | 51 | | 923 | 206 | 4,336 |
| 2004 | 797 | 41 | 784 | 141 | 5 | | 376 | | 107 | | 121 | | 1,367 | 98 | 3,837 |
| 2005 | 273 | | 286 | | 799 | 78 | 1,231 | | 1,122 | 60 | | | 7,066 | 537 | 11,452 |
| 2006 | 273 | 21 | 138 | | 266 | 4 | 788 | | 487 | | 43 | | 2,266 | 268 | 4,617 |
| 2007 | 827 | 19 | 271 | 30 | 1,198 | 213 | 4,899 | | 289 | | 135 | | 4,720 | 221 | 12,700 |
| 2008[7] | | | | | | | | | | | | | | | 3,424 |
| 2009.5[8] | | | | | | | | | | | | | | | 556 |
| 소계 | 2,783 | 99 | 2,395 | 540 | 4,890 | 1,988 | 8,275 | | 2,630 | 60 | 345 | | 24,377 | 2,346 | 50,728 |
| 총계 | 2,882 | | 2,935 | | 6,878 | | 8,275 | | 2,690 | | 345 | | 26,723 | | |

출처: 통일부(2008). pp. 175~176 재구성.

7 2008년도 1월~12월까지 남북교류현황자료집에는 사회문화분야의 교류인원이 유목별로 나와 있지 않고 총인원으로 표기되어 있었다. 이 기간 북한방문 총인원은 3,092명이었고, 남한방문인 총인원은 332명이었다. 북한주민의 남한방문은 대부분 남북교역과 관련된 방문이었다.

김대중 정부와 노무현 정부 시기에는 남북 간 사회문화 교류협력이 양적·질적으로 상당한 수준으로 확대, 발전하였다. 김대중 정부시기(1998~2002) 사회문화분야의 남북한 왕래 교류인원은 총 8,571명으로 북한으로 방문한 인원이 남한으로 방문한 인원에 비해 5배 정도 높았고, 노무현 정부시기(2003~2007) 사회문화분야 교류인원은 총 3만 6,942명으로 남한방문인원보다 북한방문인원이 14배 정도 높은 것으로 나타났다. 또한 북쪽의 사회문화분야 인사들은 김대중 정부시기보다(1,969명) 노무현 정부시기(2,672명)에 더 많이 방남이 이루어졌다.

우선 교육학술 교류협력분야는 1990년대 초반부터 남북교류가 시작된 이래 중국 등 제3국 행사가 꾸준히 전개되면서 1998년부터 더욱 활성화되기 시작했다. 2001년 3월 18일 동북아교육문화협력재단은 평양에 남북 공동대학 설립합의를 발표했으며, 한국정신문화연구원에서는 '남북의 한민족 문헌 공동 발굴연구'를 주제로 남·북·중 국제학술회의(중국 연변, 2001. 9. 27~ 30)를 개최하여 최초로 남북 학술회의의 정례화를 체결하는 성과를 이끌어 냈다. 이후 연차적으로 '한민족 전통문화의 현대적 조명'을 주제로 남·북·중 국제학술회의(중국 선양, 2002. 10. 17~18)를 개최했으며, 2003년에는 9월 21일부터 28일까지 백두산과 평양에서 '일제의 아시아침략과 조선민족의 반일투쟁사 연구'를 주제로 백두산 베개봉호텔에서 학술대회를 마치고 평양 교육기관을 방문했다. 평양학술대회에서 결의한 최초의 북한학자들이 한국정신문화원이 개최한 서울대회에 참가했다(2004. 6. 2~5).

2002년 대표적인 남북학술대회로는 '한국아동학회의 21세기를 열어갈 아동교육 학술회의'(중국 연길, 2002. 5. 30~6. 1), 한국학술진흥재단의 '블라디보스톡에서 개최된 아태국가 간 협력증진을 위한 TSR의 역할회의'(러시아 블라디보스톡, 7. 24~25), 남북언어정보표준위원회의 '남북언어정보 표준화 회

8 2009년도 1월~5월까지 남북교류현황자료집에도 사회분야의 교류인원이 유목별로 표기되지 않았다. 이 기간 북한방문 총인원은 496명이었고, 남한방문 총인원은 60명으로 나타났다.

의'(중국 북경, 2002. 8. 4~6), 선문대학교의 '21C 한반도 평화의 새로운 조건과 구상 학술회의'(중국 선양, 2002. 10. 16~18), 이화여대 한국여성연구원의 '남·북·중의 여성학 학술회의'(중국 선양, 2002. 12. 23~24) 등이 있었다. 특히 2002년도의 교육학술분야의 성과 중 크게 두드러진 것은 대북 IT교육 실시이다. 한양대학교는 7월 1일부터 8월 23일까지 김책공대와 김일성대 학생 120명을 대상으로 IT 교육을 성공리에 실시하고, 한양대 총장 명의의 수료증을 수여하는 등 학술교류 분야에서 큰 획을 그었다.

남북한 최초의 합작대학인 '평양과학기술대학'이 2002년 6월 12일 착공되어 2007년 말 완공과 함께 개원을 앞두고 있지만 남북의 정치적 변화에 따라 개원이 불투명한 상황에 있다. 이 외에도 대학생 통일탐구단 320명이 금강산을 방문(2002. 7. 2~14) 했으며, 2003년도에는 남북 및 해외학자 통일회의에 남측 대표단 48명이 방북했고(3. 26~27), 평양 의과학토론에 참석하기 위해 의료대표단이 10월 14일에 평양을 방북했다.

2004년 2월 평양에서 개최된 '일제약탈 문화재 반환 공동학술 토론회'에서는 남북이 공동으로 민족사와 관련한 문제의식을 공유하고, 더불어 남북이 합의하여 '남북역사학자협의회'를 구성하는 성과를 거두었다. 같은 해 4월 9일에는 남한의 민족화해협력범국민협의회가 주최하고 북한의 조선중앙역사박물관이 후원하는 '고구려문화전'이 서울에서 개최되었고, 5월 3일에는 주요 대학병원 교수 등 27명으로 구성된 남측 의료대표단이 평양에서 개최되는 제6차 평양의학과학토론회에 참석하기 위해 방북했다. 이 밖에도 5월 1일에 6·15 공동실천을 위한 '남북노동자 5·1절 통일대회'가 평양에서 진행되었고, 6월 7일에는 서울에서 남북학자들이 모여 남북정상회담 4주년 기념 국제학술회의가 '한반도 및 동북아의 평화와 번영'이라는 제목으로 개최되었으며, 6월 15일에는 연세대 김대중도서관과 통일연구원, 북한통일문제연구소가 공동으로 개최하는 '6·15 공동선언 4주년 기념 우리민족대회'에 남·북·해외대표단이 참석하여 '민족대단합선언'을 채택하고 2005년을 조국통일의 원년으로 선포하였다.

2005년도에는 중국의 동북공정에 대응한 고구려 문화유적 발굴·보존 관련 학술회의가 성과를 거두는 가운데 일본의 군국주의 정책을 규탄하는 전시회 등도 의미 있게 진행되고, 나아가 학술용어집 공동개발사업 등 남북이 공동으로 하는 학술협력사업도 일정 부분 진전을 이루었다. 같은 해 2월 러시아의 블라디보스톡에서 남·북·러 학자들의 3국 공동학술회의를 개최, 그 간의 고구려·발해 역사에 대한 연구성과를 발표하고, 7월에는 고구려 유적 평양 공동답사를 추진하기도 하였다. 또한 남북한은 을사조약 100주년을 맞아 일본의 군국주의를 규탄하는 사진전시회를 2005년 11월 서울과 평양에서 공동 개최하고 강점기 일본에 의한 우리민족 수탈사를 폭로했다. 한편 제15차 남북장관급회담에서 안중근 의사 유해발굴사업을 공동으로 추진하기로 합의하고, 남북 양측은 9월 14일에 안중근 의사 유해발굴 및 봉환사업에 대한 남북 합의서를 판문점을 통해 교환하였다.

2006년 남북 간 교육학술교류 분야에서는 IT인력 전문가교육, 평양정보과학기술대학원건립, 고구려 동북공정관련실태조사 등 다양한 분야의 학술회의가 진행되었다. 2007년에는 남북 학술·교육·역사·언어분야 교류 사업이 활발히 이루어졌다. 그동안 학술교육분야는 일회성 행사가 중심이 되었으나 2007년에는 남북의 전문가가 함께 역사유적을 발굴하고, 남한의 강사가 북한의 학생을 교육하였으며, 학술토론회도 정례화하는 수준으로 발전하였다.

둘째, 문화예술분야에서의 남북한 주민접촉은 북한 측의 기피와 함께 공연 등의 경우 상당한 준비와 비용이 소요되는 문화예술분야의 특성상 분단 이후 90년대 중후반까지 교류협력이 활성화되지 못했다. 1990년 평양에서의 '범민족통일음악회'와 서울에서의 '송년 통일전통음악회' 등 왕래교류가 진행된바 있었으나 이후 1998년 리틀엔젤스 평양공연까지 남북왕래교류형태의 문화예술교류는 이루어지지 않았다. 1998년 리틀엔젤스 평양공연 이후로 평양의 윤이상음악회 참가, 1999년의 평양친선음악회 방북공연, 민족통일음악회 방북공연에 이어 2000년에는 남북정상회담을 계기로 평양학생소년예술단, 평양교예단, 남북교향악단 합동연주회 등 대규모 남한공연이 이루어졌다.

2002년에는 방송사들의 적극적인 노력으로 문화예술 교류의 양적·질적 증대를 가져왔다. 2002년 8월 서울에서 열린 북한예술단의 공연(8. 16)이 남한지역에 생중계되고, 9월 평양에서 개최된 KBS 주관의 남북교향악단합동공연(9. 16~22)과 MBC 주관의 이미자·윤도현 평양특별공연(9. 25~30)이 남북 전역에 방영되면서 민족동질성을 확인하고, 상호 이질화된 문화를 이해할 수 있는 계기가 되었다. 또한 2000년에 이어 금강산가극단의 한국공연(11. 30~12. 10) 및 KBS교향악단의 평양답례공연(9. 16~22)이 이루어지고, 2001년에 이어 3D 애니메이션 공동제작이 지속적으로 추진되는 등 향후 남북 간 문화예술 교류 정례화의 기반을 마련하였다. 아울러 금강산가극단(11. 30~12. 10)은 부산과 전주에서, 재일조선학생예술단(9. 2~8)은 서울과 전주에서 공연을 개최함으로써 그동안 서울에 국한되었던 남북교류행사가 지역적으로 확대되는 데 기여하였다. 특히 북한에서 만든 고구려 고분의 모사벽화와 진품유물들로 이루어진 고구려유물전시회(2002. 12. 6~2003. 3. 5)는 공통된 역사와 민족을 바탕으로 한 통일의 당위성을 알리고, 남북 화해분위기를 조성하는 데 기여하였다.

2004년에는 '남북공동기획, 고구려' 전시회와 '꽃으로 본 내 나라' 전시회를 서울과 평양에서 가졌고, 상반기에는 남북한 합작 애니메이션 '게으른 고양이 딩가' 15편을 북측과 추가제작하기로 합의했으며, (주)민족네트워크는 북측 인력을 활용한 임가공 형태로 애니메이션 제작사업을 추진했다. 2005년에도 2002년부터 지속되어온 남북 간 문화교류 아이템으로 북한 소재 고구려유물 전시회를 개최했고, (사)민족문학작가회의는 7월에 '6·15 공동선언 실천을 위한 민족작가대회'를 평양과 백두산, 묘향산 등지에서 개최하였다. 특히 2005년에는 평양방문과 관련한 남북교류가 활발히 추진되었는데, '6·15통일대축전' 문화행사로 가극 '금강' 평양공연과 가수 조용필 평양공연(8. 23), 뉴서울오페라단의 창작오페라 '아, 고구려 고구려-광개토호대왕' 평양공연(9. 7), 제24회 평양 윤이상음악제(10. 25~29) 등이 성공리에 개최되었다. 또한 최초로 북한의 무용수가 남한의 모델과 함께 TV광고 모델로 출연하여 대중적인 주목을 받기도 했다.

2006년 남북 간 문화예술교류는 전시, 영화, 애니메이션, 공연, 음반제작 등 다양한 장르에서 진행되었다. 4월 29일 금강산에서 한국이 낳은 세계적 작곡가 윤이상 선생(1917~95)을 기리는 남북합동음악회가 개최되었고, 재일본조선인총연합회의 '금강산가극단'은 '6·15공동선언 6주년 금강산가극단 특별공연'을 수원과 서울에서 각각 개최했다. 북관대첩비의 역사적인 반환과 함께 문화재에 대한 남북 간 교류사업 또한 활발히 추진되었다. 남북역사학자협의회와 국립중앙박물관 측은 '북한문화재 특별전시전'을 서울과 대구에서 개최하여 문화재를 통한 민족적 동질감을 느끼게 해주었다. 또한 10월 말에는 분단 이후 최초로 남북의 작가들이 금강산에서 만나 '6·15민족문학인협회'를 결성하였고, 우리 측 애니메이션 영상사업관련 관계자들과 평양 소재 국영스튜디오인 조선 4·26아동영화촬영소 등 북한 관계자들과 남북합작 애니메이션 제작을 위한 협의가 활발하게 진행되었다.

2007년에는 통일음반 제작, 재일조선인총연합회 소속 '금강산가극단' 음반제작 및 방한 공연, 전통시민연희단 '안성남사당'의 북한공연 등 다양한 협력사업이 성사되었다. 방송·언론분야에서는 남한의 기자 및 제작진들의 방북 취재가 주를 이루었고, 북한 방송사와의 방송프로그램 공동제작도 이루어졌다.

셋째, 체육분야의 교류는 1990년대 초반 '남북통일축구대회' 등 왕래교류를 비롯하여 비교적 활발한 교류협력이 이루어졌으나, 1991년 8월 북한 유도선수의 망명과 북한의 경제난 등으로 체육분야에서의 전반적인 교류협력은 활성화되지 못했다. 그러나 1999년에 현대아산이 평양에 실내종합체육관을 건설했고, 통일농구경기대회를 서울과 평양에서 상호 개최함으로써 다시 활성화되었다.

2000년과 2001년에 연이어 우인방커뮤니케이션이 금강산지역에서 자동차질주경주대회를 개최하였고, 2000년 개최된 시드니올림픽 개막식에는 남북한 선수단이 동시 입장한 바 있으며, 2001년 8월에는 금강산지역에서 국제모터사이클투어링이 개최되었다. 2002년에는 남북한을 오가며 다양한 종목의 체육교류가 이루어졌다. 9월에 '2002 남북통일축구경기대회'가 서울에서 개최되었고, 제7차 남북장관급회담(8. 12~14)에서 남북 태권도시범단 교환 사업이 합의됨에 따라 우리 측 태권도시범단 50명이 평양공연(9. 14~17)에, 북측 태권도시범단 41명이 서울공연(10. 23~26)에 각각 참가했다. 한편 제14회 부산아시아경기대회(9. 29~10. 14)에 북측이 대규모로 선수단 및 응원단을 구성하여 참가함으로써 남북 체육교류와 협력이 실질적으로 증진되는 데 기여했을 뿐만 아니라 상호 이해와 신뢰의 폭을 넓히는 계기가 되었다. 2003년 8월 대구 하계유니버시아드대회에도 북한선수단과 응원단이 참가하여 체육교류에 큰 성과를 거두었다. 이와 같은 남북 체육교류의 성과는 시드니올림픽에 이어 2004년 아테네올림픽 개·폐회식 때 남북 공동입장을 하여 세계인의 갈채를 받기도 했다. 2005년에는 축구, 권투, 육상, 마라톤, 골프 등 다양한 분야로 확산되고 북한 선수단이 남한에서 개최된 동아시아축구대회(7. 29~8. 7), 8·15통일축구대회(8. 15), 남북 간 권투교류협력(3월/중국 심양, 6월/평양 1차, 10월/평양 2차 개최), 동아시아대회(마카오, 10. 29~11. 6) 등에 참가하여 활발한 남북한 체육교류가 이어졌다.

2006년 남북 체육교류는 북한의 미사일 발사 및 핵실험의 영향으로 2005년에 비해 직접적 교류가 다소 저조하였으나, 국제 스포츠 무대에서의 교류협력은 그 어느 해보다 활발하게 전개되었다. 또한 2008년 베이징 올림픽 남북단일팀 구성 논의를 비롯하여 국제대회에서의 남북 동시입장, 태권도 통합논의, 권투교류 정례화, 국가올림픽위원회연합회(ANOC: Association of National Olympic Committees) 서울총회 북한대표단 참가 등이 성사되었다. 2007년에는 권투, 태권도, 축구 등 다양한 종목의 교류가 추진되었다. 특히 북한 청소년 축구팀이 남한을 방문하여 한 달간 전지훈련을 하는 등 축구분야에서의 교류가 활발하게 추진되었다.

'2007년 남북정상회담'에서는 남북체육교류의 발전과 민족동질성 회복을 위해 2008 베이징올림픽 대회에 남북응원단이 경의선 열차를 이용하여 참가하기로 합의하였다. 이어 11월 16일 남북총리는 이의 이행을 위한 구체적인 사안을 합의하였으며, 남북총리회담 후속조치로 남북은 12월 28일 개성에 실무접촉을 개최하여 응원단에 관련한 구체적인 사항을 계속 협의해 나가기로 하였다.

종교분야의 교류협력은 북한주민들에 대한 선교차원의 관심과 대북지원 등 인도적 차원의 관심을 바탕으로 기독교, 불교, 민족종교 등 각 종단과 교단을 중심으로 제3국에서의 교류 또는 방북이 꾸준히 증가해왔다. 이는 종교계의 경우 대북지원성 교류가 많고, 북한의 대외 이미지개선 효과가 크기 때문이고, 특히 북한은 순수 종교교류보다는 경제적 실익이 동반되는 종교계의 방문을 선별 수용하는 태도를 보여왔다.

김대중 정부 출범 이후에는 남북관계 진전에 따라 종교분야 교류협력이 더욱 활기를 띠었다. 한국기독교교회협의회(KNCC)는 1997년 이래 조선그리스도교연맹과 부활절 남북공동기도문을 매년 합의하여 사용하고, 기독교대한감리회는 2001년 평양신학원 관련 협력사업 승인을 받고 운영비를 지원하는 등의 사업을 2004년까지 추진해왔다. 또한 동북아시아선교회, 아세아선교회, 광성교회, 한국기독공보사 등 교회관계자들은 북한방문 때마다 평양 봉수교회, 칠골교회, 가정교회에서 남북 공동예배를 지속적으로 개최해왔다. 조국통일기도동지협의회는 2002년 5월 조선그리스도교연맹과 조국평화통일기원 금강산 남북공동기도회를 개최하였다. 천주교는 정의구현사제단 주관 하에 2000년부터 조선카톨릭교협의회와 중국 대련에서 안중근 의사 순국기념 남북공동 학술세미나를 연례적으로 개최하고 있다. 한국불교종단협의회는 조선불교도연맹 측과 함께 1997년 이래 해마다 부처님오신날 봉축 남북불교도공동발원문을 채택하여 남북 공동법회를 개최해왔다. 천도교 등 민족종교는 개천절남북공동행사준비위원회를 결성하고 북한 단군민족통일협의회와 2002년과 2003년 10월 평양에서 개천절 공동행사 및 단군학술토론회를 개최했다.

2004년부터는 양측 종교단체 간 접촉뿐만 아니라, 종교시설에 대한 복원사업을 남북이 협력하여 추진하는 성과를 거두었다. 조계종이 남북협력사업으로 추진하는 금강산 신계사 복원사업을, 천태종이 개성 영통사 복원사업을 각각 추진했다. 기독교계의 예장총회는 평양제일교회 건축을 추진했고, 한국기독교장로회는 2004년 5월 금강산에서 남북공동기도회를 개최하였다. 천주교 정의구현사제단에서는 7월 조선카톨릭협의회와 창립 30주년 남북공동미사를 평양에서 개최키로 합의했으나 성사되지 못했다.

2005년에는 종교분야 교류에서 지난 6·15 이후 가장 가시적인 성과를 거두었다. 10월 영통사 낙성식 및 천태학술회의를 남북의 불자 500여 명이 참석해 성대히 거행하여 남북이 협력하여 종교시설을 건립한 최초의 기록을 남겼다. 기독교계는 북한의 무너진 교회를 세우고 복원하는 사업을 지속적으로 추진했다. 천주교, 원불교 및 기타 종단에서도 대북 인도적 지원을 지속적으로 하면서 각 종단차원의 교류 확대를 위해 노력하였다.

2006년의 남북 종교교류는 하반기의 어려운 정세에도 불구하고 협력사업을 중심으로 인적·물적 교류가 꾸준히 진행되었다. 조계종은 2004년부터 추진해온 금강산 신계사 복원사업으로 건립된 9개동 건물에 대한 '편액제막'과 낙성식을 남북공동행사로 진행하였다. 9월에는 조계종 중앙신도회와 북한 조선불교도연맹 전국신도회가 금강산 남북 불교도 합동법회를 공동개최함으로써 남북 간 불교교류가 정례화되는 계기를 마련하였다. 특히 2006년 3월말 금강산에서 열린 '겨레얼살리기 남북공동행사'는 남북한이 민족종교분야에서의 교류사업을 본격적으로 시작하였다는 데 의미가 있다. 원불교에서는 재단법인 '은혜심기운동본부'를 중심으로 북측에 빵, 밀가루 지원 등 인도적 지원사업을 모범적으로 전개하였고, 천주교는 민족화해위원회를 통해 국수공장, 어린이 영양제 공급 등 대북지원 활동을 꾸준히 추진하면서 종단차원의 교류 확대에 노력하였다.

2007년에는 기존 종교시설 복원사업들이 추진된 가운데 남북 종교인들 간의 개별접촉 차원을 넘어 한반도 평화와 통일문제를 위한 종교단체 연합기구 간의 연대와 교류협력을 모색하였다. 또한 종교분야 왕래인원이 2007년 한 해에만 4,899명에 달해 2006년까지 종교분야 왕래 인원수인 3,376명보다

45%가 증가하였다.

언론출판분야의 교류협력은 특성상 북한 측이 체제유지에 유리하지 않다고 판단하여 교류협력이 활성화되지 못하다가, 1997년 중앙일보사 통일문화연구소가 북한지역 문화유적 답사·조사사업을 시작으로 이후 양적·질적 측면에서 크게 활성화되었다. 1997년 MBC의 '금강산 자연다큐멘터리 제작' 등 사업성이 있는 교류가 성사되었고, 1999년 9월 평양에서 거행된 통일농구단의 시합이 녹화 또는 생중계 방식으로 남한에 방영되었다는 점에서 방송교류의 중요한 계기가 마련되었다. 정부가 북한 위성 TV방송의 국내 시청을 허용한 것도 방송교류의 활성화에 긍정적으로 작용하였다. 경향신문사 한민족문화네트워크연구소의 1998년 '남북통합문화 데이터베이스 구축 및 활용사업'과 2000년 '북한 문화예술자료 정보화사업'을 추진하였다.

2001년에는 남북정상회담 이후 진전된 남북관계 상황을 바탕으로 각종 방북행사에 취재단이 포함되고, 개별 방송사 차원의 북한 현지촬영 및 방송물 제작·방송도 이루어졌다. 2002년 KBS는 백두산에서 드라마를 촬영하고, 고인돌 관련 방송물을 제작했으며, 9월에는 남북교향악단 합동연구회를 남북 동시에 생중계했다. 아울러 KBS와 MBC는 9월 북한의 아시아경기대회 준비현장, 경제·생활상 등을 취재하여 서울과 평양 이원 생방송을 진행하였다. 연합뉴스는 2002년 말 북한 조총련계 통신사를 통해 조선중앙통신사 기사자료를 제공받아 국내 언론에 공급하는 체제를 구축함으로써 북한의 관영정보를 신속하게 접할 수 있는 계기를 마련했다.

2003년 8월 KBS는 평양노래자랑을 개최하여 북한주민 23명과 남한 대중가수의 축하공연을 방영하였으며, 방송물 '남북해외학자 통일회의', '경협현장을 가다'를 제작·방영하였다. 방송위원회는 북한에 방송장비를 제공함으로써 향후 방송기술방식 통합 기반을 마련하였으며, 남북방송인 학술토론회, 방송영상물 소개모임(10. 15~19) 개최를 통해 상호 영상물을 구입하고, 상호 방송체제를 이해하는 데 크게 기여하였다. 특히 남한영화제에 북한영화 상영이 많이 이루어졌는데, 전주국제영화제에서 '살아있는 령혼들', 대종상영화제에서 '청자의 넋', 부산국제영화제에서 '신혼부부' 등 7편이 상영됨으로써 북한영화에 대한 관심이 증대되었다. KBS는 2004년 6월 다큐멘터리 '고구려는 살아 있다'를 북한과 공동으로 제작하는 성과를 거두었고, 2006년 역사극 '사육신' 주문제작을 추진하였다. MBC는 2005년 2월 개성공업지구 현황, 개성시내 설맞이 모습, 개성지구 역사유적 등을 취재하여 뉴스데스크 및 PD수첩에서 방영하였다. SBS는 2004년 2월 평양에서 개최된 '일제 약탈문화재 반환을 위한 남북공동학술토론회' 취재차 방북하여 고구려 유적인 강서대묘를 취재 방영했고, 2005년 8월 평양 유경정주영체육관에서 '광복 60주년 특집 조용필 평양 2005' 공연을 개최하여 남한에 생중계되었다.

남북한 출판교류는 남북한 공동편찬, 저작권 교류 및 북한 저작물의 국내 출판, 남북 문인들의 만남 등 다양한 분야에서 활발하게 추진되는 가운데 2001년부터 시범적으로 진행되던 북한 기사자료와 국내잡지 등에 대한 게제가 꾸준히 이루어져 왔다.

분단 이후 최초로 남북한이 공동으로 펴내는 우리말 사전인 '겨레말큰사전'은 (사)통일맞이가 2006년 사업을 본격 추진하여 지역적으로 남·북·해외를 망라하고 방언, 생활언어 등을 망라한 30만 단어 규모의 남북통합사전으로 2012년 발간될 계획이다. 월간지 '민족21'은 통일신보사와 조선신보사의 기사를 반입하여 게재하고, 기타 중국 중개인을 통해 북한의 아동문학, 순수문학, 역사관련 저작물 등을 국내에서 출판하여 소개하고 있다. 동 월간지는 부정기 방북취재를 진행하는 등 북한사회와 주민생활을 우리 사회에 생생하게 전달하고 있고, 2006년 6월에는 조선신보사, 통일신보사와 공동으로 남북공동사진전 '평양 사람들의 서울나들이'를 전국 순회 개최하였다.

(주)판도라TV는 북한뉴스, 음악영상물 등을 인터넷 동영상으로 서비스하고 있고, (사)남북경제문화협력재단은 2006년 북한 저작권사무국과 북한 저작권 대리중개 관련 합의를 체결함으로써 동화, 전설집, 역사소설, 건강상식 등 다양한 분야의 북한 도서가 국내 출판사를 통해 출간된 바 있다.

기타 남북의 교류협력은 2000년 6월 남북정상회담 이후 민간부문의 다양한 남북 공동행사가 성사되어 상호이해 및 통일의지를 함양하는 데 기여하고 있다. 1999년 8월 평양에서 개최된 남북노동자축구대회를 시작으로 2001년 5월에는 금강산에서 노동절 남북공동행사가 개최됐고, 6월에는 금강산 통일대토론회, 7월에는 남북농민 통일대회가 금강산에서, 8월에는 8·15남북공동행사가 평양에서 각각 개최되었다.

2002년과 2003년에는 6·15남북공동선언을 기념하는 6·15남북공동행사가 금강산에서 열렸다. 한편 8·15남북공동행사는 분단 이후 처음으로 대규모 북측 민간 인사들이 서울을 방문하여 합동 문화공연, 미술·사진 전시회, 부문별 상봉모임, 학술토론회 등 다양한 행사를 공동으로 개최하였다. 또한 10월에는 남북청년학생공동행사 및 남북여성공동행사가 금강산에서, 개천절 남북공동행사를 평양에서 각각 개최하였다. 특히 2003년은 민간단체의 남북공동행사가 정착된 한 해였다. 그 해 3·1절 남북공동행사가 북측 민간 인사들이 참가한 가운데 서울에서 개최되었다. 남북 공동행사는 학자, 노동, 농민, 청년, 여성 등 다양한 민간부분 단체들이 질서 있게 대규모 행사를 지속적으로 추진함으로써 향후 정례화할 수 있는 계기를 마련했고, 남북 간 화해협력 분위기 조성 및 통일의지 함양에 기여하였다.

2004년은 민간단체의 남북공동행사가 쌍방향 교류행사로 정착된 한해였고, 6·15남북공동행사의 경우 처음으로 지방에서 개최되어 일반시민이 참여하는 열린 행사로 진행되었으며, 농민통일대회는 2001년에 이어 금강산에서 개최됨으로 정례화의 기틀을 마련하였다. 2005년은 6·15공동선언 5주년과 광복 60주년이 되는 뜻 깊은 해로서 시민사회단체 등이 '6·15통일대축전 행사(평양, 6. 14~17)'와 8·15민족대축전(서울, 8. 14~17)을 성대하게 치름으로써 경색된 남북관계를 개선시키는 데 주력했다. 6·15 5주년을 계기로 정상화된 남북관계 흐름은 8·15광복 60주년 남북공동행사 이후 한 단계 심화·확대되는 계기를 마련하게 되었다.

2006년 6·15공동행사인 6·15공동선언 발표 6주년 기념 '6·15민족통일대축전'은 6월 14일부터 17일까지 광주에서 개최되었다. '6·15민족통일대축전'에는 당국과 남·북·해외의 민간이 함께 참여했고, 당국의 기념행사를 통해 한반도 평화정착·교류협력 활성화를 위한 역할을 재확인하고, 비공식 좌담회라는 새로운 방식의 당국 간 접촉을 통해 쌍방 당국이 허심탄회한 자세로 현안에 대해 의견을 교환하였다. '6·15민족공동위원회'의 합의에 따라 '6·15민족통일대축전'이 2007년 6월 14일부터 17일까지 남·북·해외의 민간이 참석한 가운데 평양에서 개최되었다. 2006년과 2007년에는 '8·15민족통일대축전'이 북한의 수해와 남한의 을지훈련 등의 사유로 불참을 통보하면서 개최되지 못했다.

### 5) 이명박 정부의 통일정책과 사회문화 교류

김대중·노무현 진보진영의 10년 집권을 뒤로하고 중도보수를 표방하면서 경제실용주의를 등에 업고 집권에 성공한 이명박 정부는 이전 정부의 통일정책 틀을 전면적으로 새롭게 짜는 '비핵·개방·3000'이라는 통일전략을 제안했다(통일부, 2008). 이명박 정부의 '비핵·개방·3000' 대북정책은 확고한 상호주의 전략으로서 5대 프로젝트로 이루어진 대북 경제협력 패키지이다. 구체적으로 북한의 '완전한 비핵화와 개혁·개방'이라는 절대적 조건 하에 300만 달러 이상 수출기업 100개 육성, 30만 명의 산업인력 양성, 400억 달러 상당의 국제협력 자금 조성, 신(新)경의고속도로 등 산업 인프라 구축, 인간다운 삶을 위한 복지 지원 등을 제안했다(이동복, 2008: 17~18). 즉, 이명박 정부의 통일정책인 '비핵·개방·3000'의 원칙은 상호주의에 입각해 북한 핵문제의 완전한 해결 없는 남북관계의 정상화는 불가능하고, 개혁·개방을 거부하는 한 남북경협의 열매는 없다는 것이다.

이명박 정부의 대북정책 기조에 따라 남북관계가 급속도록 경색되면서 이전 정부에 비해 사회문화교류가 현저히 낮아졌음을 볼 수 있다([표 2-1 참조]). 특히 이명박 정부 출범 이후 금강산 관광객 피격사건과 개성공단 남측 직원 억류사건 등으로 인해 남북한의 인적·물적 사회문화교류가 전면 중단

됨으로써 개성공단 운영에 필요한 최소한의 인원만 왕래하는 상황이 지속되었다. 천안함 및 연평도 사태의 발생은 이러한 상황을 한층 악화시켜 남과 북을 일촉즉발의 긴장상황으로 몰아넣었다.

## 2. 분단 이후 통일정책과 남북한 미디어 방송 교류와 협력

### 1) 남북한 간 미디어 교류와 협력

분단 이후 이승만 정부(제1공화국)에서 전두환 정부(제5공화국)에 이르기까지 민주당 정권시기를 제외하고 통일문제에 대한 미디어의 보도는 정부의 통일정책과 방안 또는 구호가 일치하는 차원에 머물러 있었다. 이 시기는 정부의 통일방안과 정책에 대해 언론이 비판하거나 반대할 자유가 없었으며, 북한의 통일방안이나 정책을 자세하게 보도할 수 없었다. 이러한 이유로 남북통일이나 남북관계, 북한문제 보도에서 언론에 허용된 기사는 정부의 통일방안에 대한 지지나 찬성 일변도였고, 이로 인해 역대정권의 철저한 반공이데올로기와 냉전논리가 국민생활과 의식 깊숙이 뿌리박혀 체질화되는 결과를 초래하였다(여영무, 1999: 32~33).

남한의 통일정책은 1948년 12월 12일 유엔총회 결의에 의해 인정받은 남한이 유일한 합법정부라는 사실의 강조에서 시작된다. 대한민국 초대 대통령으로서 이승만 정권하의 통일정책은 통일 · 독립 · 민주한국을 수립할 목적으로 종전의 유엔 결의에 의거한 유엔 감시 하에 자유선거 실시와 현재까지 자유선거가 불가능했던 북한지역과 남한에서의 대한민국 합법절차에 의거한 자유선거 실시로 한반도 통일을 실현하는 것이었다. 그러나 이승만 정권이 제안한 유엔 감시하의 총선론은 유엔이 동서 양대진영의 정치적 선전장이었을 뿐, 국제정치 문제의 평화적 · 합리적 해결장소가 아니었던 만큼 외교 선전용을 벗어나지 못했고 북진통일론 역시 대내적으로 반공이데올로기를 심화시키기 위한 반공독재의 수단에 불과했던 것으로 평가된다.

1960년 4·19 이후부터 장면 정권의 9개월여 기간 동안 학생 운동권과 혁신계가 언론자유와 민주화 분위기의 공간을 이용하여 통일문제를 적극적으로 제기함으로써 건국 후 최초로 민간 차원의 통일논의가 활발하게 전개되었다. 민주당 정권은 이승만의 북진통일론을 폐기하고 유엔 감시 하 남북한 총선거에 의한 '평화통일론'을 공식 통일방안으로 채택하였다. 장면 정부는 방만한 언론출판 자유의 허용에 대해 불만을 토로하였으나 언론을 억압하는 법제를 만들지 않았다. 1961년 5·16 이후 탄생한 제3공화국은 평화통일과 남북한 자유총선이라는 제2공화국의 통일정책을 천명하였으나 '선건설후통일'이라는 국력 증강에 우선을 둔 승공정책을 펴 나감으로써 중립론이나 남북교류론에 대해서는 반공법으로 엄하게 금지하였다.[9]

1970년 '8·15선언'에서 박정희 정권은 북한을 공식적인 협상의 상대로 받아들이고, 1971년 8월 남북적십자회담이 제의됨으로써 대화의 시대가 시작되었다. 이어 1972년 '7·4 남북공동성명'에서 자주·평화·민족의 대단결 도모라는 3대 통일원칙에 합의하였다. 1973년에는 '6·23 외교선언'을 발표해 공산권국가에 문호를 개방했으며, 1974년 1월 18일에는 '남북한 불가침협정'체결을 북한 측에 제의하였다. 그러나 박정희 정권은 1974년 10월 1인 체제를 종신체제로 만드는 유신체제를 도입함으로써 통일문제 보도에서 언론이 독자적인 역할을 할 수 있는 여지를 전혀 주지 않았다. 이와 같이 박정희 정권하의 통일정책의 궁극적 목표는 통일을 달성할 수 있는가가 아니라 어떻게 하면 안보라는 일차적 목표를 위협받지 않은 방향에서 통일을 추구할 수 있는가의 문제였다.

---

9 5·16 이후 정권을 장악한 군부세력은 민주당 정권하에서 허용되었던 남북교류론 등 모든 통일논의를 이적·용공으로 규정짓고, 이에 대해 처벌을 소급하여 실행했다. 이 처벌의 근거로 국가재건최고회의에 의해 급속히 만들어진 것이 특수범죄 처벌에 관한 특별법이다(박원순, 1989: 506). 이 법률에 의해 처벌된 사례로는 1961년 2월에 창간된 민족일보의 폐간, 1961년 국제신보사의 이병주 주필의 구속사건, 1964년 11월 MBC 황용주 사장과 조선일보 이영희 기자의 반공법 위반 구속사건, 1965년 대전방송국의 김정욱 편집부장의 구속사건 등이 있다.

1980년대 들어와 새로운 통일방안으로 '남북한 당국 최고책임자 상호방문 제의'나 북한의 '고려민주연방공화국'에 대응해서 만들어진 '민족화합 민주통일방안' 등이 있었고, 1985년에 이루어진 남북 고향방문단, 예술단 교환방문 추진 등이 이루어졌다(이종석, 1988: 101).[10]

노태우 정권의 6공화국은 1987년 6·29선언을 거치면서 5공화국의 권위주의적 언론 통제방식을 지양한다고 주장하면서 언론자유를 강조했다. 특히 이 시기에 학생, 종교인, 재야 정치인들을 중심으로 한 민간부분의 통일논의가 적극적으로 이루어졌고, 정부는 1988년 7·7선언과 10월 18일 제44차 유엔총회에서 '대북 무력 불사용 선언'을 했으며 '남북 불가침선언'을 제안하였다. 또한 1989년 9월 정기국회에서는 '한민족공동체 통일방안'을 발표해 6공화국의 통일정책의 근간을 확립했다. 이 시기 통일논의에 따라 정부의 의지를 표명한 '7·7선언'은 해외동포들의 북한방문을 자유화하였고, 통일국가의 이념으로 '민족화합 민주통일방안'의 '민주·자유·복지'와는 달리 '자주·평화·복지'를 내세워 '자주'의 이념을 수용하였다(이종석, 1988: 105~106).

1988년 9월 정부는 북한 및 공산권 자료를 대폭 공개하는 결정을 내려 민간의 통일논의와 연구의 문호를 넓혀주었고, 각 언론기관에 북한 및 공산권국가에 대한 보도요강을 배포하였다.[11] 이 자료 공개조치에서는 정부가 노동신

---

10 1982년 1월에 제안된 '민족화합 민주통일방안'의 핵심은 남북한 당국 최고책임자 회담을 실현시키고, 일곱 가지 남북한 간의 기본관계 잠정협정을 체결하여 민족화합을 실현한 후, 남북대표로 '민족통일협의회'를 구성하고 그 기구에서 민족의 민주·자주·복지 이상을 추구하는 통일민주공화국을 실현하기 위한 통일헌법을 기초하여 이 헌법에 의거, 민주총선거로 통일을 이룩한다는 것이다. 이러한 통일방안은 지금까지의 소극적인 태도를 버리고 '선 실질관계 개선, 후통일'에 입각한 동서독 통일정책의 모델에 따른 적극적인 접근자세에서 제안된 것이다(이정춘·전석호, 1991: 21).

11 88년 9월 10일 시행된 보도요강은 북한에 관한 보도와 북한 이외의 공산권에 대한 보도 각각에 대해서 언론기관이 자율적으로 보도하지 말아야 할 사항과 문화공보부와 사전 협의를 거쳐 보도할 수 있는 사항을 열거하고, 공산권국가를 입국 취재하거나 생방송할 경우 7일 전에 정부의 허가를 받아야한다는 점과 만약 이것을 지키지 않는 언론기관이나 그 종사는 정부가 행정적 제재나 법적 제재를 가하겠다는 내용으로 이루어졌다. 이 기준이 제시하고 있는 내용은 첫째 국익과 안보는 언론을 통제할 수 있는 필요충분조건이며, 둘째 정부만이 국익과 안보에 관한 올바른 판단을 할 수 있으며, 셋째 정부의 대 북한 및 공산권 정책을 따

문과 영상자료도 제한적으로 공개하도록 허용하였다. 또한 언론분야에서는 89년 한국방송공사(KBS)가 제한적이나마 북한의 방송을 남한의 채널을 통해 보여주는 '남북의 창'이라는 프로그램을 신설했고, 이어 문화방송(MBC) 역시 '통일전망대'라는 프로그램을 신설해 오늘에 이르고 있다. 또, 북한을 민족적 동질성의 차원에서 이해해보려는 노력으로 북한의 실체를 인정하고 북한과의 방송교류를 제안하기도 하였다. 이와 같이 통일논의의 열기가 뜨거워지고 이에 따라 북한 바로알기운동이 확산되면서 북한의 실상을 보다 객관적으로 보도하기 위해 '북한부'가 신설되기도 하였다.

1992년 ≪남북 사이의 화해와 불가침 및 교류협력에 관한 합의서≫의 제3장 '남북교류협력의 이행과 준수를 위한 부속합의서'가[12] 서명되어 구체적인 교류협력의 방안들이 제시되었다. 1990년대 중반 이후부터 실질적인 남북 방송교류가 시작되었다. 그러나 이 시기의 교류는 남북한 언론 및 방송사 간의 직접적인 교류가 아니라 대부분이 남측 중개업자와 북측의 대남 협력 기구인 아세아태평양위원회 사이에 이뤄진 제한적인 교류라는 한계를 지니고 있다.

1998년 김대중 정권 출범 이후 대북 포용정책을 일관되게 추진함으로써 전반적으로 남북한 간 교역과 협력이 증가했고, 이런 흐름 속에서 남북 미디어의 교류도 적극적으로 추진되었다. 국민의 정부는 출범 이후 100대 과제를 발표하면서 '북한 방송개방'과 '남북 언론교류'를 공표했다. 즉, 1차로 라디오, 2차로 TV, 3차로 출판물을 포함한 매스미디어 전반의 개방을 목표로 설정해 점진적으로 실현해간다는 것이었다.

김대중 정부는 98년 5월 '남북교류협력법' 시행령을 개정하면서 북한 영상물의 국내 반입을 사안에 따라 허가하고 상업적 활용을 배제한 활용을 허가하

---

라야 하며, 마지막으로 정부는 위반자에게 제재를 가할 수 있다는 것이다(이효성, 1988). 즉 보도기준과 보도사항의 판단권은 행정당국에 두고 언론 보도의 사전 승인 또는 사전 검열제를 채택하고 있는 것이다.

**12** 신문, 라디오, 텔레비전 및 출판물을 비롯한 언론분야에서 ① 정보자료의 상호교환, ② 기술협력, ③ 기관과 단체 및 인원들 사이의 접촉과 교류, ④ 공동행사 개최와 저작물 및 예술품의 교환전시회, ⑤ 저작물에 대한 권리보호가 명시되어 있다.

겠다고 공표했다. 또한 같은 해 6월 남북교역 활성화 조치에 따라 북한의 도서, 음반, 비디오 등을 남북교역 대상물품으로 고시함으로써 남북 미디어 교류의 가능성을 더욱 확대시켰다. 99년 10월에는 '북한 위성방송 개방조치'를 발표함으로써 북한위성 TV방송의 국내시청이 허용되었다.

2000년 6월 12일부터 사흘간의 남북정상회담은 남북방송교류 및 실제적인 남북교류의 물꼬를 트는 데 커다란 영향을 미쳤다. 같은 해 8월 김정일 국방위원장의 초청으로 남한의 언론사장단이 최초로 북한을 방문하였다. 언론사장단의 방북 기간에 남북한은 '남북언론기관들의 공동 합의문' 5개항을 채택하는 성과를 거두었다.[13] 특히 방송교류는 6월 남북정상회담 이후 질적인 변화를 맞게 되었는데, 기존의 남북 방송교류가 영상교류에 많이 치중해 있었다면 정상회담 이후의 방송교류는 제작협력이 주를 이루었다. 2001년에는 보다 활발한 남북 방송교류가 진행되었고, 6월에는 정부관계자들이 참가하는 남북방송교류추진위원회가 설립되었다. KBS, MBC, SBS 등의 지상파 방송사들도 통일방송연구소(KBS, MBC)와 남북방송교류협력실(SBS) 등 대북 전담팀을 새롭게 신설하여 대북 교류 사업을 주도했고, 각종 북한 관련 세미나를 개최하면서 남북방송교류에 적극 참여하기 시작했다. 이후 2002년 8월 남한의 방송위원회와 북한의 조선중앙방송위원회 사이에 '방송교류에 관한 기본합의'가 체결되었다.

노무현 정부는 김대중 정부의 화해협력 대북정책을 계승, 발전시키고, '6·15남북공동선언'을 이행하겠다고 약속했다. 노무현 정부는 신뢰우선, 국민합의, 포괄적 안보, 장기적 투자로서의 경제협력, 당사자 주도의 국제협력 등 '대북 5대 원칙'에 입각한 통일정책을 바탕으로 '한반도 평화체제 구축'을 제1 국정과제로 제시했다. 특히 국민의정부 햇볕정책의 기조인 남북화해협력을

---

**13** 그 내용은 ① 통일과 민족단합에 도움이 되는 언론활동 전개, ② 비방과 중상 중지, ③ 언론분야 교류협력 추진, ④ 남북 언론접촉창구 마련(남측은 남북언론교류협력위원회, 북측은 조선기자동맹중앙위원회), ⑤ 북측 언론기관 대표의 서울방문 등이다.

바탕으로 한반도 평화번영에서 한걸음 더 나아가 동북아 평화번영을 추구하여 통일기반을 조성하겠다는 목표를 제시하였다. 추진 원칙으로 대화를 통한 문제해결, 상호 신뢰 우선과 호혜주의, 남북 당사자 원칙에 기초한 국제협력, 국민과 함께하는 정책을 강조했다.

2003년까지 비교적 활발하게 전개되던 남북 미디어 교류사업은 북한의 핵문제로 말미암아 점차 소강상태에 접어들기 시작했다. 결국 2004년 이후 북측의 소극적 태도와 교류사업 자체의 감소로 이전에 비해 상당히 후퇴하였다.

### 2) 남북한 간 방송 교류와 협력

분단 이후부터 1970년대까지 남북의 방송교류는 남북의 기자교류와 자유로운 왕래 등을 위한 정부 측 제의가 주를 이루었다. 이후 1980년대 들어서면서 남북 간 방송의 자유 청취, 방송프로그램교류 등의 방송교류에 관심을 기울이기 시작했다. 국내 정치환경의 변화 남북 방송교류 주요 정책제의 및 교류현황들은 다음과 같다(강대인, 2001: 10~15).[14] 우선 전두환 정부시기(1980년~1987)는 남북교류의 실질적 성과는 없었으나 정부가 남북방송교류에 처음으로 관심을 갖기 시작한 시기로서 의미를 갖는다. 정부는 1982년 통일정책기조로서 '민족화합 민주통일방안'을 발표하고, 사회문화분야의 교류와 함께 방송수신과 청취제한장치를 제거하고 쌍방기자의 자유로운 취재를 제안했다.

다음으로 노태우 정부시기(1988~1992)는 남북한이 교류협력에 관한 기본합의서를 체결하고, 각종 남북교류 관련 입법을 추진한 시기로서 남북 방송교류의 기본 틀을 마련한 시기라 할 수 있다. 정부는 1988년 '7·7 민족자존과 통일번영을 위한 특별선언' 이후 후속조치로 9월 3일 북한의 노동신문과 조선중앙TV 및 영상자료 등 북한자료 공개조치를 발표했다. 그리고 1989년 봄

14 남북방송교류 시기구분은 정부의 통일정책기조 하에서 추진되는 점을 감안하여 정권의 변화를 중심으로 구분한 강대인(2001)의 분류방법을 원용한다.

개편부터 북한 방송프로그램을 녹화하여 방송하는 KBS의 '남북의 창'과 MBC의 '통일전망대' 등 북한 관련 프로그램을 정규적으로 편성하였다. 같은 해 1월 16일에는 전국언론노동조합연맹에서 언론인 교류를 촉구하며 특별위원회를 구성, 운영하기로 결의하고, 2월 1일에는 한국방송프로듀서연합회에서 방송프로그램 교환 및 상호 언론인 방문을 제의했다. 또한 11월 3일에는 한국기자협회에서 남북 기자교류 및 문호개방 촉구를 위한 결의를 확정했다. 특히 노태우 정부는 1989년 9월 '민족공동체 통일방안'을 확정하여 이후 현재까지 이 방안을 정부의 대북정책의 기조로 일관되게 유지해오고 있다.

1990년 8월에는 '남북교류협력에관한법률'과 '남북협력기금법'이 제정되어 본격적으로 남북교류를 전개하는 기초적 틀을 마련하였다. 1990년 8월 KBS는 북한의 조선중앙방송위원회에 이산가족 방문과 자연생태계프로그램 공동제작을 제의했고, 1991년 2월에 한국기자협회, 전국언론노동조합연맹, 한국방송프로듀서연합회에서 '남북언론교류추진협의회'를 구성했다. 1991년 5월 8일 세계청소년축구 남북단일팀 구성을 계기로 남과 북의 방송을 연결, 서울과 평양에서 열린 평가전을 생중계로 동시 중계방송하였으며, 이것은 남북한 최초의 비정기 방송교류로 평가된다. 또한 남북 고위급 회담 당시 남북 기자들이 서울과 평양을 오가며 동반취재를 했고, 7월 12일 당시 노태우 대통령이 민주평화통일자문위원회의 제5기 개회사에서 남북 상호 방송교류 및 개방촉구를 제안했고, 남북 간 방송교류를 위한 민간합동협의체를 구성하기로 했다. 그리고 정부는 7월 15일 비정치적 TV프로그램의 교환 방영을 추진하고, 상대방의 일정 프로그램을 합의 하에 기존 프로그램에 삽입하여 편성, 위성을 이용한 상호완전 동시방송, 남북공동방송국 설치, 운영 등의 방안을 검토키로 했다. 이후 9월 6일에 남북방송개방추진협의회를 구성하였다.

1991년 12월 남북한은 25개조에 달하는 '남북사이의 화해와 불가침 및 교류협력에 관한 합의서'를 조인하였다. 이 가운데 제3장 남북 교류협력부분의 제16조는 남북한이 과학, 기술, 교육, 문학, 예술, 보건, 체육, 환경 분야뿐만 아니라 신문, 라디오, 텔레비전 및 출판, 보도 등의 분야에서도 교류와 협력을 실시한다고 규정하고 있다. 1992년 2월 남북한 간 합의서가 발효되는 공식행사가 평양의 인민궁전으로부터 생중계되었고, 5월에 남북한은 '남북교류협력 공동위원회 구성 · 운영에 관한 합의서'를 조인했으며, 9월에는 '남북교류협력의 이행과 준수를 위한 부속합의서'를 조인했다. 이 부속합의서는 남북언론교류협력 등에 관한 사항을 명시하고 있다.

김영삼 정부시기(1993~1997)는 노태우 정부에서 활발히 추진해온 남북교류정책의 기조를 유지하는 가운데 민간 차원의 남북 방송교류에 대한 노력에서 보다 진전을 보였다. 1993년 3월 남북한 라디오와 TV의 상호교류 및 개방을 제의했고, 1994년 11월 한국기자협회의 남북기자교류특별위원회는 '남북보도준칙'을 제정키로 결정했다.

1995년 7월 전국언론노동조합연맹, 한국기자협회, 한국방송프로듀서연합회가 공동으로 '남북언론회담'을 제의하여 '평화통일과 남북화해협력을 위한 보도제작준칙'을 확정해 공표했다. 그 해 10월에는 TV프로그램 제작을 위한 협의 및 답사를 위해 MBC 간부들이 방북했고, 1997년 6월 '남북사회문화협력 사업처리에 관한 규정'을 제정하여 남북한 간 사회문화협력사업 추진에 대비한 제도적 장치를 마련하였으며, 사회문화협력사업에 음반, 영상물 및 방송프로그램의 공동제작에 관한 사항을 포함하여 명시하였다. 또한 1997년 8월 아자커뮤니케이션은 인쇄물 및 TV광고제작을 목적으로 방북했다.

김대중의 국민의정부인 시기(1998~2002)에는 햇볕정책과 포용정책의 일환으로 남북 방송교류 측면에서 법제적 규제를 완화하여 북한방송에 대한 점진적 수용조치를 취하고, 역사적인 남북정상회담 개최를 생중계하는 등 남북방송교류가 실질적이고 구체적이며 현실적으로 실현되었다.

1998년 정부의 대북 포용정책 추진에 따라 북한영상물의 방송 및 TV프로그램 제작이 가능하게 되었고, 1998년 6월에는 남북교역 활성화조치에 따라 북한의 도서, 음반, 비디오 등을 남북교역 대상물품으로 고시하였다. 1998년 3월 KBS와 중앙일보의 방북취재를 통해 '최초 답사보고-북녘산하', '북녘유산'이 2부작으로 방송되었다. 5월에는 남한 프로덕션 스포츠 아트에서 북한 역사유물 및 풍물기행 관련 방송영상물의 제작을 목적으로 방문했고, 9월에는 SBS에서 '안중근 이등박문을 쏘다'라는 북한영화를 방송사상 처음으로 방송했다. 1999년 10월에는 통일부 지침으로 북한 위성TV 방송의 국내시청이 허용되었다. 같은 해 9월 28일부터 29일까지 SBS에서 '남북통일농구대회'를 생중계했고, 12월 20일에는 MBC에서 '남북대중음악제'를 방송했다.

2000년 6월의 남북정상회담은 남북 방송교류정책 및 실제적 방송교류의 물꼬를 트는 데 상당한 영향을 미쳤다. 남북정상회담 이후 김정일 국방위원장 초청에 의한 우리 측 언론사 사장단의 방북이 실현되었고, 8월에는 '남북언론기관들의 공동합의문' 5개항을 채택하는 성과를 거두었다.[15] 같은 해 8월 15일 남북정상회담의 남북 공동실황중계가 이루어졌으며, 이산가족 상봉기간에 KBS는 '북녘땅 고향은 지금'(총 3부작)을 150분간 방송했다. 9월에는 북한 조선중앙TV와 공동으로 백두산, 한라산 정상과 KBS 스튜디오를 연결하는 '백두에서 한라까지'를 방송했다. 그리고 SBS는 창사 10주년 기념으로 2000년 10월 9일부터 10일까지 평양에서 '8시 뉴스'를 생방송으로 진행하였다.

2001년 4월에는 KBS에서 북측과 합의한 '5대 방송교류협력사업'을 추진했다. 남북정상회담 1주년을 맞아 KBS 일요스페셜 '남과 북, 함께 부르는 노래'에서 북한의 노래를 소개했고, KBS 보도특집 '은둔의 땅, 관광으로 빗장연다', '대동강밸리의 꿈'에서는 북한의 관광명소와 IT산업을 소개했다. 그리고 특별기획 '10대 민족유산'과 '여기는 평양입니다' 2개 사업도 제작·완료했다. MBC는 '6·15남북공동선언발표 1주년 기념 민족통일대토론회' 취재를 위해 북한을 방문했다.

참여정부인 노무현 시기(2003~2007)는 평화번영 정책에 기반한 남북한 간의 다각적인 실질적인 교류와 함께 비록 만족스럽지는 못하지만 방송 교류와

---

15 첫째, 통일과 민족단합에 도움이 되는 언론활동 전개, 둘째, 비방 및 중상 중지, 셋째, 언론분야 교류협력 추진, 넷째, 남북 언론접촉창구 마련(남측은 남북언론교류협력위원회, 북측은 조선기자동맹중앙위원회), 마지막으로 북측언론기관대표의 서울방문 등이다.

협력은 지속되어 왔다. KBS는 참여정부 출범 직후인 2003년 3월 민족화해협의회의 협조를 통해 남북 및 해외 학자 평화통일회의의 방송물 제작을 성공적으로 마쳤고, 광복절 즈음에는 조선중앙TV와 함께 '전국노래자랑' 평양 편을 특별 프로그램으로 제작하여 남북한 공동으로 방영하기도 했다. SBS는 유경정주영체육관 개장기념 통일농구대회를 대규모의 방북 인원(참관단 800명)과 함께 제작 방송하였다. 특히 KBS의 '전국노래자랑 평양편'과 SBS의 '통일농구대회'는 많은 북한주민들과 함께 행사를 진행하여 남북방송교류의 의의를 높인 사업이었다. 또 남한 방송사의 협력으로 2002년 월드컵과 2004년 시드니올림픽 경기를 북한 지역에 중계할 수 있었던 것도 남북한 방송교류의 한 장으로 서술할 수 있다. 그러나 2003년까지 활발했던 남북 간 방송교류협력은 2004년 KBS와 MBC의 고구려 문화유산관련 프로그램 제작과 2005년 초에 MBC에서 개성을 취재한 프로그램이 제작된 이후 급속도로 소강상태에 접어들었다.

방송물 제작 등과 관련해 남북한 간 방송 인력의 교류도 활발히 전개되었는데, 특히 2005년 3월에 지명관 KBS 이사장을 비롯한 15인의 남측 방송관계자들이 북한을 방문했고, 6월에는 김상기 MBC 통일방송연구소 외 3인이 남북방송문화교류 추진 및 프로그램 제작협의를 위해 두 차례에 걸쳐 평양을 방문했다. 같은 달에 박원기 KBS 남북교류협력 기획단 단장 등은 남북방송·문화교류사업 협의를 위해 평양을 다시 찾았다.

## 3. 소결: 논의 및 정책적 제언

### 1) 분단 이후 남한의 통일정책과 남북한 간 사회문화 교류와 협력의 함의

분단 이후 남한의 통일정책에 있어서 북한체제의 존재에 관한 현실인정 여부가 주요 준거점이 되었고, 이에 따라 분단 이후 1960년대까지는 남북한 적대적 관계를 전제로 UN에 의한 통일 실현을 모색한 기간이었고, 1970년대 이후로는 남북한 간의 경쟁적 관계를 전제로 민족자주적 통일 실현에 주력한 기간이었다. 특히 1990년대 와서는 체제·국토적 통일에 앞서 민족공동체의 우선 건설이 보다 현실적이라는 인식 하에 교류와 협력을 통한 점진·단계적 통일 실현에 많은 노력을 기울여왔다. 무엇보다 지난 60여 년 동안 남한이 추진해온 통일정책의 특징은 북한 실체와 분단 현실에 대한 인식을 점차 현실화함으로써 '평화통일' 지향성을 크게 제고한 점을 들 수 있겠다.

분단 이후 남한 통일정책의 특징은 첫째로 자유민주주의 체제로의 궁극적인 통일에 있다. 즉, 시장경제와 자유민주주의를 핵심으로 하는 체제를 궁극적인 통일상으로 설정하고 있다. 둘째는 남한의 지난 통일정책이 교류·화해·협력의 방식인 기능주의에 기초하여 전개되어 왔다고 볼 수 있겠다. 기능주의적 통일정책은 소위 비정치적 교류의 확산을 통한 정치적 문제까지의 해결을 도모하는 방식이다. 셋째는 남한의 통일정책에 지속적으로 관찰되는 것은 통일보다 평화를 우선시 하고 있다는 점이다. 독일 통일에서 우리가 배워야 할 가장 중요한 교훈 중의 하나가 바로 평화적 방법에 의해 통일이 이루어졌다는 것임을 상기하면, 평화는 곧 민족의 통일과정에서의 지상명령이라고 할 수 있다. 마지막으로 남한정부의 통일정책은 대체적으로 대외의존적 특징을 띄고 있다. 역대 남한 정권의 통일정책에 보여준 통일외교의 중심은 외세에 민족의 요구를 결합시키는 방식으로 나타났다.

분단 이후 현재까지 사회문화 분야에서 어려운 여건 속에서도 지속적인 교류협력의 시도가 있어 왔지만 김대중 정부 이전까지는 뚜렷한 성과를 거두지 못했다. 다시 말해 남북의 사회문화 교류협력이 지속적으로 이루어져 왔음에도 불구하고 남북관계에 영향을 미치는 독립변수로 작용하지 못했다는 한계를 갖는다(조한범, 1999: 43). 남북의 사회문화 교류협력은 사실상 냉전체제 하에서 형성된 주변적인 조건변화에 매우 민감하게 영향을 받는데, 특히 정치적인 요인들은 남북의 사회문화 교류협력에 거의 직접적으로 영향을 미쳤다. 예를 들면 남북관계가 긴장관계에 놓이거나, 주요 사안이 발생할 경우 사회문화분야의 교류협력은 이를 빌미로 연기되거나 취소되고, 상호 체제 선전의 장으로 이용되는 경우가 많았다. 북한은 통일전선전술의 차원에서 사회문화분야의 교류협력을 이용했으며 남한의 반공주의도 사회문화 교류협력을 경직화시키는 한 원인으로 작용했다.

1980년대 후반 사회주의체제가 전반적으로 붕괴하고 냉전체제가 종식될 때까지 통일과 관련된 한국의 사회문화정책의 중심은 반공정책으로써 이는 북한과의 무력을 동반하는 적대적 긴장관계에 직면한 남한정부로서 불가피한 선택이기도 했지만, 동시에 남북교류협력의 개방적 가능성을 제한하는 결과를 낳았다. 북한의 경우도 사회문화영역 자체가 체제의 순응적 사회주의 인간형의 형성을 추구했기 때문에 사회문화 분야는 사회통제와 사회주의문화의 타율적 전달의 장으로 이용되었다. 따라서 남북한 간의 사회문화 교류협력 제의들은 상대방의 현실을 고려하지 않은 비현실적인 제안들이 많았고, 결과적으로 성사가능성이 낮을 수밖에 없었다. 또한 교류협력의 형태도 일시적이고 단발적인 경우가 많았고, 사회문화 교류협력 그 자체보다 정치적인 선전성을 우선시 하는 측면이 강했다.

김대중 정부 이전인 1990년대 중반까지 남북의 사회문화 교류협력의 분야에서 나타난 한계는 첫째, 정부당국의 주도하에 사회문화 교류협력이 이루어지는 경우가 많았고, 민간차원의 교류협력의 추진과정에서도 정부 측과 긴밀한 협의를 거치는 경우가 많았다. 둘째, 대부분의 사회문화 교류협력이 자율성을 가지지 못했고, 냉전체제에 종속됨으로써 주변여건의 변화에 민감하게 반응하여 안정적으로 추진되지 못했다. 셋째, 성사된 남북의 사회문화분야 교류협력이 대부분 중국, 러시아, 일본, 미국 등 제3국인 및 교포들의 중개에 의해 가능했으며, 남북한이 당사자가 되어 주체적으로 주최하는 경우가 적었다. 따라서 남북한 주민 간의 접촉도 제3국에서 개최되는 관련행사에서 이루어지는 경우가 많았기 때문에 1998년 이전까지 사회문화 교류협력에서 남북 간 직접방문 및 왕래교류가 차지하는 비중은 매우 미미한 수준이었다. 넷째, 대부분의 남북 간 교류가 실질적인 협력사업으로 연결되지 못했고, 특히 남북 간 주민왕래에 있어 북한주민의 남한방문이 남한주민의 방북에 비해 극히 미미한 수준에 머물렀다는 점이다(조한범, 1999: 44~46). 그러나 이와 같은 1990년대 중반까지의 남북한 사회문화 교류협력의 특징과 한계들은 1998년 김대중 정부가 들어서면서 점차 변화를 보이기 시작했다.

1997년 말부터 남북한 사회문화 교류협력이 확대추세를 보이다가, 1998년부터 대북포용정책에 따라 새로운 전기를 맞이했다. 분단 이후 이전시기까지 보여주었던 대북정책에 비해 획기적이고 전향적인 대북정책을 김대중 정부에 이어 노무현 정부까지 유지·발전시킴으로써 지난 10여 년간의 남북한 교류협력도 새로운 의미를 지니며 양적·질적으로 성장했다. 남북한 간의 사회문화 교류협력이 아직 완전히 해소되지 않은 한반도 냉전체제의 영향으로부터 자유로운 것은 아니지만 민간차원의 사회문화 교류협력이 지난 10여 년 동안 이전 시기와 비교해 괄목한 만한 성장을 이루어 온 것은 높이 평가할 만하다.

김대중 정부(1998~2002)의 대북포용정책 실시 이후 노무현 정부(2003~2007)에 이르기까지 과거에 비해 양적·질적 측면에서 사회문화 분야의 교류협력이 눈에 띄게 활성화되었고, 제3국에서의 접촉 및 교류가 남북의 상호방문을 통한 직접교류협력의 형태로 전환되기 시작했다. 또한 제한적으로 허용되었던 남북 주민접촉 및 방북이 일반주민들에게 확대되고, 일회성 상호방문이 아닌 수시방문이 가능한 형태로 전환되었다. 사회문화분야 협력사업자 및 협력사업 승인의 대부분이 김대중 정부 이후 이루어짐으로써 남북 간 사회문화분야에서의 협력사업이 급증하는 추세를 보이고, 과거와 달리 정치·군사적 차원의 남북관계 변화에도 불구하고 남북의 사회문화 교류협력은 지속되어 왔다(조한범, 1999: 47~48). 그러나 이와 같은 긍정적인 전환에도 불구하고 사회문화 교류협력의 자율적 토대형성에는 여전히 미흡하다는 한계를 지니고 있다.

분단 이후 현재까지 정부와 민간단체 등 각계각층에서 다양하게 추진되고 있는 사회문화 교류협력은 서로 다른 가치관과 문화양식을 가지고 살고 있는 남북한 주민들이 서로의 이질감을 해소하고, 상호공감대를 형성해가는 과정이라고 할 수 있다. 다시 말해 남북 간 사회문화 교류협력은 한반도의 사회문화공동체 형성을 위한 기반을 구축하고 교류협력과정에서 서로의 상이한 가치관과 생활양식 등에 대한 올바른 이해를 돕고, 남북 상호간의 신뢰를 높여주며, 나아가 통일 이후 예상되는 남북 간 문화 심리적 갈등을 최소화하는 기능과 역할을 한다.

남북의 교류협력에서 나타나는 많은 난점에도 불구하고 문화예술, 교육학술, 체육 등의 교류가 가능할 수 있다고 보는 것은 바로 민족문화의 공통성과 전통문화의 상호이해라는 공통의 기반이 아직까지 존재하기 때문이다. 남북한이 비록 분단되어 서로 다른 정치이념과 체제의 틀 속에서 반세기 이상 서로 간에 오해와 불신, 갈등과 반목을 쌓아 왔지만, 이질화의 정도는 결코 상호문화의 이해를 불가능하게 할 정도는 아니라는 점에서 남북의 문화·예술·교육·기술·체육 등의 지속적인 사회문화 분야의 교류와 협력은 향후 남북의 완전하고 신속한 사회적 통합에 중요한 토대를 제공할 수 있다고 본다.

이상에서 살펴본 바, 반공이 국시였던 90년대 이전의 역대정권하에서는 정부의 통일방안 이외에 별도의 의견을 제기하는 것은 사실상 불가능하였다고 할 것이다. 또한 스테레오타입화된 반공 이념이 지배적인 사회분위기에서 북한의 통일방안이나 각종 대남제의에 대해 언론의 건설적인 비판이나 수용 태세를 기대하기는 사실상 어려웠다(이강수, 1991: 106~107). 정권이 표방하는 지배적인 가치를 표방하는 것 이외에 언론이 통일문제에 대한 독자적인 이념적 가치를 형성할 수 없었다는 것이다. 하지만 남북한 사회문화적 교류협력의 일환으로 남북 언론 및 방송 차원의 교류와 협력이 지속되면서 통일문제와 관련한 미디어의 자율적 활동영역이 점차 넓어지게 되었다.

### 2) 남북한 간의 미디어 방송 교류와 협력의 함의

남북한 간의 미디어 방송 교류와 협력의 목적은 오랜 분단으로 인해 상호 이질화된 사회문화적 간극을 극복하고 화해와 협력의 평화적 통일 기반을 구축하는 데 있다. 그러나 남북의 방송 교류는 북한에게는 체제개방과 같아서 남북의 정치적 신뢰가 쌓이지 않으면 불가능하다. 따라서 남북의 통일정책은 정권교체와 무관하게 일관성 있는 대화와 교류를 통해 서로를 이해하고 수용하는 방향으로 나아가야 한다. 독일은 과거 서독 사민당(SPD)의 빌리 브란트(W. Brandt)가 60년대 말 집권하면서 추진했던 동방정책이 후(後)에 독일 통일의 토대가 되었던 것은 보수당인 기민당(CDU)과 기사당(CSU)의 집권시기에도 전임 정권의 대(對)동독정책을 그대로 이어왔었기 때문이다. 따라서 남북의 화해와 공존의 평화통일을 지향하는 우리의 대북정책이 정권교체에 따라 수시로 바뀌는 정책이 되어서는 안 될 것이다.

같은 맥락에서 남북한 간의 방송 교류 역시 어느 한쪽의 일방소통이 아니라 쌍방향적이어야 한다. 즉, 남북의 방송사들이 쌍방의 프로그램들을 편성하여 양측의 시청자들과 함께 볼 수 있는 여건이 조성되어야 한다. 2000년 남북정상회담 이후 남한의 방송사들은 북한프로그램 구매 및 방영에 따른 고액 지불, 낙후된 북한 방송사에 고가의 방송장비 지원, 프로그램 제작지원이나 공동제작 또는 주문제작의 명목으로 프로그램을 북한에서 제작하는 붐을 조성해왔다. 그러나 이러한 노력에도 불구하고 남북한 간의 방송교류는 대부분 남한 시청자들에 의해서만 수용되는 결과를 가져왔다. 다만 2007년에 방영된 남북합작 드라마 '사육신'은 유일하게 북한에도 방영되는 남북합작드라마로서 진정한 의미의 남북한 방송교류의 한 유형으로 평가되고 있다.

2000년 남북정상회담에 따른 6·15남북공동성명으로 남북한 간에 상호신뢰와 화해무드가 조성되고, 남한이 낙후된 조선중앙방송국에 고가의 편집과 송출 장비를 지원해줌으로써 일회적으로 끝났지만 최초로 '남북방송토론회 및 방송영상물 소개모임'을 2003년 10월 북한의 평양 인민문화궁전에서 갖기도 했다. 북한은 북한주민의 남한방송프로그램에 대한 접근을 철저히 차단하면서 각종 수익사업의 일환으로 남한의 다양한 제안을 방송교류라는 미명하에 조건부로 수용함으로써 방송을 통한 민족의 동질성 회복이라는 우리의 궁극적 목적과는 동떨어져 있었다.

독일의 통일사례에서 살펴보았듯이 통일 이전부터 연립주의 방송을 통해 동독 주민에 대한 인식의 변화를 꾀하고, 밑으로부터의 통일을 평화적으로 이끌어내었다는 점이 우리에게 시사하는 바가 크다. 즉, 구서독의 지역방송국들뿐만 아니라 구동독지역 방송국들의 프로그램들까지도 전국방영을 함으로써 각 지역의 사회문화적 특성들이 전국화되고, 지역사회의 독자성이 구현되어 전국적 차원에서는 다원성을 갖게 되고, 국가적으로는 일체성을 꾀했다. 이런 맥락에서 이정춘(2008)은 남북방송교류의 의미를 새롭게 정의하고 내밀한 동화(assimilation)적 대북방송정책을 조용히 강화하면서 '연립주의적 남북통합방송채널' 공동운영을 제안하고 있다.

남북방송교류라는 틀 안에서 남북의 방송제작협력 역시 정치적 변수에 흔들리지 않고 보다 지속적이고 장기적인 협력 시스템 위에서 기능할 수 있도록 다각적인 모색이 필요하다. 이런 맥락에서 김영덕(2008)은 남북방송 제작협력 시스템 구축방안으로 상업적 남북제작협력 모델의 도입, 남북관련 소재 개발역량 강화와 중소 제작자에이 제작협력 기회 확대, 남북방송제작물의 안정적 유통망 확립, 남북방송디지털제작센터 설립과 공동이용 확대, 제작인력의 교류 정례화, 방송기술교류를 통한 제작협력 강화, 남북제작활성화를 위한 공적 지원의 강화 등 보다 구체적이고 실질적인 차원에서 제안했다.

이상의 논의를 종합해보면, 민족의 동질성과 화합을 위한 통일방송은 북한에 대한 객관적인 정보 제공을 통해 올바른 북한관을 세우기 위한 접점을 찾아야 하며, 공통적으로 다양한 통일 방송프로그램이 개발되어야 할 것을 제안하고 있다. 정보(소스)의 다양성, 형식의 다양성, 디지털 시대에 발맞춘 미디어의 다양성이 갖추어져야 할 것이다. 또한 남북제작협력의 활성화를 위한 정부차원의 지원도 필요하지만, 정치적 변수와 같은 외부 환경에 덜 영향을 받을 수 있는 남북방송교류와 협력의 장이 마련되어야 할 것이다.

# 제3장

# 방송법령과 통일 이념

방송법은 개별 방송사들이 추구해야 할 이념적 지향성뿐만 아니라 구체적인 실천 지침까지 제시해주고 있다는 점에서, 추상적인 정책 이념들을 현실적으로 구현하기 위한 제도적 기반이라 할 수 있다. 현재 우리나라 방송법은 방송의 독립성 확보, 방송의 공적 책임 구현, 시청자 권익보호, 민주적 여론형성, 국민문화의 향상, 방송발전과 공공복리의 증진 등을 기본적인 이념으로 제시하고 있다(법 제1조). 이러한 기본 이념의 구현을 위해서 방송법에서는 사업자들의 편성 및 운영 규제, 시장에 대한 소유 및 구조규제, 공영방송의 운영에 대한 감독, 시청자 권익보호를 위한 기구 및 제도 등 다양한 세부 조항들을 마련해 놓고 있다. 즉, 방송법에 명시된 정책이념들은 단순한 비전이 아니라 구체적인 하위 조항들을 통해서 구현되는 실천적 목표라 할 수 있다.

이러한 관점에서 본다면 현재 우리나라 방송관련법상에 통일과 관련된 정책이념이 어떻게 명시되어 있으며, 이를 실현하기 위하여 어떠한 하위조항들이 마련되어 있는지를 검토해보는 작업은 '민족통일'이라는 헌법적 이념이 방송영역에서 가지는 위상을 보여주는 중요한 의미를 가진다고 할 수 있다. 실제로 통일 전 서독의 제2공영방송사인 ZDF 설립법에는 "자유민주적이고 평화로운 통일에 기여해야 한다"는 구체적인 조항이 명시되어 있었으며, 이를 토대로 ZDF는 <Drüben(건너편)>, <Kennenzeichen D(표식 D)> 등과 같은 대표적인 통일 관련 프로그램을 통해 민족 간 이질성을 극복하기 위해 노력한 바 있다. 따라서 이하의 논의에서는 우리나라 방송관련법과 각 방송사들의 프로그램 제작 가이드라인에서 '통일'이라는 이념이 어떻게 제시되고 있는지를 검토해보고자 한다.

## 1. 방송법의 의의[1]

방송은 민주적 여론형성, 생활정보의 제공, 국민문화의 향상 등 공공적 역할을 수행하면서 이제 우리 생활과 떨어질 수 없을 정도로 중요한 매체가 되었다. 방송은 언론매체로서의 기능뿐만 아니라 오락성까지 갖추고 있어서 가장 대중적인 매체라 할 수 있다. 특히 무료서비스를 기본으로 하는 지상파방송은 전 국민이 접하고 있는 '보편적인 서비스'로 일컬어지고 있다.

이처럼 방송의 위상과 역할이 커지면서 언론매체로서 방송이 지녀야 할 공익성과 공정성에 대한 요구가 커지고 있으며, 동시에 디지털기술의 발전과 함께 방송의 경제적 잠재력에 대한 관심도 고조되고 있다. 방송은 이와 같이 정신문화적 성격 및 경제 산업으로서의 성격 등 매우 복합적인 특성을 가지고 있으며, 방송법을 비롯한 방송관련 법령은 방송 전반에 관한 정책과 규제사항을 포함하고 있다. 따라서 방송 관련 법률은 타 법률에 비해 상징성이 크고 규정내용이 광범위한 특징을 가지고 있다.

현행 방송법은 다른 방송관련법령과의 관계에서 기본법적 지위를 가지고 있다. 현행 방송법은 2000년 당시 4개의 구 방송관련법률을 통폐합하여 개정되었으며, 흔히 '통합방송법'으로 불리기도 한다.

현재 우리나라에는 방송법 외에도 공영방송과 방송광고영업 등에 관한 별

---

1 김정태(2010). 『방송법 해설』. 제1장 "방송법의 의의와 역사"를 참조하였음.

도의 방송관련법률이 존재하고 있다. 구체적으로 한국교육방송공사법, 방송문화진흥회법, 한국방송광고공사법 등이 그것이다. 이들 세 가지는 별개의 법률이지만 방송법과 직접적인 관련성을 가지고 있으며, 방송주무기관인 방송통신위원회와도 밀접히 연계되어 있다. 따라서 한국교육방송공사법, 방송문화진흥회법, 한국방송광고공사법은 기본법적 성격을 가지는 방송법과의 관련성 속에서 유기적으로 기능하고 있다.

헌법은 국법질서체계상 최고규범이기 때문에 방송관계법도 헌법의 하위규범이라 할 수 있다(성낙인, 2005: 26). 즉, 헌법은 방송관계법 효력의 근거가 되는 동시에 해석의 근거가 되는 것이다. 현행 방송법의 목적을 비롯한 제반 규정은 대한민국 헌법의 기본원리를 따르고 있으며, 표현의 자유 등 방송과 직접적인 관련성이 있는 헌법상의 기본권 조항을 구체화하고 있다.

가령, 방송법 제1조는 방송법의 목적을 "방송의 자유와 독립을 보장하고 방송의 공적책임을 높임으로써 시청자의 권익보호와 민주적 여론형성 및 국민문화의 향상을 도모하고 방송의 발전과 공공복리의 증진에 이바지함"으로 규정하고 있다. 이와 같은 목적 규정은 자유민주적 기본질서 등 우리나라 헌법의 기본정신을 충실히 담아내고 있는 것으로 볼 수 있다.

또한 방송법은 헌법상 표현의 자유에 해당하는 언론·출판·집회·결사의 자유(헌법 제21조), 사생활의 비밀과 자유(헌법 제17조), 양심의 자유(헌법 제19조), 종교의 자유(헌법 제20조), 학문과 예술의 자유(헌법 제22조)를 구체화하였다. 이는 방송법상에서 방송편성의 자유와 독립(방송법 제4조), 방송의 공적책임(법 제5조), 방송의 공정성과 공익성(제6조) 등의 규정으로 분명히 명시되고 있다.

## 2. 우리나라 방송관계법의 변화와 통일 이념

### 1) 방송법 제정 이전 시기(1960년대 이전)

1927년 2월 16일 우리나라 최초의 라디오 방송인 '경성방송국'이 설립되어 처음으로 방송을 송출하였다. 당시 경성방송은 민간방송의 형태로 사단법인에 의해 운영되었지만, 조선총독부의 직·간접적 통제를 받았다(강대인, 2003: 10).

1945년 8월 15일 해방 이후, 라디오 방송은 중앙방송국(오늘날 KBS의 전신)으로 이어져 국가가 직접 운영하였다. 1954년 12월 15일에는 최초의 민간방송국인 기독교 방송이 라디오전용 방송으로 등장하였으며, 1956년 5월 12일에는 미국의 RCA사가 설립한 우리나라 최초의 텔레비전 방송인 HLKZ-TV가 개국하였다. 1959년에는 최초의 지역민영 상업라디오 방송인 부산문화방송이 출범하였다(김정태, 2010: 6).

### 2) 1960년대

1960년대에는 국영텔레비전방송을 비롯해 한국문화방송(MBC), 동아방송 등 새로운 지상파 방송이 속속 출범하였다. 따라서 1960년대 초에는 ≪국영텔레비전방송사업운영에관한임시조치법≫, ≪국영텔레비전방송사업특별회계법≫ 제정을 통해 방송사업 운영을 위한 최소한의 준거만을 마련하였다가, 이후 방송에 관한 기본법규의 필요성으로 인해 ≪방송법≫을 제정하였다.

1961년 12월 31일에는 국영방송에 의해 텔레비전방송이 시작되었으며, 이를 위해 ≪국영텔레비전방송사업운영에관한임시조치법(제정 1962. 12. 3. 법률 제1195호)≫이 제정되어 공영방송의 중요한 양대 재원인 시청료(수신료)와 유료광고의 기본적 토대를 마련하였다.

### 국영텔레비젼방송사업운영에관한임시조치법

[시행 1963. 1. 1] [법률 제1195호, 1962. 12. 3. 제정]

제1조 (사업) ① 국영텔레비젼방송국은 공공방송이외에 일반의 요청에 의하여 유료광고방송을 할 수 있다.

② 전항의 규정에 의한 유료광고방송의 범위 및 광고료에 관하여 필요한 사항은 각령으로 정한다.

제2조 (등록) 텔레비젼수상기(이하 수상기라 한다)의 소지자는 그 수상기를 각령이 정하는 바에 의하여 공보부에 등록하여야 한다. 단, 시청을 목적으로 하지 아니하는 수상기는 예외로 한다.

제3조 (시청료징수) ① 정부는 전조의 규정에 의한 수상기등록자로부터 시청료를 징수한다. 단, 각령이 정하는 자에 대하여는 시청료를 징수하지 아니한다.

② 전항의 규정에 의한 시청료에 관하여 필요한 사항은 각령으로 정한다.

③ 제1항의 규정에 의한 시청료 징수에 관하여는 국세징수에 관한 법령을 준용한다.

제4조 (과태료) 제2조의 규정에 의한 등록을 하지 아니한 자에 대하여는 일년분 시청요금의 십할이하의 과태료에 처한다.

이와 동시에 제정된 ≪국영텔레비전방송사업특별회계법(제정 1962. 12. 3. 법률 제1196호)≫은 ≪국영텔레비전방송사업운영에관한임시조치법≫에 의하여 등록된 텔레비전 수상기 소지자로부터 받는 시청료 및 유료광고에 의한 수입금을 세입으로 하여 그 세출에 충당토록 하였다.

### 국영텔레비젼방송사업특별회계법

[시행 1963. 1. 1] [법률 제1196호, 1962. 12. 3. 제정]

제1조 (설치) 국영텔레비젼방송사업을 합리적으로 운영하기 위하여 국영텔레비젼방송사업특별회계(이하 특별회계라 칭한다)를 설치한다.

제2조 (세입, 세출) 본특별회계는 국영텔레비젼방송사업운영에 관한 임시조치법에 의하여 등록된 텔레비젼수상기 소지자로부터 받는 시청료 및 유료광고방송에 의한 수입금을 세입으로 하여 그 세출에 충당한다.

제3조 (일시차입금) 본특별회계는 필요에 따라 본특별회계의 부담으로 일시차입할 수 있다.

제4조 (잉여금) 본특별회계의 결산상 생긴 잉여금은 익연도세입에 전입한다.

제5조 (예비비) 경제사정의 급격한 변동 기타 불가피한 사유로 발생할 예산의 부족을 보충하기 위하여 본특별회계에 예비비를 설치할 수 있다.

제6조 (시행령) 본법시행에 관하여 필요한 사항은 각령으로 정한다.

한편 1960년대에는 새로운 방송국이 연속하여 출범함으로써 방송에 관한 기본법규 제정의 필요성이 제기되었고, 곧 방송법이 제정되었다. 당시 입법권을 가지고 있던 국가재건최고위원회는 초보적인 수준의 방송규제 관련 조항으로 구성된 5장 22개조의 방송법(제정 1963. 12. 16. 법률 제1535호)을 의결하였다.

당시의 방송법은 '건전한 방송 자유 보장', '국민문화의 향상', '공공복지의 증진' 등을 목적으로 하였다(제1장 제1조). 방송순서의 편성에 있어서는 법률에 규정되어 있지 않는 한 누구도 간섭이나 규제를 할 수 없음을 명시하여(제1장 제3조), 방송편성의 자율권을 명확히 규정하고 있다.

> **방송법**
>
> [시행 1964. 1. 1] [법률 제1535호, 1963. 12. 16. 제정]
>
> 제1장 총칙
>
> 제1조 (목적) 이 법은 건전한 방송의 자유를 보장함으로써 국민문화의 향상과 공공복지의 증진에 기여함을 목적으로 한다.
>
> 제3조 (방송의 자유) 방송순서의 편성에 있어서는 이 법 또는 다른 법률에 특별한 규정이 없는 한 누구든지 어떠한 간섭이나 규제를 하지 못한다.

또한 방송법 제3장 제11조(방송순서)에서는 방송순서의 편성에 있어 보도·교양·음악·오락 등을 포함하여 상호균형을 유지할 것을 명시하고 있으며, ≪방송법 시행령(1964. 2. 10. 제정 대통령령 제1634호)≫에서도 보도방송(10% 이상), 교육방송(20% 이상), 오락방송(20% 이상), 광고방송(약간), 기타방송(약간) 등 구체적인 정량적 편성기준을 제시하고 있다. 이는 당시 방송법이 편성 차원에서 '다양성(diversity)'이념의 구현을 추구하였다는 점을 보여주고 있다.

> **제3장 방송국의 준수사항**
>
> 제11조 (방송순서) 방송국은 방송순서를 편성함에 있어서 대통령령이 정하는 기준에 따라 보도·교양·음악·오악등을 포함하여 상호균형을 유지하도록 노력하여야 한다.

**방송법시령**

[시행 1964. 2. 10] [대통령령 제1634호, 1964. 2. 10, 제정]

제1조 (방송순서의 편성기준) ① 방송법(이하 "법"이라 한다) 제11조의 규정에 의한 방송순서의 편성기준은 다음과 같다.

| 방송사항 | 주간당시간비율 |
|---|---|
| 보도방송 | 10% 이상 |
| 교육방송 | 20% 이상 |
| 교양방송 | |
| 오락방송 | 20% 이상 |
| 광고방송 | 약간 |
| 기타방송 | 약간 |
| 계 | 100% |

② 전항에서 "보도방송"이라 함은 정치 · 경제 · 사회 · 문화등 제분야의 시사에 관하여 속보 · 해설 또는 의견을 주장함을 직접목적으로 하여 행하는 방송을 말한다.
③ 제1항에서 "교육방송"이라 함은 체계적인 내용을 일정한 기간 계속하여 특정범위의 시청자에게 교육시킴을 직접목적으로 하여 행하는 방송을 말한다.
④ 제1항에서 "교양방송"이라 함은 공중의 일반적 교양의 향상을 직접목적으로 하여 행하는 방송으로서 교육방송이외의 방송을 말한다.
⑤ 제1항에서 "오락방송"이라 함은 국민에 대한 위안 또는 생활의 명랑화를 직접목적으로 하여 행하는 방송을 말한다.

방송법의 제2장에서는 모든 방송국은 방송의 공공성과 질서를 유지하기 위해 방송윤리위원회를 조직해야 함을 명시하고 있다(제2장 제4조). 또한 제2장 .제6조에서는 방송윤리위원회가 방송윤리에 관한 규정을 제정해야 하며, 여기에는 인권존중, 민족문화의 보존과 보급발전, 보도평론의 불편부당, 학교방송, 아동 및 청소년 선도, 결혼 및 가정 생활의 순결, 광고방송의 기준책정, 공중도덕과 사회의 윤리, 기타 공서량속 등 총 9개의 항목이 반드시 포함되어야 함을 명시하고 있다.

이 중 두 번째 항목인 "2. 민족문화의 보존과 보급발전에 관한 사항"은 통일이념과 다소 연관성이 있는 것으로 해석할 여지가 있으나, "민족 동질성 회복" 등과 같이 통일 이념을 명확히 구체화한 조항으로 보기는 어렵다고 할 것이다.

제2장 방송윤리위원회

제4조 (설치) 국내의 모든 방송국은 방송의 공공성과 그 질서를 자율적인 방법으로 유지하기 위하여 방송윤리위원회(이하 "위원회"라 한다)를 조직하여야 한다.

제6조 (윤리규정) ① 위원회는 방송윤리에 관한 규정을 제정하여 공표하여야 한다.

② 전항의 윤리규정에는 반드시 다음 사항이 포함되어야 한다.

1. 인권존중에 관한 사항
2. 민족문화의 보존과 보급발전에 관한 사항
3. 보도 · 평론의 불편 · 불당과 공평 보장에 관한 사항
4. 학교방송에 관한 사항
5. 아동 및 청소년의 선도에 관한 사항
6. 결혼 및 가정생활의 순결에 관한 사항
7. 광고방송의 기준책정에 관한 사항
8. 공중도덕과 사회윤리의 신장에 관한 사항
9. 기타 공서량속에 관한 사항

### 3) 1970년대

1970년대에는 방송과 관련된 법제의 변경은 많이 이루어지지 않았다. 1963년 제정된 방송법이 일부 개정되어(1973년 2월 16일), 방송광고의 시간과 횟수를 구체적으로 규제하기 시작하였다. 또한 1972년 12월 30일에는 ≪한국방송공사법≫이 제정되어, 국영방송체제에서 공영방송체제로의 전환이 이루어졌다.

1973년 개정된 방송법 역시 기존 방송법과 마찬가지로 '건전한 방송의 자유 보장', '국민문화의 향상', '공공복지의 증진' 등을 목적으로 하고 있다.

방송법

[시행 1973. 2. 16] [법률 제2535호, 1973. 2. 16, 일부개정]

제1장 총칙

제1조 (목적) 이 법은 건전한 방송의 자유를 보장함으로써 국민문화의 향상과 공공복지의 증진에 기여함을 목적으로 한다.

한편 개정 방송법에서는 15인 이내로 '방송윤리위원회'를 구성하되 한국방송공사 및 민영방송국을 대표하는 자 각 1인, 교육 · 종교 · 문화 등 각계를 대표하는 자 13인 이내로 윤리위원을 선출할 것을 명시하고 있다. 이는 기존 방송법에서 '방송윤리위원회'의 구성을 개별 방송국 차원에서 실시하도록 규정하였다는 점과 비교해볼 때, '방송윤리위원회'의 위상과 권한이 대폭 강화되었음을 의미하는 것이다.

**제2장 방송윤리위원회** <신설 1973. 2. 16>

제4조 (설치 및 조직) ① 방송의 공공성과 그 질서 및 품위를 자율적으로 유지하기 위하여 방송윤리위원회(이하 "위원회"라 한다)를 설치한다.

② 위원회는 위원장 1인, 부위원장 1인을 포함한 9인 이상 15인 이내의 윤리위원으로 구성한다.

③ 위원장과 부위원장은 윤리위원중에서 호선하되, 한국방송공사 및 민영방송국을 대표하는 자가 아닌 윤리위원이어야 한다.

④ 윤리위원은 다음 각 호의 구분에 따라 국내의 모든 방송국의 장을 회원으로 하는 방송윤리회원총회(이하 "회원총회"라 한다)에서 선출한다.

1. 한국방송공사를 대표하는 자 1인
2. 민영방송국을 대표하는 자 1인
3. 교육 · 종교 · 문화 등 각계를 대표하는 자 7인 이상 13인 이내

⑤ 회원총회와 위원회의 조직 및 운영에 관하여 필요한 사항은 대통령령으로 정한다.

개정 방송법에서는 '방송윤리위원회' 구성의 변화와 더불어, 구체적인 '방송윤리에 관한 규정'에도 일부 변화를 가져왔다. 즉, 이전 방송법의 윤리규정 9개항 중에서 '4. 학교방송에 관한 사항', '7. 광고방송의 기준책정에 관한 사항' 등 2개 조항이 삭제되고, '2. 민족문화의 보존과 보급발전에 관한 사항'이라는 조항이 '민족의 주체성 함양' 및 '민족문화의 창조적 개발'이라는 조항으로 분화되고 구체화되었다.

이는 민족의 주체성 및 민족문화에 대한 강조로 이전의 규정에 비해 진일

보한 것으로 볼 수 있으나, 여전히 방송법에 통일이념이 구체화된 것으로 해석하기에는 미흡한 측면이 있다.

[본조신설 1973. 2. 16]

제5조 (윤리규정) ① 위원회는 회원총회의 의결을 거쳐 방송윤리에 관한 규정(이하 "윤리규정"이라 한다)을 제정 공표하여야 한다.
② 제1항의 윤리규정에는 다음 각호의 사항이 포함되어야 한다.

1. 인권존중에 관한 사항
2. 보도 논평의 공정성 보장에 관한 사항
3. 민족의 주체성 함양에 관한 사항
4. 민족문화의 창조적 개발에 관한 사항
5. 아동 및 청소년의 선도에 관한 사항
6. 가정생활의 순결에 관한 사항
7. 공중도덕과 사회윤리의 신장에 관한 사항
8. 기타 공서양속에 관한 사항

또한 방송법시행령(개정 1973. 3. 21. 대통령령 제6581호)에서도 일부의 변화가 수반되었다. 구체적으로 이전 방송법시행령에서는 보도방송(10% 이상), 교육방송(20% 이상), 오락방송(20% 이상) 등으로 규정되어 있던 장르별 편성 비율이 개정 방송법시행령에서는 보도방송(10%이상), 교양방송(30% 이상), 오락방송(20% 이상)으로 변화되었다. 그리고 교양방송에 대한 정의도 "공중의 일반적 교양의 향상을 직접목적으로 하여 행하는 방송"에서 "민족고유문화의 계승 발전을 목적으로 하거나 공중의 일반적 교양의 향상과 교육을 목적으로 하는 방송"으로 변화하였다.

이처럼 개정 방송법과 방송법 시행령에서는 이전 방송법에 비해 '민족의 주체성', '민족문화의 창조적 개발', '민족고유문화의 계승 발전' 등 민족을 강조하는 조항이 다소 늘어났다는 점이 특징이라 할 수 있다.

제9조 (방송순서의 편성기준) ① 법 제11조의 규정에 의한 방송순서의 편성기준은 다음과 같다.

| 방송사항 | 1주간시간비율 |
|---|---|
| 보도방송 | 10% 이상 |
| 교육방송 | 30% 이상 |
| 오락방송 | 20% 이상 |

② 제1항에서 "보도방송"이라 함은 정치·경제·사회·문화 등 모든 분야의 시사에 관하여 속보 또는 해설을 목적으로 하는 방송을, "교양방송"이라 함은 민족고유문화의 계승 발전을 목적으로 하거나 공중의 일반적 교양의 향상과 교육을 목적으로 하는 방송을, "오락방송"이라 함은 국민정서의 함양과 생활의 명랑화를 목적으로 하는 방송을 말한다.

한편 1972년에는 한국방송공사법이 제정되었는데, 공사법 제정은 국영방송체제에서 공영방송체제로의 전환을 의미하는 것으로서, 동법 제2조에서는 공사를 법인으로 한다는 점을 명시하고 있다. 한국방송공사법 제정과 동시에 '국영텔레비전방송사업운영에관한임시조치법' 및 '국영방송사업특별회계법'은 폐지되었다. 또한 한국방송공사법은 '국내외방송의 효율적 실시', '전국에 방송 시청을 가능하게 함', '방송문화의 발전', '공공복지의 향상' 등을 목적으로 규정하여(동법 제 1조), 방송 도달의 지리적 보편성을 의미하는 '보편적 서비스(universal service)' 이념이 처음으로 나타나고 있다.

**한국방송공사법**

[시행 1972. 12. 30] [법률 제2418호, 1972. 12. 30. 제정]

제1조 (목적) 이 법은 한국방송공사(이하 "공사"라 한다)를 설립하여 국내외방송을 효율적으로 실시하게 하고, 전국에 방송의 시청을 가능하게 함으로써 방송문화의 발전과 공공복지의 향상에 기여함을 목적으로 한다.

제2조 (법인격) 공사는 법인으로 한다.

한편 한국방송공사법 제17조에서는 공사가 담당해야 할 업무가 구체적으로 명시되어 있는데, 이는 라디오 방송, 텔레비전 방송, 해외방송, 수상기 등록관리와 시청료, 전속단체의 운영, 방송문화행사, 방송문화의 국제교류, 방송 관련 조사 연구 등이다. 이를 토대로 보았을 때, 당시 한국방송공사법에서는 공사가 담당해야 할 업무로 '민족 및 통일' 관련 이념들을 반영하지 못하고 있음을 알 수 있다.

> 제17조 (업무) 공사는 다음 각호의 업무를 행한다.
> 1. 라디오방송의 실시에 관한 사항
> 2. 텔리비젼방송의 실시에 관한 사항
> 3. 해외방송의 실시에 관한 사항
> 4. 텔리비젼수상기의 등록관리와 시청료에 관한 사항
> 5. 전속단체의 운영에 관한 사항
> 6. 방송문화행사의 시행 및 방송문화의 국제교류에 관한 사항
> 7. 방송에 관한 조사연구
> 8. 기타 공사의 목적달성을 위한 부대사업

### 4) 1980년대

1980년에 출범한 5공 군사정권은 '신문 · 통신등의등록에관한법률', '언론윤리위원회법', '방송법'을 폐지하고 언론기본법을 제정하였다. 특히 언론기본법은 등록취소 조항을 비롯하여 정기간행물이나 방송의 표현물을 영장 발부를 통해 압수할 수 있다는 독소 조항을 담고 있어 대표적인 악법으로 인식되었다.

또한 1980년에는 한국방송광고공사법이 제정되어, 이를 근거로 지상파방송의 방송광고영업을 일률적으로 대행하는 무자본 특수법인 한국방송광고공사(KOBACO)가 설립되었다. 1987년 시민항쟁을 바탕으로 언론기본법이 폐지되면서 새로운 방송법이 제정되었으며, 한국방송광고공사법은 현재까지도 존속하고 있는 실정이다.

1980년 제정된 언론기본법은 '국민의 표현의 자유와 알권리 보호', '여론형성에 관한 언론의 공적기능 보장', '인간의 존엄과 가치 존중', '공공복리의 실현' 등을 목적으로 규정하고 있다. 그러나 이러한 기본 목적과는 달리 제7조

에서는 '정기간행물과 방송의 표현물이 몰수될 것이라는 상당한 이유가 있는 경우' 법관의 영장을 발부받아 압수할 수 있음을 명시하고 있다.

특히 언론기본법에서는 이전의 방송법과는 달리 언론의 공적책임을 강조하고 있는 점이 특색이라 할 수 있다. 구체적으로는 제3조에서 '언론은 폭력행위 등 공공질서를 문란케 하는 위법행위를 고무·찬양하여서는 아니된다(제3조 제4항)'와 같이 자의적으로 해석할 여지가 있는 조항이 명시되어 있다.

언론기본법

[시행 1980. 12. 31] [법률 제3347호, 1980. 12. 31. 제정]

제1장 총칙

제1조 (목적) 이 법은 국민의 표현의 자유와 알 권리를 보호하고 여론형성에 관한 언론의 공적 기능을 보장함으로써 인간의 존엄과 가치를 존중하고 공공복리의 실현에 기여함을 목적으로 한다.

제3조 (언론의 공적책임) ① 언론은 인간의 존엄과 가치 및 민주적 기본질서를 존중하여야 한다.

② 언론은 공익사항에 관하여 취재, 보도, 논평 기타의 방법으로 민주적 여론형성에 기여함으로써 그 공적임무를 수행한다.

③ 언론은 타인의 명예나 권리 또는 공중도덕이나 사회윤리를 침해하여서는 아니된다.

④ 언론은 폭력행위등 공공질서를 문란케 하는 위법행위를 고무·찬양하여서는 아니된다.

제7조 (위법한 표현물의 압수) ① 정기간행물과 방송의 표현물은 몰수될 것이라는 상당한 이유가 있는 경우에 한하여 법관의 영장을 발부받아 압수할 수 있다.

한편 언론기본법은 방송과 관련된 조항들(제5장 방송)에서 기존의 방송법에 비해 보다 구체화된 방송이념들을 명시하고 있다. 즉, 이전의 방송법에 포함되었던 편성의 자유, 운영의 자율성뿐만 아니라 방송의 공공성 및 보도의 공정성 이념을 구체적으로 명시하고 있는 것이다(동법 제31조).

제5장 방송

제29조 (방송순서 편성의 자유) 누구든지 이 법 또는 다른 법률이 정하는 바에 의하지 아니하고는 방송순서의 편성에 관하여 규제 또는 간섭할 수 없다.

제30조 (방송운영의 자율성) 방송국의 자율적 운영은 보장되며 방송국에 대한 국가의 감독은 법률이 정하는 사항에 국한된다.

제31조 (방송의 공공성) ① 방송은 국민의 윤리적, 정서적 감정을 존중하여야 하며, 사회정의의 전파, 국민의 기본권 옹호 및 국제친선의 증진에 기여하여야 한다.

② 방송에 의한 보도는 공정하고 객관적이어야 한다.

③ 방송은 특정한 이익·집단·신념 또는 사상을 지지 또는 옹호할 수 없다. 다만, 특수한 목적을 위하여 허가받은 경우는 예외로 한다.

④ 개인이나 영리를 목적으로 하는 단체가 소유하는 방송기업의 주식 또는 지분은 49%를 초과할 수 없다.

언론기본법 제정과 동시에 이전 방송법에 의해 구성된 '방송윤리위원회'는 '방송심의위원회'로 명칭을 변경하게 되었다. 그러나 '방송심의위원회'의 실질적인 위원 구성과 기능은 '방송윤리위원회'와 대동소이하였다. 또한 방송심의위원회의 '심의규정' 역시 방송윤리위원회의 '윤리규정'을 그대로 계승한 형태로서, 민족·통일 관련 조항도 '민족의 주체성 함양', '민족문화의 창조적 계발' 등의 표현이 유지되고 있다.

제37조 (방송심의위원회) ① 방송의 공공성과 그 질서 및 품위를 자율적으로 유지하기 위하여 방송심의위원회(이하 "심의위원회"라 한다)를 둔다.

② 심의위원회는 위원장 1인, 부위원장 1인을 포함한 9인 이상 15인이내의 심의위원으로 구성한다.

③ 위원장과 부위원장은 심의위원중에서 호선하되, 방송국을 대표하는 자가 아닌 심의위원이어야 한다.

④ 심의위원은 다음 각호의 구분에 따라 국내의 모든 방송국의 장을 회원으로 하는 방송심의회원총회(이하 "회원총회"라 한다)에서 선출한다.

1. 한국방송공사를 대표하는 자 1인
2. 기타 방송국을 대표하는 자 1인
3. 교육·종교·문화등 각계를 대표하는 자 7인 이상 13인이내

⑤ 회원총회와 심의위원회의 조직 및 운영에 관하여 필요한 사항은 방송위원회규칙으로 정한다.

제38조 (심의규정) ① 심의위원회는 회원총회의 의결을 거쳐 방송심의에 관한 규정(이하 "심의규정"이라 한다)을 제정 공표하여야 한다.
② 제1항의 심의규정에는 다음 각 호의 사항이 포함되어야 한다.

1. 인권존중에 관한 사항
2. 보도 · 논평의 공정성 보장에 관한 사항
3. 민족의 주체성 함양에 관한 사항
4. 민족문화의 창조적 계발에 관한 사항
5. 아동 및 청소년의 선도에 관한 사항
6. 가정생활의 순결에 관한 사항
7. 공중도덕과 사회윤리의 신장에 관한 사항
8. 기타 이 법이 규정하는 사항

언론기본법 시행령에서는 기존 방송법 시행령에 명시된 장르별 편성기준의 변화를 명시하고 있다. 즉, 보도(10% 이상), 교양(30% 이상), 오락(20% 이상) 등의 정량적 편성기준을 명시한 기존 방송법 시행령에서, 교양방송의 비중을 40% 이상으로 확대한 것이다(다른 장르는 그대로 유지). '교양방송'은 '민족고유문화의 계승발전, 일반적 교양의 향상 및 교육'을 목적으로 하는 방송으로 정의된다는 점에서, 언론기본법 시행령은 방송의 공공적 기능을 보다 강화하고 있다는 점을 알 수 있다.

제29조 (방송순서의 편성기준) ① 법 제41조의 규정에 의한 방송순서의 편성기준은 다음과 같다. 다만, 특별한 방송의 목적이나 사업계획이 있는 경우는 예외로 한다.

| 방송사항 | 1주간시간비율 |
|---|---|
| 보도방송 | 10% 이상 |
| 교육방송 | 40% 이상 |
| 오락방송 | 20% 이상 |

② 제1항에서 "보도방송"이라 함은 정치 · 경제 · 사회 · 문화 등 모든 분야의 시사에 관한 속보 또는 해설을 목적으로 하는 방송을, **"교양방송"이라 함은 민족고유문화의 계승발전 · 공중의 일반적 교양의 향상 및 교육을 목적으로 하는 방송**을, "오락방송"이라 함은 국민정서의 함양과 생활의 명랑화를 목적으로 하는 방송을 말한다.

1987년 시민항쟁을 바탕으로 대표적인 악법으로 지목되던 언론기본법이 폐지됨과 동시에 새로운 방송법(제정 1987. 11. 28. 법률 제3978호)이 제정되었다. 이와 함께 한국방송공사법(전문개정 1987. 11. 28. 법률 제3980호)이 전면 개정되었고, 방송문화진흥회법(제정 1988. 12. 26. 법률 제4032호)도 이후 제정되었다. 따라서 이 시기는 언론기본법 폐지와 더불어 제반 방송관련법령의 정비가 이루어짐으로써, 비로소 방송에 대한 특화된 법률의 체계화가 이루어졌다(김정태, 2005: 9).

87년 방송법에서는 민주화라는 시대적 흐름에 부합하여, 방송법의 목적을 '방송의 자유와 공적 기능 보장', '민주적 여론형성', '국민문화의 향상', '공공복지의 증진' 등으로 규정하고 있다(동법 제1조). 또한 총칙에서는 언론기본법과 유사하게 '방송편성의 자유(제3조)', '방송의 공적책임(제4조)', '방송의 공정성과 공공성(제5조)' 등을 명시하고 있으나, 언론기본법에서 독소조항으로 여겨지던 표현물의 압수 조항이나 위법행위의 고무 · 찬양 금지 조항은 삭제되었다.

**방송법**

제정 1987. 11. 28 법률 제3978호

제1장 총칙

제1조 (목적)

이 법은 방송의 자유와 공적 기능을 보장함으로써 민주적 여론형성과 국민문화의 향상을 도모하고 공공복지의 증진에 기여함을 목적으로 한다.

제3조 (방송편성의 자유 등)

① 방송편성의 자유는 보장된다.

② 방송순서의 편성 · 제작이나 방송국의 운영에 관하여 누구든지 이 법 또는 다른 법률이 정하는 바에 의하지 아니하고는 어떠한 규제나 간섭을 할 수 없다.

제4조 (방송의 공적 책임)

① 방송은 인간의 존엄과 가치 및 민주적 기본질서를 존중하여야 한다.

② 방송은 공익사항에 관하여 취재 · 보도 · 평론 기타의 방법으로 민주적 여론형성에 기여하여야 하며, 사회 각계각층의 다양한 의견을 균형 있게 수렴함으로써 그 공적임무를 수행한다.

③ 방송은 타인의 명예나 권리 또는 공중도덕이나 사회윤리를 침해하여서는 아니 된다.

제5조 (방송의 공정성과 공공성)

① 방송에 의한 보도는 공정하고 객관적이어야 한다.

② 방송은 국민의 윤리적 · 정서적 감정을 존중하여야 하며, 사회정의의 전파 · 국민의 기본권 옹호 및 국제친선의 증진에 기여하여야 한다.

③ 방송은 특정한 정당 · 집단 · 이익 · 신념 또는 사상을 지지 또는 옹호할 수 없다. 다만, 종교의 선교를 목적으로 허가받은 방송이 허가받은 내용에 따라 방송하는 경우에는 그러하지 아니하다.

한편 87년 방송법에서는 방송위원회가 '방송이 국민문화의 향상에 기여하고 그 내용의 공정성과 공공성을 유지하기 위한' 심의를 실시하기 위하여, 30인 이내의 '심의위원회'를 구성하도록 규정하고 있다. 이는 언론기본법에서 '방송윤리위원회'를 15인 이내로 구성할 것을 명시한 것과 비교해볼 때 위원의 정원수가 2배로 증가한 것이다.

또한 구체적인 심의규정에 있어서도 민주화의 흐름에 따라 '2. 자유민주주의의 신장'이라는 표현이 추가되었다. 그러나 '민족 및 통일 이념'과 관련해서는 '3. 민족의 주체성 함양', '4. 민족문화의 창조적 계발'이라는 언론기본법의 심의규정이 그대로 유지되고 있다.

제20조 (심의규정)

① 위원회는 제17조제2항 각호의 사항을 심의하기 위하여 방송심의에 관한 규정(이하 "심의규정"이라 한다)을 위원회의 규칙으로 제정 · 공표하여야 한다.

② 제1항의 심의규정에는 다음 각 호의 사항이 포함되어야 한다.

1. 보도 · 논평의 공정성에 관한 사항
2. 자유민주주의의 신장과 인권존중에 관한 사항
3. 민족의 주체성 함양에 관한 사항
4. 민족문화의 창조적 계발에 관한 사항
5. 아동 및 청소년의 선도에 관한 사항
6. 가정생활의 순결에 관한 사항
7. 공중도덕과 사회윤리의 신장에 관한 사항
8. 기타 이 법이 규정하는 사항

편성기준과 관련해서는 87년 방송법 및 방송법 시행령에서 언론기본법의 조항을 그대로 따르고 있다. 또한 '교양방송'의 정의 역시 '민족고유문화의 계승발전, 일반적 교양의 향상 및 교육'이라는 언론기본법의 규정이 그대로 유지되었다.

제31조 (방송순서의 편성 등)
① 방송순서의 편성은 정치 · 경제 · 사회 · 문화 등 각 분야의 이익이 균형 있게 적정한 비율로 표현될 수 있도록 하여야 한다.
② 방송국은 방송순서의 편성에 있어서 특수방송을 제외하고는 대통령령이 정하는 기준에 따라 교양 또는 교육, 보도 및 오락내용을 포함하여야 하고, 그 종류에 따라 방송순서 상호간에 조화를 이루게 하여야 한다.

방송법시행령

폐지제정 1988. 4. 19 대통령령 제12432호

제29조 (방송순서의 편성기준)
① 법 제31조의 규정에 의한 방송순서의 편성기준은 다음과 같다. 다만, 특수방송은 그러하지 아니하다.

| 방 송 사 항 | 1주간시간비율 |
|---|---|
| 보 도 방 송 | 10% 이상 |
| 교 육 방 송 | 40% 이상 |
| 오 락 방 송 | 20% 이상 |

② 제1항에서 "보도방송"이라 함은 정치 · 경제 · 사회 · 문화등 모든 분야의 시사에 관한 속보 또는 해설을 목적으로 하는 방송을, "교양방송"이라 함은 민족고유문화의 계승발전과 공중의 일반적 교양의 향상 및 교육을 목적으로 하는 방송을, "오락방송"이라 함은 국민정서의 함양과 생활의 명랑화를 목적으로 하는 방송을 말한다.

한편 1987년 언론기본법 폐지와 함께 제정된 한국방송공사법(1987. 11. 28)은 '국내외방송의 효율적 실시', '전국에 방송 시청을 가능하게 함', '방송문화발전', '공공복지의 향상' 등을 목적으로 하고 있다(동법 제1조). 또한 제21조에서는 공사법상 목적 달성을 위한 공사의 업무로 '방송시설의 설치 · 운영 및 관리', '라디오 방송', '텔레비전 방송', '대외방송', '교육방송', '광고방송',

'전속단체의 운영', '방송문화행사의 수행', '방송문화의 국제교류', '방송에 관한 조사연구' 등을 명시하고 있다. 이는 72년 제정된 한국방송공사법에 명시된 조항을 거의 그대로 차용한 것으로서, '민족 및 통일'과 관련된 어떠한 조항도 포함하고 있지 않다.

**한국방송공사법**

[시행 1988. 8. 3] [법률 제3980호, 1987. 11. 28. 전부개정]

제1장 총칙

제1조 (목적) 이 법은 한국방송공사(이하 "공사"라 한다)를 설립하여 국내외방송을 효율적으로 실시하고 전국에 방송의 시청을 가능하게 함으로써 방송문화발전과 공공복지의 향상에 이바지하게 함을 목적으로 한다.

제21조 (업무) ① 공사는 제1조의 목적을 달성하기 위하여 다음 각 호의 업무를 행한다.

1. 방송시설의 설치 · 운영 및 관리
2. 라디오방송의 실시
3. 텔레비전방송의 실시
4. 대외방송의 실시
5. 교육방송 등 국가가 필요로 하는 특수한 방송의 실시
6. 광고방송의 실시
7. 전속단체의 운영 · 관리
8. 방송문화행사의 수행 및 방송문화의 국제교류
9. 방송에 관한 조사 · 연구 및 발전
10. 제1호 내지 제9호의 업무에 부대되는 사업

1988년 12월 26일에는 방송문화진흥회법이 제정되었는데, 이 법은 당시 한국방송공사가 소유하고 있던 주식회사 문화방송(MBC)의 주식을 방송의 공정성과 독립성을 위해 독립된 법인에게 출연토록 하기 위해 제정되었다. 방송문화진흥회법은 '민주적이며 공정하고 건전한 방송문화의 진흥', '공공복지 향상' 등을 목적으로 하고 있다(동법 제1조).

또한 진흥회의 업무로는 '방송문화의 발전 및 향상을 위한 사업', '방송문화진흥기금의 운용 · 관리', '기타 공익목적의 사업' 등을 명시하고 있다. 방송문

화진흥회법 역시 한국방송공사법과 마찬가지로 '민족 및 통일'과 관련된 이념을 전혀 반영하지 못하고 있다.

방송문화진흥회법

제정 1988. 12. 26. 법률 제4032호

제1조 (목적)

이 법은 방송문화진흥회를 설립하여 민주적이며 공정하고 건전한 방송문화의 진흥과 공공복지향상에 이바지하게 함을 목적으로 한다.

제11조 (업무)

진흥회는 다음 각 호의 업무를 행한다.

1. 방송문화의 발전 및 향상을 위한 사업
2. 방송문화진흥기금의 운용·관리
3. 기타 공익목적의 사업
4. 제1호 내지 제3호의 업무에 부대되는 사업

### 5) 1990~2000년대

1990년대에는 '다매체 다채널 시대'로 표상되는 방송환경의 변화에 대응하기 위하여 우리나라에서도 다양한 논의가 이루어졌다. 당시에는 종합유선방송 도입이 정부주도하에 의욕적으로 추진되었으며, 이를 위해 마련된 법안이 종합유선방송법(제정 1991. 12. 31 법률 제4494호)이었다.

또한 구 공보처의 직무를 이관 받은 새 방송위원회의 출범 근거를 마련하기 위한 정부조직법(전문개정 1998. 2. 28. 법률 제5529호)이 개정되었으며, 위성방송 도입을 위한 법제 마련 논의가 진행되기도 하였다. 그리고 국회 제도개선특별위원회와 대통령 직속 방송개혁위원회에서 변화된 방송환경을 반영한 새로운 방송법제를 마련하기 위한 논의를 집중적으로 실시하였고, 이는 2000년 통합방송법 제정의 토대가 되었다.

종합유선방송(케이블 TV) 도입의 법적 토대 마련을 위해 제정된 종합유선방송법은 '종합유선방송의 건전한 육성 · 발전', '이용자의 편의 도모', '국민문화의 향상', '공공복리의 증진' 등을 목적으로 하고 있다(동법 제1조). 유료방송 매체에 관한 법제라는 특성상 여타 방송법이 '민주적 여론 형성' 등을 강조하고 있는 것과는 달리, 방송의 육성과 이용자의 편의 등이 전면에서 부각되고 있는 것이다.

한편 종합유선방송법에서도 방송법과 마찬가지로 심의실무 기구 구성을 통해 방송내용의 공공성과 윤리성을 심의 · 의결할 것을 규정하고 있다. 구체적인 심의기준으로는 '민주적 기본질서의 유지', '인권존중', '건전한 가정생활', '아동 및 청소년의 선도', '음란, 퇴폐, 폭력의 배제', '공중도덕과 사회윤리 신장', '국제적 우의', '민족의 주체성', '민족문화의 창조적 계발', '보도 논평의 공정성' 등이 명시되어 있다. 이중 '민족 및 통일'과 관련해서는 방송법과 마찬가지로 '5. 민족의 주체성 함양', '6. 민족문화의 창조적 계발' 등의 조항이

### 종합유선방송법

제정 1991. 12. 31. 법률 제4494호

제1장 총칙

제1조 (목적)

이 법은 종합유선방송의 건전한 육성 · 발전과 이용자의 편의를 도모함으로써 국민문화의 향상과 공공복리의 증진에 이바지함을 목적으로 한다.

제41조 (심의기준)

위원회는 제38조제1항 제1호의 사항을 심의하기 위하여 다음 각 호의 사항을 포함하는 심의기준을 위원회규칙으로 제정 · 공표하여야 한다.

1. 헌법의 민주적 기본질서의 유지와 인권존중에 관한 사항
2. 건전한 가정생활과 아동 및 청소년의 선도에 관한 사항
3. 음란 · 퇴폐 · 폭력을 배제하고, 공중도덕과 사회윤리를 신장하는 사항
4. 국제적 우의를 훼손하지 아니하도록 하는 사항
5. 민족의 주체성 함양에 관한 사항
6. 민족문화의 창조적 계발에 관한 사항
7. 보도 · 논평의 공정성에 관한 사항
8. 제38조의 규정에 의한 시정조치에 관한 사항

명시되어 있다.

2000년에는 구 방송법, 구 종합유선방송법, 구 유선방송관리법, 구 한국방송공사법 등을 폐지하고, 이들 법률을 망라하는 통합 방송법이 제정되었다. 2000년 방송법은 '방송의 자유와 독립 보장', '방송의 공적 책임 고양', '시청자 권익보호', '민주적 여론형성', '국민문화의 향상 도모', '방송의 발전', '공공복리의 증진' 등 기존 방송관련법령에서 명시되었던 다양한 차원의 목적들을 포괄하고 있다(동법 제1조).

**방송법**

폐지제정 2000. 1. 12 법률 제6139호

제1장 총칙

제1조 (목적)
이 법은 방송의 자유와 독립을 보장하고 방송의 공적 책임을 높임으로써 시청자의 권익보호와 민주적 여론형성 및 국민문화의 향상을 도모하고 방송의 발전과 공공복리의 증진에 이바지함을 목적으로 한다.

제6조 (방송의 공정성과 공익성)
① 방송에 의한 보도는 공정하고 객관적이어야 한다.
② 방송은 성별 · 연령 · 직업 · 종교 · 신념 · 계층 · 지역 · 인종 등을 이유로 방송편성에 차별을 두어서는 아니 된다. 다만, 종교의 선교에 관한 전문편성을 행하는 방송사업자가 그 방송분야의 범위 안에서 방송을 하는 경우에는 그러하지 아니하다.
③ 방송은 국민의 윤리적 · 정서적 감정을 존중하여야 하며, 국민의 기본권 옹호 및 국제친선의 증진에 이바지하여야 한다.
④ 방송은 국민의 알권리와 표현의 자유를 보호 · 신장하여야 한다.
⑤ 방송은 상대적으로 소수이거나 이익추구의 실현에 불리한 집단이나 계층의 이익을 충실하게 반영하도록 노력하여야 한다.
⑥ 방송은 지역사회의 균형 있는 발전과 민족문화의 창달에 이바지하여야 한다.
⑦ 방송은 사회교육기능을 신장하고, 유익한 생활정보를 확산 · 보급하며, 국민의 문화생활의 질적 향상에 이바지하여야 한다.
⑧ 방송은 표준말의 보급에 이바지하여야 하며 언어순화에 힘써야 한다.
⑨ 방송은 정부 또는 특정 집단의 정책 등을 공표함에 있어 의견이 다른 집단에게 균등한 기회가 제공되도록 노력하여야 하고, 또한 각 정치적 이해 당사자에 관한 방송프로그램을 편성함에 있어서도 균형성이 유지되도록 하여야 한다.

특히 2000년 방송법에서는 제6조(방송의 공정성과 공익성) 6항에 '방송은 지역사회의 균형 있는 발전과 민족문화의 창달에 이바지하여야 한다'라고 명시하고 있다. 기존의 방송법령들에서 '민족문화'와 관련된 내용이 방송윤리와 관련된 심의기준 차원에서 제시되었음을 감안해볼 때, 이러한 변화는 2000년 방송법에서 '민족'이라는 이념의 위상이 상당한 수준으로 격상되었음을 의미하는 것으로 볼 수 있다.

또한 2000년 방송법에서는 한국방송공사(제4장)와 관련된 조항에서 '통일' 이념을 보다 구체적으로 명시하고 있는 점이 주목할 만한 변화이다. 동법 제4장 제43조에서는 한국방송공사의 설립목적을 '공정하고 건전한 방송문화 정착', '국내외 방송을 효율적으로 실시'하기 위함이라고 밝히고 있으며, 공사의 위상은 국가기간방송이라는 점을 명시하고 있다.

그리고 동법 제4장 제44조에서는 공사의 공적 책임으로 공사는 국내외를 대상으로 민족문화를 창달하고, 민족의 동질성을 확보할 수 있는 프로그램을 개발하여 방송해야 한다는 것을 규정하고 있다. 즉, 우리나라 방송관련법 역사상 최초로 통일 이념을 직접적으로 드러내는 '민족의 동질성 확보'라는 조항이 포함되어 있는 것이다. 이는 방송법상 통일 이념의 반영 및 구체화라는 측면에서 2000년 방송법이 기존 방송법들에 비해 진일보하였음을 시사해주고 있다.

제4장 한국방송공사

제44조 (공사의 공적 책임)
① 공사는 방송의 목적과 공적 책임, 방송의 공정성과 공익성을 실현하여야 한다.
② 공사는 국민이 지역과 주변 여건에 관계없이 양질의 방송서비스를 제공받을 수 있도록 노력하여야 한다.
③ 공사는 시청자의 공익에 기여할 수 있는 새로운 방송프로그램·방송서비스 및 방송기술을 연구하고 개발하여야 한다.
④ 공사는 국내외를 대상으로 민족문화를 창달하고, 민족의 동질성을 확보할 수 있는 방송프로그램을 개발하여 방송하여야 한다.

## 3. 현행 방송법/방송제작 가이드라인에서의 통일 이념

### 1) 현행 방송법의 기본 이념

우리나라 현행 방송법(일부개정 2008. 12. 31. 법률 제9280호)의 조문 내용 및 규제시스템을 놓고 볼 때, 가장 핵심적인 지향점은 정치적 독립성이라 할 수 있다. 우리나라 현행 방송법에 가장 많은 영향을 미침과 동시에 주요한 모델로 기능하고 있는 것은 미국의 방송관련법제와 독립규제위원회 제도라고 할 수 있는데, 이는 방송의 독립성을 확보하기 위한 목적에서 연유하는 것이다(김정태, 2010: 44).

방송법 제1조에서는 방송법의 제정 목적을 '방송의 자유와 독립을 보장하고 방송의 공적 책임을 높임으로써 시청자의 권익보호와 민주적 여론형성 및 국민문화의 향상을 도모하고 방송의 발전과 공공복리의 증진에 이바지함'으로 규정하고 있다. 이 조항을 세부적으로 구분해보면 방송법 제정목적에 반영된 기본이념은 ① 시청자 권익보호, ② 언론매체로서 방송의 독립성 확보, ③ 방송의 공적책임 제고 등 세 가지로 볼 수 있다(김정태, 2010: 44~46).

현행 방송법 제정의 주된 취지 중 하나는 시청자 권익보호라 할 수 있는데, 방송법 제3조에서는 방송사업자가 방송프로그램의 기획·편성·제작에 관한 의사결정에 참여할 수 있도록 해야 하고, 방송 결과가 시청자의 이익에 합치해야 함을 규정하고 있다. 그리고 방송정책과 행정절차에 있어서 시청자의 의견이 중요하게 다루어지고, 방송통신위원회가 방송의 공적책임, 공정성, 공익성 등을 심사함에 있어서 시청자 의견 청취 절차를 의무화했다는 것은 시청자 권익보호라는 기본 취지의 구현을 위한 것이라 할 수 있다(동법 제10조 제2항).

제3조 (시청자의 권익보호)
방송사업자는 시청자가 방송프로그램의 기획·편성 또는 제작에 관한 의사결정에 참여할 수 있도록 하여야 하고, 방송의 결과가 시청자의 이익에 합치하도록 하여야 한다.

제10조 (심사기준·절차)
① 방송통신위원회는 제9조 제1항 및 제2항의 허가, 동조 제3항·제5항·제6항 및 제8항의 규정에 의한 승인을 할 때에는 다음 각 호의 사항을 심사하여 그 결과를 공표하여야 한다.
1. 방송의 공적 책임·공정성·공익성의 실현 가능성
2. 방송프로그램의 기획·편성 및 제작계획의 적절성
3. 지역적·사회적·문화적 필요성과 타당성
4. 조직 및 인력운영 등 경영계획의 적정성
5. 재정 및 기술적 능력
6. 방송발전을 위한 지원계획
7. 기타 사업수행에 필요한 사항
② 방송통신위원회는 제1항의 규정에 의한 심사를 할 때에는 시청자의 의견을 공개적으로 청취하고, 그 의견의 반영 여부를 공표하여야 한다.

다음으로 현행 방송법 제4조에서는 방송편성의 자유와 독립을 규정하고 있는데, 이를 통해 지향하는 바는 방송의 독립성이다. 방송의 독립성 확보는 반민주적인 정권을 경험한 우리나라 국민의 열망이 반영된 것으로서, 방송법에서는 방송편성의 자유와 독립을 보장하기 위한 구체적 방안에 대해서도 명문으로 규정하고 있다.

제4조 (방송편성의 자유와 독립)
① 방송편성의 자유와 독립은 보장된다.
② 누구든지 방송편성에 관하여 이 법 또는 다른 법률에 의하지 아니하고는 어떠한 규제나 간섭도 할 수 없다.
③ 방송사업자는 방송편성책임자를 선임하고, 그 성명을 방송시간내에 매일 1회 이상 공표하여야 하며, 방송편성책임자의 자율적인 방송편성을 보장하여야 한다.
④ 종합편성 또는 보도에 관한 전문편성을 행하는 방송사업자는 방송프로그램제작의 자율성을 보장하기 위하여 취재 및 제작 종사자의 의견을 들어 방송편성규약을 제정하고 이를 공표하여야 한다.

즉, 방송법 제4조에서는 방송사업자로 하여금 방송편성책임자의 선임과 자율적인 방송편성 보장 의무를 부과하고 있다. 또한 동법 제4조에서는 보도기능을 가진 방송사업자의 프로그램 제작 자율성을 보장하기 위하여 취재 및 제작 종사자의 의견을 들어 방송편성규약을 제정하고 이를 공표토록 하고 있다.

또한 현행 방송법은 제5조, 제6조에서 방송의 공적책임, 공정성, 공익성 구현을 위해 다양한 가치 준수 의무를 규정하고 있다. 우선 방송법 제5조에서는 방송의 공적책임을 구현하기 위해 '인간의 존엄과 가치 및 민주적 기본질서 존중, 국민의 화합과 조화로운 국가의 발전 및 민주적 여론형성에 이바지하여야 하며 지역 간 · 세대 간 · 계층 간 · 성별 간의 갈등조장 금지, 타인의 명예를 훼손하거나 권리침해 금지, 범죄 및 부도덕한 행위나 사행심 조장 금지, 건전한 가정생활과 아동 및 청소년 선도에 나쁜 영향을 끼치는 음란 · 퇴폐 · 폭력 조장 금지' 등을 규정하고 있다.

다음으로 방송법 제6조에서는 방송의 공정성과 공익성 실현을 위해 '보도의 공정성과 객관성 유지, 성 · 연령 · 직업 · 종교 · 신념 · 계층 · 지역 · 인종 등을 이유로 한 편성차별 금지, 국민의 윤리적 · 정서적 감정 존중, 국민의 기본권 옹호 및 국제친선의 증진에 이바지, 국민의 알권리와 표현의 자유 보호 · 신장, 소수 계층의 보호, 지역사회의 균형 있는 발전과 민족 문화의 창달, 사회교육기능 신장, 유익한 생활정보의 확산 · 보급, 국민 문화생활의 질적 향상, 표준말의 보급 및 언어순화, 정부 또는 특정 집단의 정책 등을 공표함에 있어 균등한 기회 제공, 정치적 이해 당사자에 관한 편성시 균형성 유지' 등을 명시하고 있다.

결국 우리나라 현행 방송법의 근간을 이루는 기본적 이념은 ① 시청자 권익보호, ② 언론매체로서 방송의 독립성 확보, ③ 방송의 공적책임 제고 등 세 가지라고 할 수 있다. '민족 및 통일'과 관련된 이념은 방송법의 목적으로 구체화되지 못하였으며, '방송의 공정성과 공익성'이라는 목표에서 하나의 하위 조항으로 포함되어 있다.

제5조 (방송의 공적 책임)
① 방송은 인간의 존엄과 가치 및 민주적 기본질서를 존중하여야 한다.
② 방송은 국민의 화합과 조화로운 국가의 발전 및 민주적 여론형성에 이바지하여야 하며 지역간 · 세대간 · 계층간 · 성별간의 갈등을 조장하여서는 아니된다.
③ 방송은 타인의 명예를 훼손하거나 권리를 침해하여서는 아니된다.
④ 방송은 범죄 및 부도덕한 행위나 사행심을 조장하여서는 아니된다.
⑤ 방송은 건전한 가정생활과 아동 및 청소년의 선도에 나쁜 영향을 끼치는 음란 · 퇴폐 또는 폭력을 조장하여서는 아니된다.

제6조 (방송의 공정성과 공익성)
① 방송에 의한 보도는 공정하고 객관적이어야 한다.
② 방송은 성별 · 연령 · 직업 · 종교 · 신념 · 계층 · 지역 · 인종 등을 이유로 방송편성에 차별을 두어서는 아니 된다. 다만, 종교의 선교에 관한 전문편성을 행하는 방송사업자가 그 방송분야의 범위 안에서 방송을 하는 경우에는 그러하지 아니하다.
③ 방송은 국민의 윤리적 · 정서적 감정을 존중하여야 하며, 국민의 기본권 옹호 및 국제친선의 증진에 이바지하여야 한다.
④ 방송은 국민의 알권리와 표현의 자유를 보호 · 신장하여야 한다.
⑤ 방송은 상대적으로 소수이거나 이익추구의 실현에 불리한 집단이나 계층의 이익을 충실하게 반영하도록 노력하여야 한다.
⑥ 방송은 지역사회의 균형 있는 발전과 민족문화의 창달에 이바지하여야 한다.
⑦ 방송은 사회교육기능을 신장하고, 유익한 생활정보를 확산 · 보급하며, 국민의 문화생활의 질적 향상에 이바지하여야 한다.
⑧ 방송은 표준말의 보급에 이바지하여야 하며 언어순화에 힘써야 한다.
⑨ 방송은 정부 또는 특정 집단의 정책 등을 공표함에 있어 의견이 다른 집단에게 균등한 기회가 제공되도록 노력하여야 하고, 또한 각 정치적 이해 당사자에 관한 방송프로그램을 편성함에 있어서도 균형성이 유지되도록 하여야 한다.

그리고 이마저도 한국방송공사법에 명시된 '민족의 동질성 확보'와 같이 직접적으로 통일과 연관된 표현으로 제시되지 못한 채, '민족 문화의 창달에 이바지'라는 다소 불분명하고 모호한 조항으로 남겨진 실정이다.

## 2) 방송사 제작 가이드라인에서의 통일 이념

KBS의 방송제작 가이드라인(2010)은 총 4장 38절로 이루어져 있다. 이 중 '민족 및 통일'과 관련된 조항은 제1장(KBS방송의 규범) 제7절(민족 · 통일), 그리고 제3장(부문별 제작지침) 제27절(북한과 통일)이다.

우선 제1장 제7절에서는 KBS가 민족의 통일이라는 목표를 달성하기 위해 추구해야 할 대원칙들을 천명하고 있는데, 이를 구체적으로 살펴보면 다음과 같다.

- 프로그램을 통해 한민족의 정체성과 국가의 자주성 확립
- 전통문화의 창조적 계승과 발전
- 국제사회에서 우리 문화의 경쟁력 확보
- 남북한의 이질성 극복 및 남과 북의 상호 이해 증진
- 통일방송을 위한 체제 정비와 기준의 마련

7. 민족 · 통일

KBS는 프로그램을 통해 한민족의 정체성과 국가의 자주성을 확립해야 할 책임을 지니고 있다. 전통문화의 창조적 계승과 발전을 위해 노력해야 함은 물론, 우리 문화가 바로 서고 국제사회에서 경쟁력을 갖추는 길이 무엇인가를 끊임없이 탐구하며 시청자에게 제시할 수 있어야 한다.

통일은 우리 민족 앞에 놓인 최대의 현안이다. KBS의 프로그램은 남북한의 이질성을 극복하고 남과 북의 상호 이해를 증진시킴으로써 궁극적으로 민족의 통일과 화합에 기여할 수 있어야 한다. 민족의 통일이라는 목표를 향한 방송의 역할이 점점 중요해지는 시점에서 KBS는 통일방송을 위한 체제 정비와 기준의 마련에 힘써야 할 것이다.

26. 북한과 통일

북한은 언젠가는 통일되어서 우리와 더불어 살아야 할 정치적 실체이며, 그 주민은 우리의 동포이다. 북한에 대해서는 가급적 편견을 배제하고 있는 그대로의 진실과 실상을 전해줌으로써 북한과 우리, 그리고 국제사회 모두에게 이익이 되도록 해야 한다. 이를 위해서 다음과 같은 기준이 적용되어야 한다.

1) 사실의 정확한 전달

북한에 관련된 취재는 북한이 아직까지 완전히 개방되어 있지 않으므로 실상을 알기 어렵지만 가능한 한 최대한의 진실을 추구하는 취재, 제작으로 북한의 실상을 있는 그대로 보여주도록 한다. 북한의 실상이 정치적 의도나 여타 의도에 의해 왜곡되어서는 안된다.

2) 균형 잡힌 관점

북한 관련 프로그램 제작자는 우리 사회에 다양한 의견이 존재한다는 점을 유념해서 어느 쪽에도 치우치지 않는 객관적이고 균형된 시각과 일관된 내용을 유지해야 한다.

3) 국익과 국제사회에 대한 고려

북한 문제는 남북한뿐만 아니라 주변국 모두의 이해관계가 걸려 있다. 그런 만큼 각 나라의 이익이 훼손되지 않고 모두에게 이익이 되도록 제작이나 방송에 유의해야 한다. 특히 탈북 주민이나 북한 내 주민의 권익이 신장되고 보호되도록 유념한다.

4) 남북교류사업

남북교류 사업은 남북간 화해와 교류를 증진시켜 남북한 모두에게 이익이 되며, 나아가서는 통일에 기여할 수 있는 방향으로 추진되어야 한다. 사업을 추진할 때는 주관부서와의 사전 통고와 협의 절차를 통해 교류사업이 편중되거나 부실화되지 않고 내실을 기하는 방향에서 추진한다.

5) 북한이탈주민, 귀순자

① 북한이탈주민 및 귀순자 관련 인터뷰나 프로그램 제작시 이들의 신변안전에 각별히 주의해야 한다.

② 북한주민의 탈북이나 고위층의 망명 사건 등에서 일정한 시점(항공기 탑승 이후나 국내도착)까지 보도자제를 요청받은 경우, 특별한 사유가 없는 한 지켜야 한다.

6) 용어의 성격

북한 문제를 다룰 때는 용어 사용에 신중을 기하는 것이 좋다. 예컨대 납북자와 국군포로 문제에 대해 북한은 이를 인정하지 않고 있으며, 따라서 '납북자', '국군포로'라는 용어 사용에도 반감을 표시하고 있다. 납북자나 국군포로 가족 상봉, 귀환 등은 인도주의 사안인 만큼 가급적 상봉과 귀환이 촉진될 수 있도록 용어 사용에 신중을 기해야 할 것이다.

다음으로 제3장 제27절에서는 북한 관련 프로그램 제작시 염두에 두어야 할 주요 원칙들이 제시되고 있는데, 이를 구체적으로 살펴보면 다음과 같다.

- 사실의 정확한 전달: 북한의 실상이 정치적 의도나 여타 의도에 의해 왜곡되어서는 안 됨.
- 균형 잡힌 관점: 북한 관련 프로그램 제작자는 우리 사회에 존재하는 다양한 의견 중 어느 쪽에도 치우치지 않은 객관적 · 균형적 시각을 유지해야 함.
- 국익과 국제사회에 대한 고려: 남북한 및 주변 국가들의 이익이 훼손되지 않도록 유의해야 함. 특히 탈북 주민 및 북한 내 주민의 권익 보호를 유념.
- 남북교류사업: 남북한 모두에게 이익이 되며, 나아가서는 통일에 기여할 수 있는 방향으로 추진해야 함.
- 북한이탈주민, 귀순자: 프로그램 제작시 이들의 신변안전에 각별히 주의해야 함.
- 용어의 성격: '납북자', '국군포로', '가족 상봉', '귀환' 등은 북한이 반감을 가지지 않도록 용어 사용에 신중을 기해야 함.

한편 MBC 방송제작 가이드라인(2008)은 총 7장으로 구성되어 있으며, 이 중 '민족 · 통일'과 관련된 조항은 제2장 '방송강령 전문', 제3장 '프로그램 일반 준칙'이라 할 수 있다. 이 내용들을 구체적으로 살펴보면 다음과 같다.

우선 제2장 방송강령 전문에서는 공영방송으로서 MBC가 추구해야 할 5대 강령 중의 하나로 "우리는 남북이 대화와 협력을 바탕으로 민족화합과 평화통일을 이룰 수 있도록 노력한다"라는 대원칙을 제시하고 있다.

다음으로 제3장 프로그램 일반준칙의 제2항 '인종, 민족, 통일'에서는 "남북 관계를 취급하는 프로그램은 통일 지향적이어야 하며, 불필요한 갈등의 조장을 지양하고, 민족의 동질성 회복과 민족 화해에 도움이 되도록 노력한다"라는 조항을 제시하고 있다.

2. 인종, 민족, 통일

(1) 인종적, 민족적 편견을 조장하는 방송은 하지 않는다.
(2) 인류 문화의 다양성을 존중하고 다른 문화를 모독하거나 비하하지 않는다.
(3) 남북 관계를 취급하는 프로그램은 통일 지향적이어야 하며, 불필요한 갈등의 조장을 지양하고, 민족의 동질성 회복과 민족 화해에 도움이 되도록 노력한다.
(4) 스포츠 프로그램의 경우 특정한 개인이나 단체 또는 국가를 지지하거나 비방하는 방송을 하지 않는다.

## 4. 소결: 논의 및 정책적 제언

지금까지의 논의를 종합해보면 우리나라 방송관련법령들은 초기 제정단계부터 현재에 이르는 반세기의 기간 동안 수많은 제・개정을 거듭하였지만, 이 과정에서 민족통일이라는 가치는 제대로 반영된 적이 없음을 알 수 있다. 엄밀히 말해서, 우리나라 방송관련법령들의 경우 '통일'이라는 명시적 표현이 등장한 적이 단 한 차례도 없다. 이와 관련하여 이우승(2005)은 "국내 방송법의 경우에는 통일과 관련된 방송의 역할을 규정한 법조항이 없다"고 단언하고 있다.

또한 개별 방송사들의 프로그램 제작 가이드라인도 아직은 매우 미흡한 실정이다. KBS는 민족의 통일이라는 목표를 달성하기 위해 추구해야 할 다섯 가지의 원칙을 제시하고, 실제 프로그램 제작시 유의해야 할 사항들을 기초적인 수준에서나마 규정하고 있는 반면, MBC의 경우 공영방송임에도 불구하고 추상적이고 선언적인 수준의 대원칙을 넘어서는 구체적인 제작 지침이 제시되고 있지 못하다.

결론적으로 통일 이념의 구현이라는 차원에서 우리나라 방송관련법령을 평가해본다면 다음과 같은 네 가지 특성으로 논의를 정리할 수 있다.

첫째, 우리나라 방송관련법령들은 시대적 변화를 제대로 반영하지 못하고 있다. 우리나라 방송관련법 중에서 '민족문화의 보존과 보급발전'라는 표현이 처음으로 등장한 것은 1964년 제정된 방송법이었다. 1973년 개정 방송법에서는 이 조항이 '민족의 주체성 함양', '민족문화의 창조적 개발'이라는 표현으로 보다 구체화되었다. 그러나 이후 1980년 언론기본법, 1987년 방송법, 1991년 종합유선방송법에 이르기까지 이러한 조항들은 변화 없이 그대로 유지되었다. 심지어는 2000년 통합 방송법에 들어와서도 '민족문화의 창달'이라는 표현으로 대체되어, 과거의 조항들에 비해 별다른 진전을 보여주지 못하고 있다. 이는 우리나라 방송관련법이 남북관계의 변화 및 통일에 관한 국민적 열망을 제대로 반영하지 못하였음을 의미하는 것이라 할 수 있다.

둘째, 통일과 관련된 이념들이 추상적이고 모호한 표현을 통해 서술되고 있다. 위에서 제시한 바와 같이, 우리나라 방송관련법에서 민족·통일 이념과 관련된 조항들은 '민족문화의 보존과 보급발전', '민족의 주체성 함양', '민족문화의 창조적 개발', '민족문화의 창달', '민족의 동질성 확보' 등으로 표현되고 있다. 이는 통일 전 서독의 제2공영방송사인 ZDF의 설립법의 "독일의 현실을 객관적으로 전달하고 자유민주적이고 평화적인 통일에 기여해야 한다"는 조항과 비교해보았을 때, 우리나라 방송관련법상 민족·통일 관련 조항들이 매우 추상적이고 모호한 수준에 머물고 있음을 드러내고 있다. 비록 선언적인 수준에서나마 방송법 조항이 보다 구체적인 표현으로 제시된다면, 그 실천적 함의를 배가할 수 있을 것이다.

셋째, 방송법 내에서 민족·통일 이념의 위상이 매우 미흡한 실정이다. 1964년 방송법에서 '민족문화의 보존'이라는 조항이 처음으로 등장하였으나, 이는 방송법의 목적 조항이 아닌 방송윤리위원회 윤리규정 중 하나였다. 이후 1973년 개정 방송법에서도 '민족의 주체성, 민족문화의 창조적 개발' 관련 조항은 방송윤리위원회 윤리규정에 포함되어 있었다.

이러한 상황은 1980년 언론기본법, 1987년 방송법, 1991년 종합유선방송법까지 유지되어 민족 관련 조항은 하나의 심의규정으로 존속하였다. 2000년 통합 방송법에 들어와서는 '민족 문화의 창달'이라는 조항의 위상이 다소 격상되었으나, 여전히 방송의 공익성 목표 아홉 가지 중 하나의 하위 이념으로 포함되어 있는 실정이다.

넷째, 방송법에도 헌법 정신이 보다 충실히 반영될 필요가 있다. 현재 우리나라 국법질서체계상 최고규범인 헌법 제4조는 "대한민국은 통일을 지향하며, 자유민주적 기본질서에 입각한 평화적 통일정책을 수립하고 이를 추진한다"라고 규정하고 있다. 하지만 현행 방송관련법령에서는 통일을 지향하는 헌법의 정신이 제대로 반영되어 있다고 보기 어렵다.

헌법의 하위규범인 방송관계법에서 헌법보다도 추상적이고 모호한 수준으로 민족·통일 관련 사항을 규정하고 있는 점, 그리고 민족·통일 관련 사항이 주로 심의규정 차원에서 제시되거나 방송 공익성 목표 중 하나의 하위이념으로서의 위상에 머물러 있다는 점 등은 이를 여실히 드러내고 있다. 따라서 향후 방송관계법의 제·개정 시에는 이러한 헌법 정신을 반영하여 통일을 지향하는 구체적인 수준의 조항이 보다 명확히 정립될 필요가 있다.

# 제4장

# 방송편성에서의 통일 이념 실천

방송에서 편성은 어떤 프로그램을 어느 시간대에 배치할 것인가를 의미하며, 편성의 방향이나 구체적인 전략 등은 근본적으로 방송사의 편성 철학에 근거한다. 방송사는 편성 행위를 통해 기업으로서의 경영 목표인 이윤 추구와 더불어 미디어로서의 철학과 이념의 달성이라는 두 가지 가치를 실현하고자 노력한다. 따라서 편성 자료에 대한 분석을 통해서 방송사의 경영 목표와 철학, 이념 등을 엿볼 수 있다. 이 장에서는 방송에서 통일 이념이 실천되는 방식을 이해하기 위해서 통일 프로그램의 편성 현황을 분석한다. 먼저 북한 및 통일 관련 방송 프로그램에 관한 기존 연구를 검토한 후, 방송에서 정기적으로 편성하고 있는 통일 관련 정규 프로그램의 현황 및 특징에 대해 고찰한다. 이와 더불어 방송 3사의 4개 채널(KBS1, KBS2, MBC, SBS)에서 방송된 통일 및 북한 관련 프로그램의 편성 특징을 분석하고, 이를 통해 방송의 통일이 행위적 차원에서 어떻게 실천되고 있는지 살펴본다.

## 1. 북한 · 통일 관련 프로그램에 관한 기존 연구

북한 및 통일 관련 프로그램에 대한 기존 연구는 크게 두 가지로 나눠볼 수 있는데, 남북의 방송 프로그램 교류 경향과 통일 관련 프로그램의 내용 및 특징을 분석한 연구가 그것이다.

먼저 남북의 방송 프로그램 교류의 가장 큰 전환점은 2000년 6월 15일 남북정상회담으로, 이전까지는 주로 북한의 영상물을 구입하여 부분적으로 방송하는 방식이 대부분이었으나 2000년 이후 보도와 제작 분야로 교류가 확대되었다. 특히 북한 현지에서의 취재와 제작이 늘어난 것이 특징적이다(박종수, 2005: 14). 이 시기에 이루어진 대표적인 남북 협력의 사례로는 KBS의 남북공동제작 프로그램인 <북녘 땅, 고향은 지금>과 <백두에서 한라까지>를 들 수 있다. 과거 북한에서 제작된 내용을 편집해서 방송하던 소극적 교류에서 벗어나 남측의 기획을 통해 원하는 내용을 적극적으로 담고자 했다는 데 의의가 있으며, 남북방송교류사에서 중요한 한 획을 그은 프로그램이 할 수 있다. 그 이후 다양한 장르에서 남북공동제작이 시도되었다. 이러한 변화는 과거에는 찾아볼 수 없었던 남북 교류로서, '6 · 15 남북공동선언'은 방송 교류에 질적인 변화를 가져온 계기로 평가된다(이정춘, 2008: 8).

이후 방송 3사의 남북방송교류는 더욱 확대되었고, 방송사별로 차별적인 특성을 보였다. 2000년부터 2004년까지의 경향을 보면, KBS의 경우 민족화해협의회와 5대 방송교류 사업에 협력할 것을 합의하고, 가장 활발한 대북교류를 추진하였으며, 특히 교류 프로그램은 보도기획물과 다큐멘터리가 주를 이루었다. MBC는 연예 · 오락 중심의 프로그램이 많았고, SBS는 정주영 체육관의 개장기념 음악회를 중심으로 통일농구 중계와 스포츠 관련 프로그램들이 대부분을 차지하는 등 다양한 형태로 방송교류가 이루어졌다(주창윤 · 유선영, 2004).

또한 주창윤과 유선영(2004)은 장르별, 주제별, 방송사별로 남북 교류 프로그램의 특징을 분석하는데, 이들의 분석에 따르면 남북방송교류 프로그램의 장르는 다큐멘터리가 가장 큰 비중을 차지하고, 그 다음으로 문화와 스포츠 관련 프로그램, 생활정보 프로그램의 순이었다. 다큐멘터리의 경우 기행, 이산가족, 역사, 자연, 스포츠, 공연취재로 세분화해서 하위 장르의 비율을 분석한 결과, 역사가 타 하위 장르에 비해 월등히 높은 것으로 나타났고, 자연과 이산가족, 스포츠, 공연취재는 상대적으로 낮은 비율을 차지하였다.

주제별로는, 문화와 역사가 높은 편성비율을 보이는 데 반해 자연과 경제는 상대적으로 비율이 낮았다. 이는 전반적으로 '역사'와 '문화' 다큐멘터리 장르의 비율이 높았던 분석 결과가 그대로 반영된 것이며, 주제의식은 연도별로 민족 → 인간 → 자연/역사 → 문화로 조금씩 변화하는 경향을 띠었다(주창윤 · 유선영, 2004: 35~36)

방송사별 남북방송교류 프로그램 제작 현황은 KBS(전체 프로그램 중 56.9%)가 가장 적극적으로 제작 · 편성하였으며, MBC(20.7%)와 SBS(22.4%)는 비슷한 수치를 보였다. 방송사별로 통일프로그램의 장르 특성을 종합해보면, KBS는 역사와 생활정보가 다른 두 채널에 비해 월등히 높았고, MBC는 뚜렷한 선호 장르가 없으며, SBS는 타 채널에 비해 기행 다큐멘터리의 편성비중이 높았다. 또한 MBC와 SBS의 경우 공연 이후의 모습을 취재해서 프로그램을 재활용하는 현상이 KBS보다 빈번한 것으로 나타났다. 또한 방송사별 주제 분포는 KBS가 인간, 자연, 역사, 경제를 다루는 경향이 다른 두 채널에 비해 매우 높았다(주창윤 · 유선영, 2004: 44~45).

이러한 분석 결과를 토대로 연구자들은 다음과 같은 내용의 남북방송교류 프로그램의 제작 방향을 제시하였다. 예술 · 공연 프로그램과 스포츠 프로그램은 이념적 성격이 약하고 국민적 관심사이기 때문에 확대될 필요가 있으며, 이산가족과 관련된 프로그램은 다큐멘터리의 형식뿐만 아니라 드라마를 통해 정서적 공감대를 확대할 수 있는 기회를 늘릴 것을 제안하였다. 또한 공동제작의 경우, 어린이를 대상으로 하는 애니메이션 제작을 협력 가능성이 높은 장르로 보았다. 생활정보 프로그램은 소재가 다양하기 때문에 남북한의 거리를 좁히는데 다른 어떤 장르보다 기여가 클 것으로 보았다(주창윤 · 유선영, 2004: 132~133).

한편 남북의 방송 프로그램 교류 이외에도 북한 및 통일 관련 프로그램에 대한 분석이 여러 연구를 통해 시도되었다. 이우승(1999)은 1997년에 지상파 방송 3사에서 방송된 통일 관련 정규 프로그램을 대상으로 편성유형별 꼭지 수, 주제별 꼭지 수, 방송사별/주제별 꼭지 수를 분석하였다. 그의 분석에서 주목할 점은 통일 관련 정규 프로그램에서 정치적인 내용을 다루는 꼭지의 비중이 사회문화적 영역보다 월등히 높아, 극심한 정치 지향적 성격을 보인다는 점이다.[1](이우승, 1999: 19~21).

남북 간 화해와 협력의 시대로 본격적으로 접어든 2000년 남북정상회담 이후 KBS, MBC, EBS에서 방송한 북한 관련 프로그램의 포맷과 소재를 분석한 연구에서는 포맷의 경우, KBS와 MBC가 거의 유사한 형식을 띠고 있고, EBS가 타 방송사 프로그램보다 기획물의 비율이 높고 색다른 포맷을 첨가하여 구성하는 경향이 나타났다(이우승, 2001a: 48~49). 소재는 사회 · 문화 부문에 치중되어 있고, 다양한 시도를 한 EBS의 경우에도 사회문화적인 내용을 다루는 프로그램이 주를 이루는 것으로 분석되었다(이우승, 2001a: 50~51). TV와 라디오 프로그램 간 소재의 차이는 라디오가 TV보다 정치, 군사, 외교 관련 소재를 더 많이 다루고 있었으며, 특히 TV가 다루지 않은 남북정상회담과 통일에 관한 북한주민들의 의식과 북한역사를 소재로 삼았다는 점이 주목할 만하다(이우승, 2001: 51~54).

북한 관련 정규 프로그램 가운데 KBS1의 <남북의 창>을 집중분석한 연구를 살펴보면, 북한 · 통일 이슈에 대해 남한 인사에 의한 해설이나 설명, 분석의 비중은 과거보다 약화되는 대신 '보도형식'을 빌린 '기획리포트'의 비중이 증가한 것으로 나타났다(주창윤 · 유선영, 2004: 98~99). 또한 주제별로 김정일, 군사/핵, 국제/외교, 탈북자를 다룬 주제가 거의 약 40%에 달하고 여기에 남북 교류 문제를 다룬 것이 약 13%를 차지함에 따라 프로그램의 절반 이상이 북한체제 · 정치 · 군사/안보 등의 주제를 다루는 것으로 분석되었다

1 방송사별로 정치적 주제를 다룬 꼭지 수의 비율은 KBS1, SBS, MBC 순이다.

(주창윤 · 유선영, 2004: 102~105). 한편 프로그램의 내용에 대한 질적 분석에서는 여전히 북한을 위협적인 적대국가로 설정하는 프레임이 작동하고 있는 것으로 나타났으며, 이러한 결과를 근거로 북한 관련 뉴스 꼭지를 폐지하거나 대폭 줄일 것을 제안하였다. 이러한 내용 구성이 변하지 않을 경우, 프로그램 시청을 통해 북한에 대한 이질감과 거리감이 심화될 수 있기 때문에, 북한 방송물을 활용하되 북한주민들이 선호하는 연속극, 노래자랑, 스포츠, 상식 등을 위주로 편성하는 방안도 고려해볼 수 있다는 점을 지적하였다(주창윤 · 유선영, 2004: 134~137). 또한 <남북의 창>은 북한의 객관적 현실을 위협적으로 재구성하는 경향이 있는 것으로 나타남에 따라 이러한 감성적인 접근에서 벗어날 수 있는 해설 · 분석 · 설명 · 토론 형식을 빌린 코너 구성도 고려해볼 필요가 있다. 또한 제3국에서 제작한 북한 현지 취재 방송물의 수입, '종합매거진' 형식으로의 전환, 여론조사기법을 활용한 북한 알기 코너 신설 등 다양한 아이디어를 제공함으로써 <남북의 창>을 통해 통일지향성이 강화될 수 있도록 제안하였다(주창윤 · 유선영, 2004:137~145).

한편 이우승(1999)은 북한의 '조선중앙텔레비죤'에서 1998년 3월 중 1주일 동안 방영된 프로그램을 분석하였는데, 대부분의 프로그램이 정치성 · 사상성을 내포하고 있다는 것을 밝혔다. 반면 프로그램 장르별로 방송시간을 살펴보면, 유익하고 오락적인 프로그램의 비중이 가장 높았다. 뿐만 아니라 어린이 만화 프로그램의 경우는 내용 측면에서도 정치성이 거의 없고, 제작 기술이 뛰어나 남한 시청자들도 충분히 수용가능하다고 예측하였다(이우승, 1999: 4~7).

이상에서 살펴본 바와 같이 기존 북한 · 통일 관련 프로그램을 분석한 연구의 경우, 남북교류 프로그램이나 정규 편성 프로그램에 한정되는 경향이 있었다. 북한 및 통일 관련 프로그램에 대한 연구에서 공통적으로 발견되는 특징은 정치, 사회, 경제 이슈가 많은 부분을 차지하고 있어 소재가 경직되어 있다는 점을 들 수 있다. 또한 분석 결과가 일관되지 않고 연구마다 조금씩 차이를 보이고 있는데, 이는  장르와 주제를 구분하는 기준이 다르고 연구 시기에 따라 프로그램의 성격이 각기 다른 특징을 보이고 있기 때문인 것으로 풀이된다.

## 2. 북한 · 통일 관련 정규 프로그램의 특징

2011년 현재 방송되고 있는 통일 주제의 정규 편성 프로그램으로는 KBS1의 <남북의 창>과 MBC의 <통일전망대>가 있다. 이밖에 EBS의 <코리아 코리아>가 대표적인 통일 프로그램이었지만 2008년 8월 종영되었다. 케이블 채널에서도 일부 통일 관련 프로그램이 편성된 적이 있지만 현재는 대부분 방송되지 않고 있다. 대표적으로 KTV의 경우 2000년부터 2001년까지 <통일로 가는 길>이라는 프로그램을 편성했고, 2007년 12월에 방송되었던 <통일로 미래로>라는 프로그램은 방송 5회 만에 폐지되었다. <통일로 미래로>는 뉴스와 인터뷰 형식으로 구성된 프로그램으로서, '열린 사고와 민족적 동질감을 바탕으로 진정한 남북 통합시대를 준비하고 한반도 평화를 증진하겠다'는 제작의도를 내세운 바 있다.

KBS1과 MBC, EBS를 중심으로 북한 · 통일 관련 정규 프로그램의 편성 현황을 살펴보면 [표 4-1]과 같다. KBS1의 <남북의 창>은 토요일 오전 7시 35분부터 25분간 방송되며, '남북의 이해와 화합의 공감대를 넓히고 민족 지상 과제인 통일에 기여한다'는 기획의도를 내세우고 있다. 기획리포트와 클로즈업 북한, 통일을 여는 발걸음, 북한말 따라잡기, 북한 영상 등의 5개 꼭지로 구성되어 있다. '기획리포트'는 북한 및 통일 관련 주제를 하나씩 선정하여 깊이 있게 다루는 심층 보도 포맷의 꼭지이며, '클로즈업 북한'에서는 북한에 대한 정보를 전달한다. '통일을 여는 발걸음'은 짧은 휴먼 다큐멘터리의 형식으로 탈북자들의 한국 사회 적응 등의 문제를 주로 다루고 있으며, '북한말 따라잡기'는 간단한 콩트와 함께 북한말을 소개하는 형식으로 구성되어 있다. 마지막으로 '북한 영상'에서는 북한의 콩트, 영화 등의 한 장면을 편집해서 내보내고 있다.

**표 4-1** 국내 텔레비전의 북한 · 통일 관련 정규 편성 프로그램 현황(2009년 상반기)

| 채널 | 프로그램명 | 형식 | 기획의도 | 구성 |
|---|---|---|---|---|
| KBS1 | 남북의 창<br>(토) 07:35~08:00 | 종합<br>구성 | 남북의 이해와 화합의 공감대를 넓힘<br>민족 지상 과제인 통일에 기여하고자 함 | 1. 기획리포트<br>2. 클로즈업 북한<br>3. 통일을 여는 발걸음<br>4. 북한말 따라잡기<br>5. 북한 영상 |
| MBC | 통일전망대<br>(월) 13:35~14:15 | 종합<br>구성 | 변화하고 있는 북한 사회와 체제에 대한 조망 | 1. 통일현장<br>2. 북한영화 속으로<br>3. 남남북녀의 통통 북한말<br>4. 전망대 브리핑 |
| EBS | 코리아 코리아<br>(토) 07:00~07:31<br>(2008년 8월 종영) | 대담<br>및<br>ENG | 통일에 대한 두려움을 없애고, 민족의 동질감을 회복할 수 있는 따뜻한 통로 | 매 회 하나의 주제를 선정하여 상세히 알아보는 방식 |

MBC의 <통일전망대>는 월요일 오후 1시 35분부터 40분 동안 방송되는데,[2] 통일 관련 정규 프로그램 중 방송시간이 가장 길다. '변화하고 있는 북한 사회와 체제를 조망'하겠다는 기획의도 하에 제작되고 있으며, 통일현장, 북한영화 속으로, 남남북녀의 통통 북한말, 전망대 브리핑 등의 꼭지로 구성되어 있다. 전반적인 꼭지 구성을 살펴보면 대체로 KBS1의 <남북의 창>과 유사한 포맷과 내용을 담고 있다.

지금은 폐지된 EBS의 <코리아 코리아>는 '통일에 대한 두려움을 없애고 민족의 동질감을 회복할 수 있는 따뜻한 통로'가 되겠다는 기획의도를 가지고 토요일 오전 시간대에 편성되었던 프로그램이다. KBS1이나 MBC와 달리 대담 위주의 구성으로 매회 하나의 주제를 선정하여 출연자와 함께 ENG 장면을 보면서 이야기를 나누는 형식으로 구성되었다.

북한 관련 정규 편성 프로그램의 시대별 변화상을 살펴보기 위해서, 2009년

2 2009년 상반기 편성시간대이며, 2011년 3월 현재 매주 월요일 오후 2시 15분에 방송된다.

**표 4-2** 1991년 〈통일전망대〉의 구성 및 내용: 2009년 프로그램과의 비교

| 구성 | 1991년 통일전망대 | 2009년 통일전망대 | 2009년 남북의 창 |
|---|---|---|---|
| 주간논평 | 남북관계 및 관련 주변정세에 관한 진행자의 개괄적 논평 | – | – |
| 북한보도 소개 | 북한TV에서 방송된 보도물 소개 | – | – |
| 북한 방송물 소개 | 뉴스를 제외한 각종 방송물 소개 | 북한 영화 속으로 | 북한 영상 |
| 북한 단신 | 방송국 자체에서 제작한 북한 관련 단신 | 전망대 브리핑 | 클로즈업 북한 |
| 기획보도 | ① 기획분석(기자리포트)<br>② 전문가 분석(대담/좌담/칼럼)<br>③ 기획특집물(여론조사/인사초청 등)<br>④ 제3국 시각물 | 통일 현장 | 기획리포트 |

* 1991년 <통일전망대>의 구성 및 내용은 주창윤 · 유선영(2004)의 p.89 참고함.

<남북의 창> 및 <통일전망대>와 1991년 <통일전망대>의 코너 구성을 비교해보았다. [표 4-2]에서 확인할 수 있는 것처럼, 18년이라는 시간이 흘렀지만 전반적인 코너 구성과 프로그램 포맷에서 획기적인 변화는 찾아보기 힘들다. 북한 단신 소개나 북한에 대한 기획보도, 북한 방송물 소개 등의 코너는 특히 18년 전과 똑같은 형식이 반복되고 있었다. 그러나 일부 코너 구성에서는 2009년의 프로그램과 1991년 프로그램 간의 차이를 발견할 수 있었다. 예를 들면, 과거에 중요한 부분을 차지하던 논평과 북한보도 소개가 없어지거나 축소되고, '북한말 바로알기' 코너와 탈북자들 문제를 다루는 코너가 새롭게 등장하였다. 반공과 냉전, 수구의 시각이 담기는 경향으로 인해 비판의 대상이 되었던 논평을 없애고, 북한의 뉴스 보도를 그대로 전달하는 코너를 발전시켜 뉴스뿐 아니라 드라마나 영화 같은 다양한 장르로 확장한 점 역시 중요한 변화로 지적할 수 있다.

그러나 여전히 북한 및 통일 관련 프로그램은 대부분 유사한 형식으로 구성되어 있고, 내용이나 프로그램 포맷도 흥미를 높이기 위한 창의적인 시도가

**표 4-3** 북한 · 통일 관련 프로그램의 시청률(단위: %)

| | | 남북의 창(K1) | 통일전망대(M) |
|---|---|---|---|
| 2008년 | 2월 | 2.6(7.8) | 1.7(5.4) |
| | 3월 | – | 1.2(4.8) |
| | 4월 | 1.6(6.4) | 1.0(4.5) |
| | 5월 | 1.8(6.7) | 1.0(4.1) |
| | 6월 | 1.6(5.9) | 1.1(4.5) |
| | 7월 | 1.5(5.2) | 1.4(5.0) |
| | 8월 | 2.3(6.6) | 1.3(4.4) |
| | 9월 | 2.1(7.9) | 1.2(4.6) |
| | 10월 | 1.7(6.5) | 1.0(4.2) |
| | 11월 | 4.1(13.4) | 1.4(5.4) |
| | 12월 | 6.6(20.9) | 1.6(5.4) |
| 2009년 | 1월 | 6.0(21.0) | 1.8(5.4) |
| | 2월 | 5.9(19.7) | 1.4(4.2) |
| | 3월 | 5.9(16.7) | 1.6(6.1) |
| | 4월 | 5.7(15.8) | 1.6(6.6) |
| | 5월 | 5.4(15.4) | 1.3(5.1) |
| | 6월 | 5.4(16.0) | 1.4(6.0) |

거의 이루어지지 않고 있다. 또한 편성 시간대 역시 주변 시간대에 편중되어 있어서 많은 시청자들의 호응을 얻기가 어려운 것이 현실이다. 실제로 <남북의 창>과 <통일전망대>의 시청률을 살펴보면, [표 4-3]에서처럼 매우 낮은 수치를 보여준다. <통일전망대>의 경우 2008년 2월부터 2009년 6월까지 지속적으로 시청률 1%대를 벗어나지 못하고 있으며, <남북의 창> 역시 2008년 11월 이전까지 1 내지 2%의 시청률 수치를 기록하였다. 단 주목할 점은 <남북의 창>의 시청률이 2008년 11월 4%를 시작으로 이후 6% 내외로

상승했다는 것이다. 시청률이 이렇듯 급격하게 상승하게 된 주요원인으로는 편성 시간대의 변경을 들 수 있다. HUT(전체 가구시청률: House Using Television)가 낮은 월요일 오전 11시 25분에서, 상대적으로 HUT가 높은 토요일 오전 7시 35분으로 편성시간대를 변경함으로써 더 많은 시청자들을 끌어들일 수 있었던 것으로 추론된다. 이는 프로그램 자체의 경쟁력이 시청률에 영향을 미치기도 하지만, 편성시간대가 시청률을 결정하는 데 중요한 요인으로 작용한다는 것을 단편적으로 보여주는 사례이다. 이러한 점을 고려할 때, 프로그램을 통해 통일 이념을 실천하고자 하는 방송의 목적은 좀 더 많은 시청자들을 유인할 수 있는 시간대에 통일 관련 프로그램을 더 적극적으로 편성함으로써 어느 정도 달성될 수 있을 것이다.

## 3. 북한 · 통일 관련 프로그램의 편성

앞에서 살펴본 바와 같이 북한·통일 관련 정규 편성 프로그램은 주변 시간대에 편성되어 있기 때문에, 방송의 통일 이념 실천이라는 목표를 실현하는 데 있어 제한적이다. 이에 비해 좀 더 다양하고 유연한 편성이 가능한 여러 장르의 프로그램에서 북한과 통일 관련 주제를 다루는 경우에는 방송이 통일 이념을 실천할 수 있는 효율적인 수단이 될 수 있다. 정규 편성 프로그램 이외의 프로그램에서 북한 및 통일 관련 주제를 다루는 경우는 일반 프로그램에서 북한 및 통일 관련 아이템을 다루는 경우 및 주요 이슈를 중심으로 특별 편성된 프로그램을 들 수 있다. <남북의 창>이나 <통일전망대>와 같은 정규 편성(고정) 프로그램은 북한·통일 주제를 오랫동안 다루어 왔기 때문에, 형식이 관행화되어 있고 내용면에서도 식상하거나 편향적인 경향을 보인다. 반면 다른 프로그램에서 북한 및 통일 관련 주제를 다루는 경우에는 시의적인 소재를 선정함으로써 통일 관련 여론을 형성하고, 좀 더 심층적으로 관련 주제를 조망할 수 있다는 점에서 중요한 의미를 갖는다. 따라서 다음에서는 정규 편성

(고정) 프로그램 이외의 다른 프로그램에서 북한 및 통일 관련 주제를 다룬 사례들을 살펴봄으로써, 방송사가 프로그램을 통해서 통일 이념 실천에 어떠한 방식으로 기여하고 있는지를 분석해보고자 한다.

### 1) 연구 방법

방송 3사(KBS, MBC, SBS)가 프로그램 편성을 통해 통일 이념을 어떻게 실천하고 있는지 확인하기 위해서 북한·통일 프로그램에 대한 내용 분석을 실시하였다. 여기에서는 북한 및 통일 관련 소재 혹은 주제로 삼고 있는 모든 프로그램을 북한·통일 프로그램으로 정의하였다. 분석 대상이 되는 북한·통일 프로그램의 수집방법 및 분석을 위한 세부 유목의 분류 기준은 다음과 같다.

#### (1) 분석 대상 프로그램

2000년부터 2008년까지 지상파방송사를 통해 방송된 프로그램 가운데 북한 및 통일 관련 소재 혹은 주제를 다룬 모든 프로그램을 분석 대상으로 하였다. 그중 북한 및 통일에 관한 내용을 정기적으로 다루는 정규 편성(고정) 프로그램(<통일전망대> 및 <남북의 창>)과 뉴스, 그리고 생활정보 프로그램 중 매일 편성되는 프로그램은 분석 대상에서 제외하였다. 또한 SBS의 경우 2000년과 2001년도에 방송된 프로그램 목록 및 방송 내용에 대한 구체적인 자료를 찾을 수 없어, 분석대상에 포함시키지 못했다.

분석대상으로 수집된 북한·통일 프로그램의 수는 KBS1이 212개, KBS2가 8개, MBC가 161개, SBS가 46개로 총 427개이다. 연도별로는 2000년도에 92개로 가장 많고, 2003년이 65개, 2005년이 57개, 2006년이 49개 등이다. 2000년대 초중반에 북한·통일 관련 프로그램이 많이 편성된 반면, 2000년대 후반으로 들어오면서 북한·통일 관련 프로그램이 줄어드는 경향을 발견할 수 있다([표 4-4] 참조).

**표 4-4** 채널별 연도별 분석대상 프로그램 빈도

| | KBS1 | KBS2 | MBC | SBS | 계 |
|---|---|---|---|---|---|
| 2000 | 65 | 4 | 23 | – | 92 |
| 2001 | 28 | 1 | 11 | – | 40 |
| 2002 | 15 | 0 | 20 | 3 | 38 |
| 2003 | 33 | 0 | 23 | 9 | 65 |
| 2004 | 8 | 2 | 26 | 7 | 43 |
| 2005 | 30 | 0 | 20 | 7 | 57 |
| 2006 | 30 | 2 | 10 | 7 | 49 |
| 2007 | 11 | 0 | 20 | 7 | 38 |
| 2008 | 4 | 0 | 8 | 6 | 18 |
| 계 | 212 | 8 | 161 | 46 | 427 |

### (2) 분석 대상 프로그램의 수집 과정

앞서 언급한 바와 같이, 북한 및 통일과 관련한 소재 혹은 주제를 다루는 모든 프로그램을 북한·통일 프로그램으로 정의하였다. 다만 북한 및 통일 관련 정규 프로그램(<통일전망대>와 <남북의 창>)은 앞에서 간단한 사례 분석을 따로 실시하였고, 일상적으로 편성되는 프로그램이기 때문에 분석 대상에서 제외하였다. 또한 뉴스 프로그램에서 북한 및 통일 관련 이슈를 다루는 경우 역시 방송의 일상적인 보도 행위로 보고, 분석 대상에서는 제외하였다.

분석 대상 프로그램을 수집하기 위해서 여러 가지 편성 자료를 찾아보았지만, 북한·통일 프로그램을 일목요연하게 정리해놓은 목록은 구할 수 없었다. 또한 프로그램에서 북한이나 통일 문제를 소재/주제로 채택했는지의 여부를 한 번에 확인할 수 있는 자료도 찾을 수 없었다. 따라서 여러 단계의 복잡한 절차를 거쳐서 분석 대상 프로그램을 수집하였다.

먼저 1차 자료는 KBS와 MBC의 실무자들이 제공한 통일방송 프로그램 목록을 활용하였다. 그러나 이 목록은 통일 관련 프로그램을 모두 포괄적으로 포함하고 있지 않을 뿐만 아니라 분석에 필요한 구체적인 내용(소재와 형식

등)을 담고 있지 않기 때문에 2차 자료를 통해서 보완하였다. 2차 자료는 방송사별 홈페이지 및 홍보 잡지, 연감, 각종 연구조사보고서, 신문기사, <네이버> 및 <구글> 포털사이트 등을 활용하여 수집하였다.

방송사별로 동일하거나 유사한 출처를 통해 자료를 수집하는 데 한계가 있어 각기 다른 방법으로 자료 수집이 이루어졌다. KBS는 1차 자료를 토대로 자사 홈페이지 내 <아름다운 통일>이라는 웹페이지에 데이터베이스화되어 있는 통일 관련 프로그램 목록을 검토하여 누락된 프로그램을 보완하였다. 그리고 매년 발간되는 『연감』을 통해 북한 · 통일 관련 프로그램을 최종적으로 검토하여 총 212개의 프로그램이 KBS1을 통해, 8개의 프로그램이 KBS2를 통해 방송된 것을 확인하였고, 이를 분석대상 목록에 포함시켰다.

MBC 역시 인터뷰 대상자가 제공한 1차 자료를 토대로 자사 홈페이지에서 제공하는 편성표와 특집프로그램 목록을 검색하여 북한 · 통일 관련 프로그램을 수집하였다. 이후 2000년부터 2008년까지의 <방송연감>을 활용하여 북한 · 통일 관련 프로그램을 보완하였고, 이러한 과정을 통해 총 161개의 프로그램이 분석 대상 프로그램으로 수집되었다.

마지막으로 SBS는 다른 방송사처럼 매해 방송연감을 발간하지 않기 때문에 1차적으로 자사 홈페이지 <다시보기> 목록을 활용하여 북한 · 통일 프로그램을 수집하였다. <뉴스추적>을 제외하고는 대부분 2004년부터 <다시보기> 영상과 관련 자료가 업로드되어 있어서, 자료접근에 제약이 많았다. 특히 2000년과 2001년의 자료를 찾을 수 없었기 때문에 2002년도 이후의 프로그램만을 대상으로 하였으며, 누락될 수 있는 부분은 『SBS 사회공헌자료집』 및 『SBS 매거진』을 통해 보완하였다. 이러한 과정을 통해 2002년부터 2008년까지 SBS에서 방송되었던 북한 · 통일 프로그램은 총 46개인 것으로 확인되었다.

### (3) 분석 유목

북한 · 통일 프로그램의 특징을 분석하기 위해서 방송연도, 채널, 편성특성,

**표 4-5** 분석 유목

| 분류 기준 | 내용 |
|---|---|
| 방송연도 | 방송일 기준으로 해당 연도 분류 |
| 채널 | KBS1/ KBS2/ MBC/ SBS |
| 편성특성 | 정규 편성 프로그램-일반/ 정규 편성 프로그램 특집/ 특별 편성 특집(기획) 프로그램 |
| 편성횟수 | 횟수 |
| 대장르 | 다큐/ 시사보도 · 심층보도/ 문화예술/ 드라마/ 버라이어티 쇼(오락)/ 토론 및 대담/ 스포츠/ 기타 |
| 소장르 | 기행다큐/ 역사다큐/ 이산가족다큐/ 자연다큐/ 스포츠 다큐/ 공연 다큐/ 문화 다큐/ 정치 다큐/ 외교 다큐/ 경제 다큐/ 시사보도 · 심층보도/ 생활정보/ 문화공연/ 드라마/ 버라이어티 쇼(오락)/ 토론/ 대담/ 스포츠(중계 제외)/ 스포츠 중계/ 기타 |
| 주제 | 정치/ 군사/ 외교/ 경제/ 문화/ 탈북문제/ 이산가족/ 자연/ 역사/ 스포츠/ 기타 |
| 제작주체 | 남측 제작/ 북측 제작/ 공동 제작 |
| 방송범위 | 남측만 방송/ 남북 동시 방송 |
| 남북 교류 협력 사업과의 시의적인 관련성 | 남북 당국 간 교류협력 관련 이슈/ 민간급 교류협력 관련 이슈/ 남북 경제협력 관련 이슈/ 인도주의 교류협력 관련 이슈/ 문화예술체육 등의 교류협력 관련 이슈/ 남북 교류협력사업과 관련 없는 일반적인 이슈 |

편성횟수, 장르(대장르와 소장르), 주제, 제작주체, 방송범위, 남북 교류 협력 사업과의 시의적인 관련성 등의 유목을 중심으로 내용분석을 실시하였다([표 4-5] 참조).

방송연도는 프로그램의 방송 일자를 기준으로 구분하고, 채널은 KBS1, KBS2, MBC, SBS로 분류했다. 프로그램의 편성특성은 일반 정규 프로그램 중 특집 기획물이 아니고 일상적인 소재로서 북한 또는 통일 관련 내용을 다룬 경우는 '정규 편성 프로그램-일반'으로 보았다. 반면, 북한 및 통일과 관련해서 특별한 이슈가 제기되었거나 6 · 25와 같은 역사적인 날을 기념하기 위해 특집으로 제작된 정규 편성 프로그램인 경우는 '정규 편성 프로그램-특집'으로 구분했다. 그리고 북한 · 통일 관련 내용을 다뤘으나 정규 편성 프로그램이 아닌 특별 기획으로 제작, 편성된 프로그램인 경우는 '특별 편성-특집(기획) 프로그램'으로 분류했다.

편성횟수는 프로그램의 편성 비중을 알아보기 위한 것이기 때문에 방송 횟수를 기준으로 했다. 이 수치를 통해 해마다 북한·통일 관련 프로그램이 얼마나 자주 다뤄졌는지 양적인 평가가 가능하다. 장르는 대장르와 소장류로 분류하고, 대장르는 다큐멘터리, 시사보도·심층보도, 문화예술, 드라마, 버라이어티 쇼(오락), 토론 및 대담, 스포츠, 기타의 8개로 분류했다. 소장르는 각 대장르 내에서 프로그램 유형을 다시 세분화했는데, 그중 다큐멘터리는 기행다큐, 역사다큐, 이산다큐, 자연다큐, 스포츠다큐, 공연다큐, 문화다큐, 정치다큐, 외교다큐, 경제다큐 등 총 10개의 하위 유목을 두었다.[3] 문화예술 장르는 생활정보와 문화공연으로 세부 유형을 구분했으며, 토론 및 대담은 토론과 대담으로, 스포츠 역시 스포츠 중계 프로그램과 중계가 아닌 프로그램으로 세분하였다. 이러한 과정을 거쳐 총 20개의 하위 장르로 분류하였다.

주제는 정치, 군사, 외교, 경제, 문화, 탈북문제, 이산, 자연, 역사, 스포츠, 기타 등 총 13개의 카테고리로 구분하였다. 제작주체는 프로그램의 제작주체가 남측인지, 북측인지, 또는 공동제작인지 여부에 따라 분류하였는데, 이는 남북 간 방송교류의 정도를 가늠하기 위한 유목이다. 또한 방송 범위는 프로그램이 방송된 지역을 알아보는 유목으로, 프로그램이 남측에서만 방송되었는지, 또는 두 국가에서 동시에 방송되었는지를 기준으로 분류하였다.

마지막으로 남북교류협력 사업과의 시의적인 관련성도 분석 유목에 포함하였다. 이는 프로그램이 방송될 당시 프로그램 내용과 직접적인 연관이 있는 정부 및 기타 남북 간 교류 사업이 있었는지, 관련이 있었다면 구체적으로 어

---

**3** PD저널리즘에 입각한 프로그램 즉, <추적 60분>, <PD수첩>, <뉴스추적>과 같은 프로그램은 다큐에 포함시켰으며, 내용에 따라 군사, 외교, 정치 등의 하위 장르로 분류하였다. 그 외 <시사매거진 2580>, <시사포커스> 등과 같은 프로그램은 앞의 프로그램과 유사하게 다큐멘터리로 분류될 수 있는 프로그램이지만 보도국 소속의 기자들에 의해 제작되었다는 점을 중요하게 고려하여 시사보도 및 심층보도 장르로 구분하였다. 이러한 구분은 프로그램의 내용적 속성을 감안한 것이기도 하지만, 실제로 프로그램이 제작되는 부서가 교양제작국인지 보도국인지의 여부를 기준으로 한 것이다. 즉, 교양제작국에서 제작된 프로그램은 '다큐'로, 보도국에서 제작된 프로그램은 '보도'로 각각 분류하였다.

떤 교류사업과 관련이 있었는지를 분석하기 위한 유목이다. 시의적 관련성은 6개의 카테고리로 나누었는데, 남북 당국 간 교류협력, 민간급 교류협력, 남북 경제협력, 인도주의적 차원의 교류협력, 문화예술체육 등의 교류협력, 마지막으로 남북 교류협력사업과 전혀 관련이 없는 일반적인 이슈를 다룬 경우로 유형을 분류하였다.

### 2) 북한 · 통일 프로그램의 편성 분석

#### (1) 개요

프로그램에서 북한 · 통일 관련 내용을 다루는 경우는 크게 세 가지 유형으로 나누어볼 수 있다. 첫 번째는 정규 편성 프로그램이 각 에피소드의 한 주제로 북한 · 통일 관련 이슈를 다루는 경우로서, <역사스페셜>, <MBC스페셜>, <뉴스추적> 등에서 북한이나 통일 관련 소재를 선택하는 경우가 이에 해당한다. 두 번째는 북한 및 통일과 관련한 정치적 · 사회적 이벤트의 발생으로 프로그램이 제작 · 편성된 경우로 정규 편성 프로그램 중 특집 방송을 들 수 있다. 그리고 마지막으로 특별 편성 프로그램은 휴전 50주년이나 남북 정상회담 등 다양한 이벤트를 계기로 하여 정규 프로그램이 아닌 별도의 특집 프로그램을 추가로 특별 편성하는 경우를 일컫는다.

분석대상에 포함된 프로그램 가운데 정규 편성 프로그램 안에서 일상적인 아이템으로 북한 문제를 다룬 경우가 291편(68.2%)이며, 특집 아이템으로 제작된 프로그램은 24편(5.6%)이었다. 반면 특별 편성된 별도의 특집 프로그램은 112편(26.2%)으로 나타났다. 즉, 북한 및 통일과 관련한 주제를 정규 프로그램 안에서 일상적으로 다루는 경우가 가장 많았고, 특집 프로그램으로 특별 편성되는 경우도 전체의 4분의 1 가량을 차지하고 있었다. 또한 정규 프로그램에서 특집 아이템으로 북한 및 통일 소재를 선정하는 경우는 극히 일부에 불과하다는 것을 알 수 있다.

### (2) 채널별/연도별 북한 · 통일 프로그램 편성

채널별로 편성 현황을 살펴보면([표 4-6] 참조), 북한·통일 관련 내용을 다뤘던 프로그램 수가 KBS1이 75개, MBC가 50개, SBS가 25개, KBS2가 3개로 MBC가 KBS1의 3분의 2 수준, SBS는 KBS1의 3분의 1 수준이었다. SBS의 경우 2000년과 2001년도에 방송된 북한·통일 관련 프로그램에 대한 자료 수집이 불가능하였기 때문에 네 채널을 모두 동일한 기준에서 비교하는 데는 한계가 있다. 하지만 이러한 점을 감안하더라도 KBS와 MBC에 비해 SBS의 북한·통일 프로그램 수가 현격하게 적다는 것을 확인할 수 있다.

KBS는 다른 채널보다 북한·통일 관련 프로그램을 많이 편성하고 있었는데, 특히 KBS1에 편성이 집중되는 반면 KBS2에는 북한·통일 관련 프로그램이 거의 편성되지 않았다. 이는 KBS1이 시사보도와 다큐멘터리를 위주로 하는 공익적 성격의 채널인 반면, KBS2는 드라마와 버라이어티 쇼 위주의 오락채널로 특징짓고 채널을 운영하기 때문인 것으로 해석된다.

KBS1 다음으로 MBC와 SBS 순으로 북한·통일 관련 프로그램의 편성 비중이 높은데, 이처럼 상업방송인 SBS가 북한·통일 관련 프로그램을 가장 적게

**표 4-6** 채널별 북한 · 통일 프로그램의 편성횟수

| 편성횟수 | KBS1 | KBS2 | MBC | SBS | 계 |
|---|---|---|---|---|---|
| 1회 | 195 | 7 | 145 | 43 | 390 |
| 2회 | 6 | 1 | 12 | 3 | 22 |
| 3회 | 1 | 0 | 2 | 0 | 3 |
| 4회 | 5 | 0 | 0 | 0 | 5 |
| 5회 | 3 | 0 | 0 | 0 | 3 |
| 8회 | 1 | 0 | 0 | 0 | 1 |
| 10회 | 1 | 0 | 0 | 0 | 1 |
| 확인불가 | 0 | 0 | 2 | 0 | 2 |
| 계 | 212 | 8 | 161 | 46 | 427 |

제작 및 편성한 것은 북한·통일 관련 프로그램이 높은 수익을 거두는 인기 프로그램이기보다는 공익적 목적의 프로그램이라는 점을 반증한다.

한편 편성횟수를 기준으로 할 때 KBS1은 212회, MBC는 161회, SBS는 46회, KBS2가 8회로 KBS1이 북한·통일 관련 프로그램을 가장 많이 편성하였다([표 4-6] 참조).[4] 또한 모든 채널은 북한·통일 관련 내용을 연속해서 다루기보다 1회성으로 제작, 방송하는 경향이 짙었다. MBC의 경우 2회 시리즈물을 편성한 경우가 다른 채널보다 많았으며(12회), KBS1은 2회 이상 다수 편의 시리즈물을 제작하여 편성하는 경향이 상대적으로 높았다. 특히 4회, 5회로 편성한 경우가 각각 5건, 3건이었으며, 8회 이상 편성하는 경우도 2건 있었다. 전반적으로 KBS1과 MBC가 연속 시리즈물로 통일 관련 프로그램을 더 많이 기획·편성하는 경향이 있음을 알 수 있다.

연도별 북한·통일 관련 프로그램의 편성 경향을 살펴보면, 2000년 이후 전반적으로 프로그램 편성 횟수가 점차 감소하는데, 2003년에는 KBS1과 SBS의 편성 횟수가 2배 이상 급증하는 것을 발견할 수 있다. 이는 2002년 이후 정부 및 민간 차원에서 남북 교류가 증가하면서 방송에서 다룰 수 있는 이슈와 이벤트도 함께 많아졌기 때문인 것으로 해석된다. 한편 2008년에는 모든 채널에서 북한·통일 관련 프로그램의 편성 빈도가 급감하였다. 이는 새 정부 출범 이후 남북의 군사적 갈등이 깊어지면서 남북 관계가 경색되었고, 이러한 외적 요인이 북한·통일 관련 프로그램의 편성에도 부정적인 영향을 미친 것으로 보인다.

채널별로 북한·통일 관련 프로그램의 편성 추이를 볼 때 KBS1이 가장 역동적인 모습을 보이고, KBS2는 거의 변화가 없으며, MBC는 2001년 이후로 완만한 증가 추세를 보이다가 2006년에 다시 급격히 감소하였다([그림 4-1] 참조). 반면, SBS는 매년 꾸준히 6, 7편의 북한·통일 관련 프로그램을 제작·방영하

---

4 SBS의 2000년 및 2001년 자료가 제외되어 있지만, 이를 감안하더라도 편성 빈도의 순위에는 변화가 없을 것으로 판단된다.

그림 4-1 채널별 북한 · 통일 프로그램 편성 추이

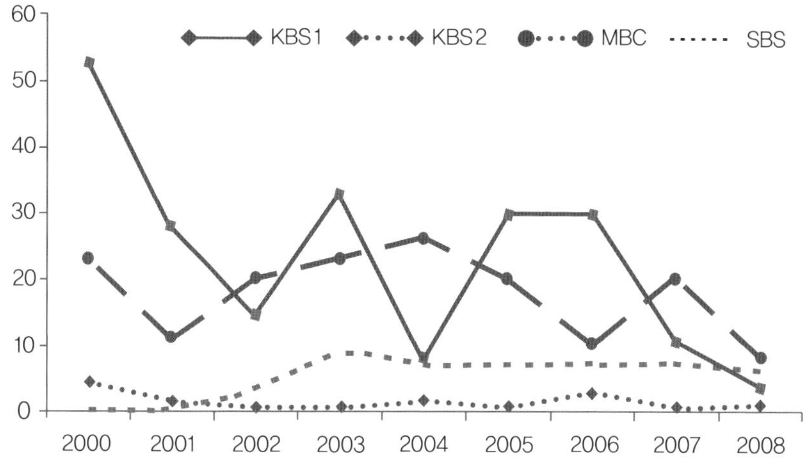


여 편성 빈도에 변화가 없다. 이는 마치 편성 비율을 미리 정해 놓은 것처럼 보이기도 한다. 전반적으로 북한 · 통일 관련 프로그램의 편성 추이는 2008년 이후 네 채널 모두 북한 · 통일 관련 프로그램의 편성 비중이 감소하는 공통점을 보인다.

### (3) 채널별 정규 및 특집 프로그램 편성

북한 · 통일 관련 프로그램 편성의 가장 두드러진 특징은 정규 편성 프로그램에서 한 아이템으로 북한과 통일 관련 주제를 다룬 경우가 68.2%로 가장 많은 비중을 차지하고, 이벤트성 기획 특집 프로그램은 26.2%, 정규 편성 프로그램 중 특집물은 5.6%로 가장 적다는 것이다([표 4-7] 참조). 채널별로는 MBC가 정규 편성 프로그램의 비중이 75.2%로 가장 높으며, SBS가 54.4%로 가장 낮다. MBC의 경우, 정규 편성 프로그램 중 북한 · 통일 관련 내용을 특집물로 다루기보다 상시적으로 다루는 경향이 두르러진다.

정규 편성 프로그램에서 특집으로 북한 · 통일 관련 내용을 다룬 경우는 KBS2가 12.5%로 다른 채널에 비해 상대적으로 높은데, 이는 KBS2가 특집 프로그램을 특별히 많이 편성했기 때문이 아니라 전체 편성 프로그램 수 자체

**표 4-7** 북한·통일 프로그램의 편성 특징

| | KBS1 | KBS2 | MBC | SBS | 계 |
|---|---|---|---|---|---|
| 정규 편성 프로그램 – 일반 | 140(66.1) | 5(62.5) | 121(75.2) | 25(54.4) | 291(68.2) |
| 정규 편성 프로그램 – 특집 | 16(7.5) | 1(12.5) | 5(3.1) | 2(4.3) | 24(5.6) |
| 특별 편성 특집(기획) 프로그램 | 56(26.4) | 2(25.0) | 35(21.7) | 19(41.3) | 112(26.2) |
| 계 | 212(100.0) | 8(100.0) | 161(100.0) | 46(100.0) | 427(100.0) |

**표 4-8** 북한·통일 프로그램의 제작주체

| | KBS1 | KBS2 | MBC | SBS | 계 |
|---|---|---|---|---|---|
| 남측 제작 | 202(95.3) | 8(100.0) | 157(97.5) | 46(100.0) | 413(96.7) |
| 북측 제작 | 2(0.9) | 0(0.0) | 0(0.0) | 0(0.0) | 2(0.5) |
| 공동 제작 | 4(1.9) | 0(0.0) | 4(2.5) | 0(0.0) | 8(1.9) |
| 확인 불가 | 4(1.9) | 0(0.0) | 0(0.0) | 0(0.0) | 4(0.9) |
| 계 | 212(100.0) | 8(100.0) | 161(100.0) | 46(100.0) | 427(100.0) |

가 적은 가운데 특집물의 비율이 다소 높았기 때문인 것으로 해석된다.

기획 특집 프로그램의 경우, 4개 채널 가운데 SBS의 편성 비율이 41.3%로 가장 높고, 그 외 나머지 채널들은 21%~26% 사이에서 비슷한 수준을 보였다. 이는 SBS가 북한 및 통일 이슈에 대해 항시 관심을 보이면서 정규 편성 프로그램의 일상적인 아이템으로 다루기보다, 비정기적으로 일어나는 남북 교류 관련 이벤트 또는 역사적인 사건을 중심으로 프로그램을 제작하는 경향이 있음을 단편적으로 보여주는 것이다.

### (4) 제작 주체

북한·통일 프로그램의 제작 주체를 분석한 결과 남측에서 제작한 경우가 96.7%로 거의 대부분을 차지하였다([표 4-8] 참조). 북한이 제작한 프로그램을 방송한 경우와 공동 제작한 경우는 총 427편의 방송프로그램 가운데 단 10편에 불과하여 손에 꼽을 정도였다. KBS1이 북한에서 제작한 프로그램을 두 차례 방송한 바 있고, 공동제작은 KBS1과 MBC에서 각각 네 차례 추진하여 이루어졌다. KBS2는 단 한 차례도 북한 제작 방송프로그램 및 공동으로 제작한 프로그램을 방송한 적이 없고, SBS 역시 단 한 건도 없었다. 북한·통일 관련 프로그램의 내용과 시각을 다양화하기 위해서는 북한 제작 프로그램을 더 적극적으로 편성하고, 남북 공동제작을 활성화해야 함을 시사한다.

### (5) 방송 범위

북한·통일 관련 프로그램의 방송 범위를 살펴보면, 남측에서만 방송된 경우가 압도적으로 많으며 남한과 북한에서 모두 방송된 경우는 별로 없었다. 남북 동시 방송이 이루어진 경우는 KBS1(기타 포함) 3건, MBC 2건, SBS 4건으로 주로 스포츠 중계 내지는 음악 공연 프로그램이 해당된다. SBS가 통일 관련 프로그램을 타 방송사에 비해 적게 제작한 점을 감안할 때, 상대적으로 남북 동시방송의 비중이 높은 것이 특징적이다([표 4-9] 참조).

따라서 민족의 동질성을 강화하고 남북의 상호 이해를 돕는다는 통일방송의 이념을 고려할 때, 좀 더 많은 프로그램이 남북 동시방송으로 제작될 수 있도록 노력을 기울여야 할 것이다.

**표 4-9** 북한·통일 프로그램의 방송 범위

| | KBS1 | KBS2 | MBC | SBS | 계 |
|---|---|---|---|---|---|
| 남측 방송 | 204(96.2) | 8(100.0) | 157(97.5) | 40(87.0) | 409(95.8) |
| 남북 동시방송 | 2(0.9) | 0(0.0) | 2(1.25) | 4(8.7) | 8(1.9) |
| 기타* | 1(0.5) | 0(0.0) | 0(0.0) | 0(0.0) | 1(0.2) |
| 확인 불가 | 5(2.4) | 0(0.0) | 2(1.25) | 2(4.3) | 9(2.1) |
| 계 | 212(100.0) | 8(100.0) | 161(100.0) | 46(100.0) | 427(100.0) |

* 기타는 전체 프로그램의 일부만 남측에 중계하고 일부는 남과 북에 동시 방송한 경우임.

### (6) 장르

북한·통일 프로그램의 장르별 분포를 보면, 다큐멘터리와 토론 및 대담 장르가 가장 큰 비중을 차지하고 있다. 그중에서도 다큐멘터리가 42.9%, 토론 및 대담 장르가 21.8%로 다큐멘터리 장르에 편성이 집중되어 있다. 다큐멘터리 프로그램은 총 183편이 제작되었으며, KBS2가 총 8편의 통일 관련 프로그램 중 6편을 다큐멘터리로 제작하였는데, 이러한 특수한 상황을 제외하면, 타 방송사에 비해서 MBC의 다큐멘터리 비율이 가장 높다.

구체적으로 다큐멘터리의 하위 장르 분포는 외교 관련 내용이 전체 프로그램 중 13.8%로 가장 많은 비중을 차지한다. 북핵 및 한반도 평화에 대한 내용을 <MBC스페셜> 등의 정규 프로그램에서 다룬 경우가 주로 여기에 해당한다. 그리고 이산가족(6.1%), 역사(5.9%), 문화(5.9%) 다큐멘터리 순으로 그 뒤를 잇는다. 이 중 문화 관련 다큐멘터리는 북한의 음식문화를 다루기도 하고, 특정 인물을 재조명하기도 하며, 북한 영화를 통해 북한 여성들의 정서를 소개하는 등 매우 다양한 주제를 제작, 방송하였다. 전체 다큐멘터리 프로그램에서 차지하는 비중은 낮으나, 이러한 연성적인 주제는 시청자들이 북한 사회의 일상적 모습을 통해 북한을 쉽게 이해하도록 돕는다는 점에서 바람직하다.

토론 및 대담 프로그램은 총 93편이 제작되었고, 이 중 토론 프로그램은 KBS2를 제외한 나머지 채널에서 고루 방송되었다. 반면 대담 프로그램은 전체 30편 중 25편이 KBS1에 편중되어 있고, KBS2는 단 한 편도 제작하지 않았으며, SBS는 한 차례 대담 프로그램을 제작·편성한 바 있다. 대담 프로그램은 북한 및 통일 관련 이슈를 공론화함으로써 여론을 형성하는 과정에서 중요한 역할을 한다. 그러나 대담 프로그램은 일반적으로 시청률이 낮기 때문에 시청자들에게 큰 호응을 얻기 힘들다는 단점이 있다. 이러한 장르적 속성으로 인해 대담 프로그램은 주로 공적인 속성이 가장 강한 KBS1에서 편성한 것으로 해석된다.

보도 장르의 경우 총 91편의 프로그램 가운데 47편이 KBS1에서 방송되었으며, <시사포커스>, <취재파일 4321>과 같은 프로그램에서 주로 북한 및

**표 4-10** 북한 · 통일 프로그램의 장르 분포

| 장르 | | KBS1 | KBS2 | MBC | SBS | 계 |
|---|---|---|---|---|---|---|
| 대장르 | 소장르 | | | | | |
| 다큐멘터리 | 기행 | 1(0.5) | 0(0.0) | 1(0.6) | 1(2.2) | 3(0.7) |
| | 역사 | 14(6.6) | 0(0.0) | 11(6.8) | 0(0.0) | 25(5.9) |
| | 이산가족 | 10(4.7) | 2(25.0) | 13(8.1) | 1(2.2) | 26(6.1) |
| | 자연 | 8(3.8) | 0(0.0) | 8(5.0) | 2(4.3) | 18(4.2) |
| | 스포츠 | 1(0.5) | 0(0.0) | 1(0.6) | 1(2.2) | 3(0.7) |
| | 공연 | 0(0.0) | 0(0.0) | 2(1.2) | 0(0.0) | 2(0.5) |
| | 문화 | 10(4.7) | 1(12.5) | 10(6.2) | 4(8.7) | 25(5.9) |
| | 정치 | 3(1.4) | 0(0.0) | 3(1.9) | 0(0.0) | 6(1.4) |
| | 외교 | 29(13.7) | 2(25.0) | 22(13.7) | 6(13.0) | 59(13.8) |
| | 경제 | 10(4.7) | 1(12.5) | 4(2.5) | 1(2.2) | 16(3.7) |
| | 계 | 86(40.6) | 6(75.0) | 75(46.6) | 16(34.8) | 183(42.9) |
| 보도 | 시사보도/심층보도 | 47(22.2) | 0(0.0) | 44(27.3) | 0(0.0) | 91(21.3) |
| 문화예술 | 생활정보 | 3(1.4) | 0(0.0) | 2(1.2) | 1(2.2) | 6(1.4) |
| | 문화공연 | 13(6.1) | 1(12.5) | 6(3.8) | 5(10.9) | 25(5.9) |
| | 계 | 16(7.5) | 1(12.5) | 8(5.0) | 6(13.1) | 31(7.3) |
| 드라마 | 드라마 | 1(0.5) | 1(12.5) | 2(1.2) | 0(0.0) | 4(0.9) |
| 버라이어티쇼/오락 | 버라이어티쇼 | 2(0.9) | 0(0.0) | 2(1.2) | 0(0.0) | 4(0.9) |
| 토론 대담 | 토론 | 28(13.2) | 0(0.0) | 20(12.4) | 15(32.6) | 63(14.8) |
| | 대담 | 25(11.8) | 0(0.0) | 4(2.5) | 1(2.2) | 30(7.0) |
| | 계 | 53(25.0) | 0(0.0) | 24(14.9) | 16(34.8) | 93(21.8) |
| 스포츠 | 중계 | 0(0.0) | 0(0.0) | 3(1.9) | 0(0.0) | 3(0.7) |
| | 중계 외 | 0(0.0) | 0(0.0) | 3(1.9) | 2(4.3) | 5(1.2) |
| | 계 | 0(0.0) | 0(0.0) | 6(3.8) | 2(4.3) | 8(1.9) |
| 기타 | 기타 | 7(3.3) | 0(0.0) | 0(0.0) | 6(13.0) | 13(3.0) |
| 계 | | 212(100.0) | 8(100.0) | 161(100.0) | 46(100.0) | 427(100.0) |

통일 관련 아이템을 다루었다. 나머지 44편은 MBC의 <시사매거진 2580>, <신강균의 뉴스서비스 사실은>에서 방송한 것이다. SBS는 보도 장르의 프로그램을 한 편도 편성하지 않아서, 시사 보도적인 관점에서 접근하는 북한·통일 관련 프로그램은 전혀 없었다. 분석 대상에서 뉴스 프로그램이 제외되기는 했지만, 9년 동안 공영방송인 KBS와 MBC에서 방송된 심층 시사보도 프로그램이 총 91편에 불과하다는 것은 통일에 대한 방송사의 관심이 부족함을 잘 보여주는 단면이라 하겠다. 시사적인 관점에서 북한 관련 이슈를 제기하고, 이에 대한 해설과 설명을 덧붙이는 것은 방송의 중요한 기능 가운데 하나인 점을 감안할 때 무엇보다 먼저 개선되어야 한 부분이다.

한편 스포츠 장르의 제작·편성 경향을 살펴보면, KBS1과 KBS2는 스포츠 중계 및 관련 프로그램을 제작하여 편성한 적이 한 번도 없었다. MBC는 마라톤 및 자전거 대회 등을 중계하고 그 외 스포츠 프로그램에서 관련 아이템을 여섯 차례 다뤘으며, SBS는 농구와 월드컵 예선전을 중계한 바 있다. 적은 횟수이지만 MBC와 SBS는 스포츠 중계가 남북을 연결하는 중요한 이벤트로 보고 관련 사업을 전개한 것이다. 반면, KBS는 인종, 국가를 막론하고 공통의 화두가 될 수 있는 스포츠 이벤트를 통한 교류에 있어서 타방송사에 비해 소극적인 태도를 취했다.

북한·통일 관련 프로그램의 장르별 특성을 종합하면, 다큐멘터리와 토론 및 대담 프로그램에 제작·편성 비중이 집중되어 있고, 타 장르에서 북한·통일 관련 프로그램을 제작·편성되는 비율이 낮다. 이는 방송사가 다양한 장르에서 북한·통일 관련 프로그램 제작을 시도하지 않았다는 것을 보여준다. 또한 특별 기획 공연 및 스포츠 프로그램의 비중이 현저하게 낮고, 타 장르보다 많은 수용자에게 소구할 수 있는 드라마와 버라이어티, 오락 장르의 비중이 매우 낮은 것은 아쉬운 점이라 할 수 있다. 그나마 소수 몇 편의 드라마가 북한에서 제작한 것을 특별 방송하였는데, 이는 지향해야 할 방송프로그램 교류 방안의 하나가 될 수 있음을 시사한다. 또한 좀 더 다양한 장르에서 북한·통일 관련 프로그램을 제작하려는 노력이 요구되는데, 특히 KBS와 같은 공영방송사가 스포츠와 같은 대국민 이벤트를 적극적으로 기획·제작하지 않은 것은 개선의 여지가 있음을 보여준다.

### (7) 프로그램의 주제

북한·통일 프로그램의 주제는 외교가 전체 프로그램의 25.8%(110개)를 차지하며, 문화, 군사 및 경제와 문화는 각각 17.8%와 14.1%, 8.9%로 그 다음 순위를 기록한다([표 4-11] 참조). 이밖에 역사, 탈북문제와 자연 등의 주제는 6.8%에서 0.2%까지 고루 분포하고 있다. 앞의 장르 분석에서 살펴본 바와 같이 북한·통일 관련 프로그램들이 대부분 다큐멘터리와 토론, 대담 장르에 치우치다보니 다루는 내용도 외교, 군사, 경제 등 다소 딱딱한 내용이 주를 이루

**표 4-11** 북한·통일 관련 프로그램의 주제

| | KBS1 | KBS2 | MBC | SBS | 계 |
|---|---|---|---|---|---|
| 정치 | 7(3.3) | 0(0.0) | 6(3.7) | 0(0.0) | 13(3.0) |
| 군사 | 33(15.6) | 1(12.5) | 23(14.3) | 3(6.5) | 60(14.1) |
| 외교 | 61(28.8) | 0(0.0) | 37(23.0) | 12(26.1) | 110(25.8) |
| 경제 | 15(7.1) | 1(12.5) | 10(6.2) | 3(6.5) | 29(6.8) |
| 문화 | 31(14.6) | 3(37.5) | 34(21.1) | 8(17.4) | 76(17.8) |
| 탈북문제 | 7(3.3) | 1(12.5) | 9(5.6) | 5(10.9) | 22(5.2) |
| 이산가족 | 10(4.7) | 1(12.5) | 7(4.3) | 0(0.0) | 18(4.2) |
| 자연 | 10(4.7) | 0(0.0) | 9(5.6) | 3(6.5) | 22(5.2) |
| 역사 | 18(8.5) | 0(0.0) | 8(5.0) | 0(0.0) | 26(6.1) |
| 스포츠 | 1(0.5) | 0(0.0) | 7(4.3) | 3(6.5) | 11(2.6) |
| 경제＋문화 | 18(8.5) | 1(12.5) | 11(6.8) | 8(17.4) | 38(8.9) |
| 문화＋탈북 | 1(0.5) | 0(0.0) | 0(0.0) | 0(0.0) | 1(0.2) |
| 기타 | 0(0.0) | 0(0.0) | 0(0.0) | 1(2.2) | 1(0.2) |
| 계 | 212(100.0) | 8(100.0) | 161(100.0) | 46(100.0) | 427(100.0) |

는 경향을 보인다. 장르 속성이 북한·통일 관련 프로그램의 주제와 밀접하게 관련되어 있다는 점을 고려하면, 장르의 경직성이 주제의 경직성에 영향을 미친 것으로 해석된다. 따라서 시청자들이 보다 친근하게 다가설 수 있는 북한·통일 관련 프로그램의 개발을 위해서는 좀 더 새로운 포맷에 다양한 내용을 담아내려는 노력이 이루어져야 할 것이다.

북한·통일 관련 프로그램이 장르별로 다룬 주제를 보면, 다큐멘터리의 경우 외교문제(20.8%)와 군사(13.1%), 문화적인 내용(13.1%)이 주로 제작되었고, 역사, 자연, 경제, 탈북 문제 등도 고루 다루었다([표 4-12] 참조). 보도 장르

**표 4-12** 북한·통일 프로그램의 장르별 주제

| | 다큐 | 보도 | 문화 예술 | 드라마 | 버라이어티(오락) | 토론/대담 | 스포츠 | 기타 | 계 |
|---|---|---|---|---|---|---|---|---|---|
| 정치 | 4(2.2) | 1(2.2) | 0(0.0) | 0(0.0) | 0(0.0) | 7(7.5) | 0(0.0) | 0(0.0) | 13(3.0) |
| 군사 | 24(13.1) | 9(9.9) | 0(0.0) | 0(0.0) | 0(0.0) | 27(29.0) | 0(0.0) | 0(0.0) | 60(14.1) |
| 외교 | 38(20.8) | 34(37.4) | 2(6.5) | 0(0.0) | 0(0.0) | 33(35.5) | 0(0.0) | 3(23.1) | 110(25.8) |
| 경제 | 15(8.2) | 8(8.8) | 1(3.2) | 0(0.0) | 0(0.0) | 5(5.4) | 0(0.0) | 0(0.0) | 29(6.8) |
| 문화 | 24(13.1) | 14(15.4) | 25(80.6) | 4(100) | 3(75.0) | 6(6.5) | 0(0.0) | 0(0.0) | 76(17.8) |
| 탈북 문제 | 15(8.2) | 3(3.3) | 1(3.2) | 0(0.0) | 0(0.0) | 3(3.2) | 0(0.0) | 0(0.0) | 22(5.2) |
| 이산가족 | 11(6.0) | 2(2.2) | 0(0.0) | 0(0.0) | 0(0.0) | 3(3.2) | 0(0.0) | 2(15.4) | 18(4.2) |
| 자연 | 19(10.4) | 3(3.3) | 0(0.0) | 0(0.0) | 0(0.0) | 0(0.0) | 0(0.0) | 0(0.0) | 22(5.2) |
| 역사 | 20(10.9) | 1(1.1) | 0(0.0) | 0(0.0) | 0(0.0) | 5(5.4) | 0(0.0) | 0(0.0) | 26(6.1) |
| 스포츠 | 3(1.6) | 0(0.0) | 0(0.0) | 0(0.0) | 0(0.0) | 0(0.0) | 8(100) | 0(0.0) | 11(2.6) |
| 경제+문화 | 0(0.0) | 0(0.0) | 0(0.0) | 0(0.0) | 0(0.0) | 1(1.1) | 0(0.0) | 0(0.0) | 1(0.2) |
| 문화+탈북 | 1(0.5) | 0(0.0) | 0(0.0) | 0(0.0) | 0(0.0) | 0(0.0) | 0(0.0) | 0(0.0) | 1(0.2) |
| 기타 | 9(4.9) | 15(16.5) | 2(6.5) | 0(0.0) | 1(25.0) | 3(3.2) | 0(0.0) | 8(61.5) | 38(8.9) |
| 계 | 217(100) | 91(100) | 31(100) | 4(100) | 4(100) | 93(100) | 8(100) | 13(100) | 427(100) |

에서도 역시 외교문제를 다룬 프로그램이 가장 많았으며(37.4%), 토론 및 대담 장르도 외교문제(35.5%)와 군사 문제(29.0%)의 비율이 상대적으로 높았다. 이는 앞서 언급한 특정 장르와 주제 간의 관련성에 대한 가정을 뒷받침해 주는 결과이다.

한편 문화예술, 드라마, 버라이어티 오락 프로그램의 경우 문화 주제가 압도적으로 많이 다뤄졌다(각각 80.6%, 100%, 75.0%). 문화를 주제로 하는 연성 프로그램들은 북한 사회에 대한 문화적 이해를 제고시키는 계기가 되며, 두 사회 간의 커뮤니케이션 격차를 줄이는 데 기여할 수 있다. 이러한 점을 고려할 때 향후 문화예술이나 드라마, 오락 프로그램을 통해서 북한의 일상생활과 문화를 다루는 프로그램이 더 적극적으로 제작, 편성될 필요가 있다.

### (8) 프로그램의 시의성

북한·통일 관련 프로그램이 남북 간 교류 사업과 무관한 일반적인 이슈를 아이템으로 다루는 경우는 65.8%로, 북한·통일 교류 및 정책적 시의성이 프로그램에 크게 반영되고 있지는 않았다. 방송사별로 수치가 크고 작은 차이는 있지만 이러한 경향은 대부분의 방송사에서 유사하게 발견되었다. KBS1이 상대적으로 남북 당국 간 교류가 있을 때 즉각적으로 관련 프로그램을 제작하

**표 4-13** 북한·통일 프로그램의 시의성(남북 교류사업과의 관련성)

| 시의성 | KBS1 | KBS2 | MBC | SBS | 계 |
|---|---|---|---|---|---|
| 남북 당국 간 교류 | 25(11.8) | 0(0.0) | 17(10.6) | 1(2.2) | 43(10.1) |
| 민간급 교류 | 7(3.3) | 0(0.0) | 10(6.2) | 0(0.0) | 17(4.0) |
| 남북경제 교류 | 10(4.7) | 0(0.0) | 11(6.8) | 3(6.5) | 24(5.6) |
| 인도주의적 교류 | 3(1.4) | 1(12.5) | 3(1.0) | 3(6.5) | 10(2.3) |
| 문화예술체육 등 교류 | 12(5.7) | 1(12.5) | 29(18.0) | 10(21.7) | 52(12.2) |
| 일반적인 이슈 | 155(73.1) | 6(75.0) | 91(56.5) | 29(63.0) | 281(65.8) |
| 계 | 212(100.0) | 8(100.0) | 161(100.0) | 46(100.0) | 427(100.0) |

는 경향을 보였으며, 주로 이산가족, 6자 회담, 남북정상회담과 같은 국가적 이벤트 및 국가차원의 교류가 있는 시기에 관련 프로그램을 제작하는 특징이 있었다. 반면 MBC와 SBS는 북한과 문화예술체육 등의 교류가 있을 때 관련 프로그램을 제작하는 경향을 보였다. 전반적으로는 남북 교류 사업과 무관한 일반적인 이슈가 더 많았지만 남북 교류 사업과 관련된 주제도 30% 이상을 차지한다는 점을 고려할 때, 북한·통일 프로그램의 제작 및 편성 과정에서 외부적인 요소가 일정 정도 영향을 미친다고 볼 수 있다.

또한 장르에 따라 남북 교류 사업 및 정책적인 문제를 즉각적으로 다루기가 쉬운 장르가 있는가 하면 그렇지 않은 장르도 있다. 흔히 보도 및 토론, 대담 프로그램은 이슈가 되는 남북 교류의 이벤트가 발생할 경우 이를 즉각적으로 반영하기 쉬운 반면, 드라마나 버라이어티쇼는 사전에 방송제작을 위한 특별한 계기가 있어야(양국 간 직접적인 교류가 있을 때) 제작될 가능성이 높

**표 4-14** 북한 · 통일 프로그램의 장르별 시의성

| 장르 / 시의성 | 다큐 | 보도 | 문화예술 | 드라마 | 버라이어티쇼/오락 | 토론/대담 | 스포츠 | 기타 | 계 |
|---|---|---|---|---|---|---|---|---|---|
| 남북 당국 간 교류 | 15<br>(8.2) | 7<br>(7.7) | 1<br>(3.2) | 0<br>(0.0) | 0<br>(0.0) | 18<br>(19.4) | 0<br>(0.0) | 2<br>(15.4) | 43<br>(10.1) |
| 민간급 교류 | 9<br>(4.9) | 6<br>(6.6) | 2<br>(6.5) | 0<br>(0.0) | 0<br>(0.0) | 0<br>(0.0) | 0<br>(0.0) | 0<br>(0.0) | 17<br>(4.0) |
| 남북경제 교류 | 10<br>(5.5) | 8<br>(8.8) | 1<br>(3.2) | 0<br>(0.0) | 0<br>(0.0) | 5<br>(5.4) | 0<br>(0.0) | 0<br>(0.0) | 24<br>(5.6) |
| 인도주의적 교류 | 5<br>(2.7) | 2<br>(2.2) | 0<br>(0.0) | 0<br>(0.0) | 0<br>(0.0) | 2<br>(2.2) | 0<br>(0.0) | 1<br>(7.7) | 10<br>(2.3) |
| 문화예술체육 등 교류 | 21<br>(11.5) | 1<br>(1.1) | 17<br>(54.8) | 1<br>(25.0) | 3<br>(75.0) | 3<br>(3.2) | 6<br>(75.0) | 0<br>(0.0) | 52<br>(12.2) |
| 일반적인 이슈 | 123<br>(67.2) | 67<br>(73.6) | 10<br>(32.3) | 3<br>(75.0) | 1<br>(25.0) | 65<br>(69.9) | 2<br>(25.0) | 10<br>(76.9) | 281<br>(65.8) |
| 계 | 183<br>(100.0) | 91<br>(100.0) | 31<br>(100.0) | 4<br>(100.0) | 4<br>(100.0) | 93<br>(100.0) | 8<br>(100.0) | 13<br>(100.0) | 427<br>(100.0) |

다. 이러한 장르별 특성에 따라 시의성이 다르게 반영되는지를 살펴보면, 시의성을 반영하기 쉬운 장르인 보도 및 토론 대담 프로그램에서 시의적인 문제를 다루기보다는 오히려 일반적인 이슈를 다루는 경우가 많았다([표 4-14] 참조). 그러나 상대적인 비중을 따져보면, 토론 및 대담 프로그램의 경우 다른 장르에 비해 남북 당국 간 교류가 있을 때 이를 시의 적절하게 아이템으로 반영하여 제작하는 경우가 더 많이 발견되었다. 문화 예술 장르의 경우, 실제 공연은 정부 차원에서 문화예술분야의 교류가 있어야 하는 사안이기 때문에 시의성이 높은 장르로 나타났다. 그리고 버라이어티쇼 역시 문화적 교류가 있는 시기에 프로그램이 제작되는 빈도가 높았다. 그러나 드라마의 경우는 오히려 그러한 교류와 상관없이 제작되고 편성되는 경향을 보였다.

## 4. 소결: 논의 및 정책적 제언

북한 · 통일 관련 프로그램의 편성 현황을 살펴보면 KBS1이 관련 프로그램 수와 프로그램 편성횟수가 가장 많으며, MBC, SBS, KBS2가 그 뒤를 잇는다. 전반적으로 모든 채널이 북한 · 통일 관련 프로그램을 일회성으로 제작 · 방영하는 경향이 크며, 상대적으로 KBS1이 다른 채널에 비해 연속기획물의 편성 비율이 높았다. 또한 KBS는 북한 · 통일 관련 프로그램을 KBS1에 집중적으로 편성하는 경향이 큰데, 이는 KBS1은 공익적 성격의 채널로 KBS2는 오락 채널로 각각 차별화된 편성 전략을 펴는 데서 그 원인을 찾을 수 있다.

북한 · 통일 프로그램의 일반적인 편성 특징을 정리해보면 다음과 같다. 먼저 정규 편성 프로그램에서 북한과 통일 관련 주제를 일반적인 아이템으로 다룬 경우가 가장 많고, 그 다음은 특별 편성된 특집프로그램, 정규 편성 프로그램의 특집물 순으로 나타났다. 채널별로 살펴보면 KBS1은 정규 편성 일반 프로그램의 비중이 가장 높고, KBS2는 정규 편성 프로그램 가운데 특집물의 비중이, SBS는 특별 편성 특집 프로그램의 비중이 상대적으로 높다. KBS1은 정규 프로그램을 통해서 일상적으로 북한 및 통일 문제를 더 많이 다룬 반면, KBS2와 SBS는 특집물이나 특별 편성 프로그램을 통해서 특별하게 북한 및 통일 문제를 다루는 경향이 두드러진다는 것을 확인할 수 있다.

프로그램의 제작 주체는 남측에서 제작한 경우가 대부분이며, KBS1의 경우 북측에서 제작한 프로그램을 두 차례 방송한 바 있다. KBS2와 SBS는 단 한 차례도 공동제작 및 북측이 제작한 프로그램을 방송한 적이 없으며, KBS1과 MBC는 각각 네 차례에 걸쳐 공동제작을 성사시켰다.

북한·통일 프로그램의 방송범위는 대부분 남측에서만 방송되었다. SBS는 북한·통일 관련 프로그램을 타 방송사에 비해 적게 제작한 점을 감안할 때 남북 동시방송의 비율은 상대적으로 높은 편이었다.

장르별로는 북한·통일 관련 프로그램에서 다큐멘터리와 토론 및 대담 장르가 차지하는 비율이 높으며, 특히 MBC가 다큐멘터리 장르에서 북한 및 통일 관련 주제를 많이 다루었다. 다큐멘터리 중에서도 북핵 및 한반도 평화 등의 내용을 다룬 외교 다큐멘터리 장르의 비중이 가장 높았다. 토론 및 대담 장르 중 토론의 경우는 KBS2를 제외한 모든 채널에서 고루 제작되었고, 대담 프로그램의 경우는 KBS1에 편중되어 있었다. 보도 장르 역시 KBS1에 편중되어 있었지만, 스포츠 장르(스포츠 중계 및 관련 프로그램)는 KBS1에서 단 한 번도 제작, 편성된 적이 없었다. 장르 분석 결과 다양한 장르에서 북한·통일 관련 내용을 다루고자 하는 방송사의 노력이 부족하다는 점을 확인할 수 있었다. 특히 좀 더 많은 수용자에게 쉽게 접근할 수 있는 드라마와 버라이어티 및 오락 장르의 비중이 낮다는 것은 아쉬운 점으로 지적된다.

북한·통일 프로그램의 주제로는 외교를 가장 많이 다루었고, 그 외 문화와 군사 관련 내용의 비중이 높았다. 이 밖에도 경제, 역사, 탈북문제와 같은 주제가 고루 분포하고 있는데 이와 같은 주제들을 다룬 프로그램 장르는 주로 다큐멘터리와 토론, 대담 장르에 편중되어 있다. 또한 장르별 주제 분포를 살펴보면, 다큐멘터리 장르의 경우 외교문제의 비중이 가장 높고 그 다음이 군사, 문화, 역사적인 내용이었다. 보도 및 토론, 대담 장르 역시 외교 주제의 비중이 높았는데 이는 장르의 특성이 주제 채택과 어느 정도 관련이 있음을 보여준다.

북한·통일 관련 프로그램은 남북 간 교류사업과 직·간접적으로 관련이 있는 것으로 나타났다. 즉 전체 프로그램의 30% 이상이 일반적인 이슈 이외에 교류사업과 관련한 시의적 이슈를 다루었다. 특히 문화예술, 버라이어티쇼는 문화적 교류가 있는 시기에 제작되는 빈도가 높아 시의성이 더 반영되는 경향을 보였다.

종합해보면, KBS1이 북한·통일 관련 내용을 다루는 경우가 많다는 특징이 밝혀졌다. 두드러진 특징으로 지적될 수 있다. 이는 다른 채널에 비해 공익적 성격이 강하다는 특징에서 기인하는 것으로 북한·통일 관련 프로그램이 오락적 성격을 지니는 장르에서는 거의 제작되지 않는 것과도 관련성이 높다. 따라서 향후 북한·통일 관련 프로그램의 장르를 버라이어티 등으로 확대하여 수용자를 더 많이 확보함으로써, 통일 프로그램에 대한 접근성을 높일 필요가 있다. 이러한 시도는 궁극적으로 오락성을 중시하는 다른 채널에서 북한·통일 프로그램의 편성 가능성을 높이는 효과를 수반할 수 있을 것으로 기대된다.

또한 제한된 장르에서 통일 관련 프로그램의 비중이 높았던 것은 주제의 경직성과 관련이 있는데, 즉 북한·통일 프로그램이 다큐멘터리와 토론, 대담 장르에 치우치다 보니, 문화와 예술 등 다양한 주제를 다루지 못하였다. 북한 및 통일 관련 프로그램을 기획하고 편성하는 과정에서 다양한 장르의 프로그램을 적극적으로 개발하다보면, 궁극적으로는 주제의 다양성까지 함께 이끌어낼 수 있을 것이다. 이를 위해서는 보도국, 교양국, 드라마국 등 방송사 내부의 여러 부서에서 각기 다양한 포맷의 북한 및 통일 관련 프로그램을 제작하려는 노력이 더 적극적으로 이루어져야 할 것이다.

뿐만 아니라 남북 교류의 활성화를 도모할 수 있는 이벤트적인 시도들이 부족하였는데, 특히 KBS의 경우 국경을 막론하고 공동의 화두가 될 수 있는 스포츠 이벤트에 소극적이었다. 남북을 하나로 묶을 수 있는 교류 사업 개발과 이러한 사업을 방송 프로그램으로 편성하여 국민적 관심을 이끌어내려는 노력도 방송사에게 주어진 중요한 과제 중 하나이다. 이러한 점을 고려할 때 남북 교류와 관련해서 좀 더 다양한 이벤트를 기획하고 프로그램화하려는 노력이 요구된다.

마지막으로 기존의 북한·통일 관련 프로그램들은 정규 편성 프로그램에서 일반적인 소재로 북한과 통일 관련 내용을 다루면서 일회성에 그치는 경우가 많았는데, 좀 더 장기적인 계획을 가지고 방송에서 통일 이념이 어떠한 방식으로 실천될 수 있을 것인지에 대한 진지한 고민이 이루어져야 할 것이다.

이상의 논의를 토대로, 방송이 프로그램 편성의 차원에서 통일 이념을 실천하기 위해 향후 어떠한 노력을 기울여야 할 것인지 제안해보고자 한다.

### 1) 북한·통일 관련 정규 편성 프로그램의 개선

현재 KBS1와 MBC에서 방송되는 <남북의 창>과 <통일전망대>는 거의 유일한 북한·통일 관련 정규 편성(고정) 프로그램이다. 종합구성의 형식을 취하는 이들 프로그램은 북한의 소식을 알리고 북한 방송물을 소개하고 북한에 대한 기획보도를 하는 꼭지들을 담고 있는데, 이는 1991년의 <남북의 창> 및 <통일전망대>의 구성과 크게 다르지 않다. KBS와 MBC는 공영방송사로서 북한·통일 프로그램을 정규 편성해야 한다는 의무를 형식적으로만 부응할 것이 아니라, 이들 프로그램이 지니는 사회적, 민족적 의미를 좀 더 깊이 있게 고찰하고 동 프로그램의 역할을 스스로 정의하며 이러한 역할을 제대로 수행할 수 있도록 최선의 노력을 다해야 할 것이다.

이들 프로그램의 역할은 북한 사회에 대한 이해 및 통일에 관한 사회적 합의와 여론 조성으로 정의해볼 수 있다. 이러한 역할을 수행하기 위해서는 경직된 포맷을 벗어나서 좀 더 다양한 소재와 주제를 다양한 형식으로 다루어야 한다. 이와 더불어 북한·통일 관련 프로그램을 제작할 수 있는 전문 인력을 양성하는 동시에 제작 규모를 확대함으로써 좀 더 양질의 프로그램을 제작할 수 있는 환경을 갖추어야 할 것이다.

또한 이들 프로그램은 주변 시간대에 편성되어 있어서 많은 시청자들에게 도달되지 못하는 한계를 안고 있다. KBS1 <남북의 창>의 경우 최근 편성 시간대 이동을 통해서 시청률이 크게 상승하는 성과를 거두었으나, 통일 이념의 실천이라는 궁극적 목적에 비추어볼 때 아직은 만족스럽지 못한 수치이다. 북한 및 통일 관련 정규 편성(고정) 프로그램들을 좀 더 좋은 시간대에 편성하여 많은 시청자들에게 도달될 수 있도록 하는 변화가 요구된다.

### 2) 북한 · 통일 관련 프로그램의 진화에 대한 평가

남북 관계가 개선되고 제한적인 형태로나마 교류가 시작되기 이전까지 북한은 방송의 중요한 소재 내지는 뉴스의 대상에 불과하였다. 2000년대 이후 북한과의 교류가 이루어지기 시작하면서 방송사가 북한을 다루는 방식과 내용에 있어서도 조금씩 변화를 보이고 있다. 국가 안보의 차원에서 정치적 군사적 이슈가 주로 다루어지던 과거와 달리 북한의 문화와 생활상 등이 소재로 일부 적용되면서, 문화와 역사, 스포츠 등의 주제를 다루는 프로그램의 비율이 조금씩 증가하고 있는 것이다. 그러나 아직까지는 이러한 변화가 부분적으로만 나타나고 있으며, 더 다양한 주제로 광범위하게 확대되지 못하는 것이 아쉽다.

북한 · 통일 관련 프로그램의 내용 및 범위가 느린 속도이기는 하지만 점차 진화하고 있는 점을 긍정적으로 평가하고, 향후 어떤 방향으로 변화하는 것이 바람직할지에 대한 논의가 좀 더 활발히 이루어져야 할 것이다. 더 나아가 이러한 논의를 통해 도출된 다양한 대안들이 실제로 프로그램의 기획, 제작 및 편성 과정에 적극적으로 반영될 수 있기를 기대한다.

### 3) 프로그램 장르 및 주제의 다양화

프로그램 장르에 대한 분석 결과 통일 관련 프로그램이 시사보도 및 다큐멘터리 장르에 지나치게 편중되어 있는 것으로 나타났다. 이러한 장르의 편중은 북한과 통일 문제를 다루는 시각과 주제, 내용에까지 영향을 미치게 된다는 점에서 개선이 필요하다. 실제로 분석을 통해서 장르의 편중이 주제의 경직성과 관련이 있다는 점이 확인되었으며, 특히 다큐멘터리, 대담, 토론 등의 경성 장르에서는 외교, 안보 등 딱딱한 주제들이 주로 다루어지고 있었다.

방송이 편성을 통해 통일 이념을 실천하기 위해서는 더 많은 시청자들이 북한 및 통일과 관련된 이슈에 관심을 가질 수 있도록 해야 할 것이다. 더 많은 시청자들에게 쉽고 편안하게 다가가기 위해서는 무엇보다도 대중적인 장르에서 좀 더 친근한 소재를 가지고 북한이나 통일 문제를 다룰 필요가 있다. 이러한 점을 고려할 때 북한·통일 관련 프로그램에서 장르 다양화는 반드시 필요한 일이다. 드라마와 버라이어티쇼, 어린이 프로그램 등 좀 더 다양한 장르에서 북한 및 통일 관련 이슈를 재미있고 유익하게 다룰 수 있는 포맷을 적극적으로 개발해야 할 것이다.

### 4) 남북 교류 사업의 개발

2000년 이후 남북 관계의 진전에 따라 북한 및 통일 관련 프로그램은 일정 부분 바람직한 방향으로 진화하고 있다. 방송사가 주체가 되어 남북 문화 교류 사업을 개발하고, 이러한 문화 교류의 현장에 대한 남북 동시 방송을 시도함으로써 남북이 가지고 있는 심리적 거리감을 좁히는 데 기여하였다. 그러나 2000년대 후반 이후 남북 관계가 변화하면서 이러한 교류 사업이 거의 이루어지지 못하고 있는 것이 현실이다.

물론 남북 교류 사업은 정치적인 상황 등 외부적 요인의 영향을 받기 때문에 방송사가 주체적으로 이를 주도하고 프로그램을 편성하는 데에는 한계가 있다. 그러나 스포츠 이벤트나 음악회 개최 등 문화적인 교류 사업은 상대적으로 외부적 요인의 영향을 덜 받는 분야이다. 정치적인 의미를 배제한 문화적인 교류 사업을 좀 더 적극적으로 개발함으로써, 남북 간의 거리를 좁히는 데 방송이 기여해야 할 것이다.

### 5) 북한·통일 관련 프로그램 제작 가이드라인 마련

방송이 북한에 대한 바른 이해와 민족 동질성 회복을 위해서 어떠한 역할을 해야 할 것인지의 상징적 가치에서부터, 구체적으로 프로그램을 통해 그러한 가치를 어떠한 방식으로 구현해야 할 것인지의 실천적 지침을 담은 가이드라인이 필요하다. 현재 각 방송사의 제작 가이드라인 안에 북한 관련 프로그램의 제작 지침이 포함되어 있으며, 한국언론노동조합과 한국기자협회, 한국방송프로듀서연합회가 공동으로 마련한 북한 관련 보도 및 제작 가이드라인이 존재한다. 이들 가이드라인의 내용을 살펴보면, 북한 관련 보도에 있어서 유의할 점들이나 주의 깊게 적용해야 할 표현 등 주로 실무적인 차원에서 유용하게 적용할 수 있는 지침이 제안되어 있다. 그러나 단순히 보도와 제작의 지침으로서의 가이드라인을 넘어서서 북한 및 통일 관련 프로그램의 형식과 내용을 확장시킬 수 있는 발전적 제안을 담은 가이드라인이 요구된다. 개별 방송사나 방송사 연합, 혹은 유관 정책기관이 주체가 되어서 이러한 가이드라인을 마련할 것을 제안한다. 가이드라인 안에는 방송이 구현해야 할 통일 이념이 어떤 것이어야 하는지에 대한 추상적 개념 정의와 더불어, 그러한 추상적 가치가 프로그램의 제작과 편성의 차원에서 어떠한 방식으로 실천될 수 있을지의 구체적인 방향 제시가 함께 담겨 있어야 할 것이다.

# 제5장[1]

# 방송의 통일 이념 실천에 대한 주요 관계자의 인식

통일은 21세기 우리 사회가 지향해야 할 중요한 가치 가운데 하나이며, 사회적 커뮤니케이션의 대표적 매개 수단인 방송이 지향해야 할 중요한 가치이기도 하다. 방송은 통일에 대한 사람들의 태도와 가치관에 영향을 미침으로써 우리 사회의 통일 이념을 형성하며, 통일과정에 대한 다양한 의제를 제안하고 여론을 형성함으로써 통일 관련 담론을 만들어가는 역할을 수행한다. 가치관과 여론 형성에 미치는 방송의 영향력을 고려할 때, 방송은 우리 사회에서 통일의 이념과 가치를 실현하는 주축이 되어야 할 것이다. 이와 관련해서 방송법은 '민족문화의 창달에 이바지(제6조 제6항)'라는 포괄적이고 모호한 의무를 제시하고 있으며, 통일과 관련한 방송의 역할을 구체적으로 규정한 조항은 없다. 다만 개별 방송사의 프로그램 제작 가이드라인에서 통일에 기여할 의무와 북한 보도와 관련한 기본 원칙이 제시되어 있으며(KBS, 2010; MBC, 2010), 한국언론노동조합과 한국기자협회, 한국방송프로듀서연합회가 공동으로 마련한 북한 관련 보도 및 제작 가이드라인이 제안되어 있다.

---

1 이 장은 배진아 · 곽정래 · 윤석민(2009)에 주로 의존하였다.

통일 과정에서 방송이 담당해야 할 기능과 역할에 대해서는 그동안 꾸준히 연구가 누적되어 왔다. 기존 연구에서 제시된 통일방송의 역할은 크게 남북의 상호이해와 화해, 민족 동질성 회복, 통일 이후의 사회통합 등으로 요약된다(이우승, 2006; 이준웅, 2000; 최영묵, 1997b). 또한 기존 문헌에서는 방송의 통일 이념 실천과 방향성에 대한 다양한 시각의 제언이 이루어졌다. 거시적으로는 방송이 남북 커뮤니케이션의 통로 역할을 수행해야 한다는 제안(이광재, 1994)과 사회통합의 매개체가 되어야 한다는 지적(이우승, 1997), 적대감과 불신 해소의 도구가 되어야 한다는 주장(방정배, 1995; 박명진, 1995) 등을 들 수 있다. 2000년대 들어서는 좀 더 구체적인 수준에서 방송의 통일 이념 실천에 대한 연구도 이루어졌는데, 통일 관련 프로그램의 활성화 방안을 제안하거나(이우승, 2000) 구체적인 제작의 방향을 제안한 연구(이우승, 2001a; 2001b; 이주철 외, 2006) 등이 그것이다.

방송의 통일 이념 실천에 관한 그동안의 연구는 통일방송의 내용을 분석하고 통일 이념 실천의 양상을 고찰한 연구(김경근, 1990; 방정배, 1995; 이광재, 1994; 이우승, 2001a; 2001b; 이준웅, 2000; 주창윤, 유선영, 2004), 통일 과정에서 방송의 역할을 규정하고 정책적 방안을 제안한 연구(강대인, 2001; 김영덕, 2008; 김용호·이우승, 2000; 김학천, 2000; 이우승, 1997; 이정춘, 2008; 이주철 외, 2006), 언론인 혹은 방송 전문가에 대한 조사를 통해 이들의 통일 인식을 분석한 연구(김정탁, 1991; 이우승, 1999) 등으로 나누어볼 수 있다. 이들 연구를 통해 통일 이념 실천과 관련한 방송의 역할 규정이 어떻게 이루어졌으며, 우리 방송이 실제 프로그램 및 보도를 통해서 이러한 역할을 얼마나 잘 수행하고 있는지에 대한 평가가 이루어진 바 있다. 그러나 기존 연구들은 통일 과정에서 방송이 담당해야 할 역할에 대한 철학적이고 당위적인 제안을 반복하는 경향이 있으며, 방송사 내부의 실천 환경을 외면한 채 통일방송의 성과를 표면적으로 평가하고 있다는 점에서 한계를 갖는다. 반면 방송 전문가들을 대상으로 하는 일부 인식 조사 연구는 통일방송의 현실을 내부의 시각에서 고찰했다는 점에서 이러한 한계를 극복한 것으로 보인다. 그러나 이들 연구 역시 통일 및 통일 프로그램에 대한 실무자의 인식을 설문조사하여 의견을 파악하는 데 그치고 있으며, 연구가 이루어진 지 오래되어 2000년대 이후 남북 관계 진전에 따른 실무자들의 인식 변화를 반영하지 못하고 있다는 점에서 여전히 한계를 안고 있다.

프로그램의 편성과 내용 등 방송에 의해 이루어지는 다양한 실천들은 방송사 내부 구성원들의 역할 인식과 성향, 능력 등에 의해 영향을 받는다. 방송 전문가 집단의 속성과 방송 메시지의 관계 연구 및 방송 전문가 집단의 인식 연구들(남궁협, 2004; 방정배 · 김재철, 2006; 백영민 · 윤석민, 2005; 손승혜 · 김은미, 2004; 이창현, 1998; 안수근 · 이준호, 2004; 윤석민 · 이철주, 2003)은 이러한 영향을 가정하고 있다. 이에 동의한다면, 방송의 통일 이념 실천 역시 주요 관계자들의 통일방송 인식에 의해 영향을 받는다고 볼 수 있다. 이 장에서는 이러한 가정 하에, 주요 관계자들의 인식을 통해서 방송의 통일 이념 실천을 살펴보고자 한다. 특히 기존 연구들이 주로 거시적인 관점에 머무르거나 외부적인 시각에서 통일방송의 역할과 실천 방향을 제안하는 데 그쳤다고 보고, 좀 더 구체적인 수준에서 주요 관계자들이 인식하고 있는 통일방송의 실천 양상과 문제점, 개선 방안 등을 내부로부터 탐색하기 위해 심층 면접의 연구 방법을 적용하였다. 다음에서는 먼저의 방송의 통일 이념 실천에 관한 기존 연구를 검토한 후, 주요 관계자들의 인식을 탐색하기 위해 적용한 심층 면접 방법에 대해 설명할 것이다. 그리고 이어서 심층 면접 결과에 대한 분석으로서, 방송의 통일 이념 실천에 관한 주요 관계자들의 인식에 대해 심도 있게 논의하고자 한다. 이를 통해 궁극적으로 방송의 통일 이념 실천의 현실을 정확하게 이해하고, 방송이 수행할 수 있는 통일 이념 실천의 구체적인 내용을 제시하며, 더 나아가 방송의 통일 이념 실천을 위한 실용적 방안을 제안하는 것이 본 장의 목적이다.

## 1. 방송의 통일 이념 실천에 관한 기존 연구

### 1) 통일과 방송의 역할

동서독의 통일 과정과 통일 이후의 사회통합과정에서 방송은 동서독 주민 간의 이질성과 사회갈등을 극복하는 데 결정적인 역할을 담당했다(송해룡, 1993; 이우승, 2006; 이준웅, 2000; 최영묵, 1997b; Schmitz, 2000). 방송이 갖는 사회통합의 기능은 독일에서 보듯이 분단국가의 통일과정에서 뿐만 아니라 통일 후 일어난 사회심리적 괴리상태를 극복하는 데 중요한 역할을 수행했다. 분단국의 통일은 상호 이질적인 정치, 사회, 문화 등 사회 전반의 구조를 통합하고 재편하는 작업이며, 궁극적으로 민족의 하나됨을 추구하는 과정으로써 통일 이후에는 한민족의 구성원들에게 자유와 평등, 그리고 존엄을 보장하고 상호일체감을 형성해 국민통합을 이루어내는 것이다(이우승, 2005: 11).

분단 이후 반세기 이상을 상이한 체제에서 살아온 남북한 역시 민족과 언어의 동일성에도 불구하고 많은 점에서 이질적인 문화를 형성해왔다. 민족 정체성 혹은 민족문화 형성이라는 관점에서 통일 과정에서 방송의 역할을 살펴본 최영묵(1997b)은 분단으로 인해 이질화된 남북한이 서로를 알아가고 이해하며 공통의 역사와 민족의 동질성을 회복하여 사회문화적 재통합을 이루기 위한 방송의 역사적 당위성을 주장하고 있다. 이우승(2005)도 방송매체의 사회적 통합기능을 주장하면서 통합은 흡수가 아니라 두 개체가 다양성을 띠고 융화되는 과정이라고 전제하고, 방송이 현재의 남북문제를 바라보는 편협한 시각을 벗어나 남북 간 상호이해를 통한 민족의 화해와 이질감 해소, 동질화라는 미래지향적 방향으로 선회할 필요성을 제기하고 있다. 이준웅(2000)은 기존 연구의 일반론적인 민족동질성 회복을 사회통합과정이라는 맥락에서 재해석하여 연구 결과들을 좀 더 구체적이고 경험적인 차원에서 제시함으로써 통일을 위한 방송의 역할을 강조하고 있다. 방송은 분단을 극복하고 통일하는 과정에서 뿐만 아니라 통일 이후에도 고유의 사회통합기능을 바탕으로 이질적 문화의 뒤섞임에 따른 사회심리적 괴리상태를 극복하는 데 중추적 역할을 수행해야 한다고 보았다.

방송과 같은 매스미디어는 일반적으로 수용자가 직접 체험할 수 없는 사건이나 환경에 대한 정보를 제공하고, 수용자는 이를 토대로 현실을 구성한다. 기능주의적 관점에서 통일과 관련한 언론의 역할은 언론의 현실구성력과 정보제공기능, 그리고 교육기능 등과 관련이 있다(Lasswell, 1948). 이우승(2005)은 방송 이념을 수용자 개인적 차원, 사회 공동체적 차원, 그리고 국가적(민족적) 차원으로 구분하면서 사회공동체 차원에서 방송 이념은 이질성 극복과 다원성 조화로 사회통합이라는 기능을 수행하며, 집단 사이의 갈등과 충돌을 조정하는 역할을 수행한다고 했다. 또한 국가적(민족적) 차원에서 방송이 갖는 이념은 국가(민족공동체)의 유지와 발전에 기여해야 하고, 이러한 방송 이념이 구체화된 방송 행위로는 자유민주주의와 다원주의 원리, 인간존중(인간주의), 인권 · 자유 · 평등의 가치, 국제평화주의, 통일과 민족 자주성 확보 등에 관한 내용으로 나타난다고 했다. 결국 방송이 갖는 이념은 방송이 통일과 무관할 수 없다는 점을 보여줌과 동시에 헌법이 부여하는 의무와 방송의 역할 역시 방송매체가 일정한 이념적 · 정책적 테두리 내에서 통일에 기여해야함을 의미한다고 볼 수 있다.

방송은 통일에 이르는 과정에서 상호 교류 협력의 매개라는 기능적 역할과 함께 통일 이후 민족의 고유성과 흩어져 있는 민족의 역사적 정체성 그리고 문화적 동질성을 확인하고 미래를 함께 이끌어 갈 한민족이라는 인식을 심어주는 데 중요한 역할을 할 것이다(이강수, 1995; 이우승, 2005; 최영묵, 1997b; Schmitz, 2000). 특히 통일 과정에서 민족의 정체성 추구와 민족의 동질성 회복은 남북한 사이에 이미 존재하거나 또는 통일 과정에서 발생하게 될 이질화, 분리, 차별, 불평등 상태를 사회의 총체적 노력을 통해 극복하는 것을 의미하고, 결국은 결속과 통합의 기능이 강한 방송이 이 과정에서 가장 중요한 역할을 할 것이다.

### 2) 방송의 통일 이념 실천

해방 이후 지금까지 방송을 포함한 우리 언론은 법적, 정치적, 자율적 통제에 의해서 북한과 통일 보도에 있어서 반공 이데올로기를 극복하기 어려운 장애물로 인식해왔다. 기존의 반공 이데올로기는 통일을 위한 수단으로의 의미보다는 우리 사회를 억압하고 통제하는 도구로 이용된 측면이 컸고, 이는 북한에서도 동일하게 나타났다(김정탁, 1991; 방정배, 1995). 이러한 상황 속에서 남북한 모두 서로의 체제를 이해하기보다는 적대시함으로써 서로의 기득권 유지에 우선했고, 이 과정에서 언론이 북한을 이질적이고 적대적인 부정적 집단으로 규정하는 데 일정 부분 기여해왔다고 볼 수 있다. 김정탁(1991)은 언론의 현실구성론에 입각해 남북당국의 상대방을 바라보는 시각이 실체적이라기보다는 관념적이며, 사회구성원의 정보 수용도 개방적이기보다는 폐쇄적인 태도로 일관되어왔음을 지적하고, 이러한 과정을 거쳐 형성된 태도는 구성원의 선입관 내지 고정관념으로 고착되어왔음을 밝히고 있다. 방정배(1998)는 방송정책 입안자 및 방송인들이 방송매체를 남북 상호간의 적대관계를 부추기는 도구가 아닌 이해와 커뮤니케이션을 촉진하는 매체로 만들고 사용하기 위해 남북 상호간의 접촉과 교류의 커뮤니케이션 교섭과정을 이해하는 기본인식이 필요하다고 지적했다. 이 밖에도 기존 연구들은 정부 일변도의 정보 독점 공급과 기자들의 통일과 북한에 대한 의식 및 전문성 결여, 그리고 북한에 대한 선정주의적 보도 태도와 프로그램의 내용상의 문제들을 지적하고 있다(김경근, 1990; 방정배, 1995; 이광재, 1994; 주창윤 · 유선영, 2004).

방송이 통일과정에 기여할 수 있는 역할로서 방송의 통일 이념 실천과 방향성을 분석한 기존 연구를 살펴보면, 통일방송이 지향해야 할 가치관과 기본원칙에 대한 방향 제시와 남북의 방송교류 협력 및 프로그램을 활성화시키기 위한 정책적 지원 방안 등에 대한 논의들이 주를 이루고 있다(김영덕, 2008; 김용호 · 이우승, 2000; 김학천, 2000; 박명진, 1995; 방정배, 1995; 이광재, 1994; 이주철 외, 2006; 이정춘, 2008; 이우승, 1997/1999/2001a/2001b).

먼저 방송의 통일이념 실천으로서 통일방송이 지향해야 할 가치관과 기본 원칙에 대해 이광재(1994)는 방송이 거시적 입장에서 통일의 장애요인을 발견하여 제거하고, 의사소통 교류와 거래를 위한 가교의 역할을 수행하며, 남북간 신뢰회복과 민족의 동질성 확대에 원칙을 두어야 한다고 지적했다. 그리고 이를 실천하기 위해서는 평화적 통일을 성취할 수 있다는 자신감을 남북한 구성원들에게 인식시키고, 남북한이 서로의 현실을 인정하도록 이해시키며, 국가이익의 보도가 아닌 민족이익 보도 추진과 통일 이후 한반도의 변화 방향에 대한 올바른 이해 등이 이루어져야 한다고 했다. 또한 이우승(1997)은 통일 과정과 그 이후 사회통합의 매개체로서 방송의 역할을 강조하면서 사회구성원들의 다양성을 보장하는 프로그램의 편성과 함께 사회 구성원들 간에 이해를 증진시키며 상이한 의견 사이에서 합의점을 모색하는 커뮤니케이션 통로가 되어야 한다고 보았다. 통일 이후 남북한 민족의 동질성 회복을 위한 방송의 통일이념 실천에 대해 논의한 방정배(1995)와 박명진(1995) 역시 오랜 분단으로 인한 상호간의 무지, 오해 그리고 적대감과 불신을 해소해 나가는 것이 통일을 준비하는 것인 동시에 통합 후유증과 부작용을 극복하는 길이며, 그것은 언론의 상호교류와 개방에 의해 가능하다고 했다. 특히 통일 이후의 문화적 동질성 회복, 한민족 공동체 문화의 형성이라는 과제를 수행해 나가는 데 있어 방송이 중심적인 역할을 수행할 것으로 보았다(박명진, 1995: 54).

이우승(1999)은 실무자들을 대상으로 북한·통일 관련 프로그램의 문제점 및 개선방안에 대해 설문조사를 실시하였는데, 이들은 가장 시급히 해결해야 할 문제로 관급자료에 의존하는 제작관행을 들었다. 이와 더불어 북한·통일 관련 프로그램을 제작할 때 가장 우선시할 가치관으로 '북한을 독립적인 체제로 인정하고 객관적인 인식하에 실상을 전하려는 데 역점을 두어야 할 것'을 꼽았다. 그는 또한 남북교류시대에 부응하는 북한·통일 관련 프로그램의 방향은 민족의식 고양과 동질성 회복이라는 점을 강조했다(이우승, 2000). 그 이후의 다른 연구에서는 다양성을 중심으로 한 제작 패러다임의 전환이 무엇보다 시급한 과제라고 지적하기도 하였다(이우승, 2001a; 2001b). 진정한 의미의 통일지향적 패러다임 변화는 남북이 동질적인 부분을 확인하는 것이 아니라 서로 다름을 이해하고 인정해가는 과정을 의미한다고 볼 수 있다. 따라서 방송제작자는 다양한 소재와 시각에서 북한에 접근하려는 노력이 필요하며, 이것이 시청자들의 북한관과 통일 의식에 긍정적인 영향을 미칠 수 있다는 것이다(이우승, 2001a; 2001b).

요원하던 남북한 방송교류협력사업은 2000년 9월 KBS의 <2000년 한민족 특별기획-백두에서 한라까지> 생방송으로부터 시작되었다. 이후 2002년 KBS 교향악단의 평양공연과 MBC의 이미자 · 윤도현 공연은 가장 의미 있는 방송교류의 하나로, 이 시기가 패러다임 전환의 시작이라 할 수 있다. 그 이유는 북한 정권 사상 처음으로 남한 측의 공연을 북한 주민들에게 방송한 것이기 때문이다. 2002년 '북핵문제'가 있었지만, 남북 방송교류사업은 지속되었고, KBS의 <전국노래자랑 평양편>과 SBS의 <통일농구대회>는 남북방송교류의 의의를 드높이는 계기가 되었다. 이처럼 남북 방송교류사업은 공동 제작과 공동 방영을 목표로 한다. 실제 북한이 기본적으로 방송을 정치적 선전 도구로 이해하고 있기 때문에, 이것이 쉽지만은 않았다. 그러나 이 목표가 지속되는 것이 바람직하며, 따라서 향후 남북한 주민이 함께 시청할 수 있는 프로그램 제작에 노력을 기울여야 한다. 이러한 맥락에서 국제스포츠 대회 방송지원을 정례화하는 방법도 가능하다(이주철 외, 2006). 또한 이처럼 다양한 남북방송교류의 선례들을 통해 다음과 같은 시사점이 제시되기도 한다(김영덕, 2008). 먼저 남북이 상호 윈윈(win-win)할 수 있는 상업적 접근의 모색을 들 수 있는데, 특히 상업적 활용 가능성이 높은 드라마나 TV애니메이션 분야의 방송제작협력시스템 구축이 요구된다. 다음으로 기존의 다큐멘터리, 예술공연, 스포츠 분야 등 제한적으로 남북교류가 있었던 장르를 확대하여 시청자들이 원하는 신선한 장르의 기획과 소재발굴이 필요하다. 셋째는 지상파방송사에 집중되어 있던 남북공동제작이나 협력의 기회가 지방방송사나 PP, 독립제작사에게도 확대될 수 있도록 제반 환경을 조성해 나갈 필요가 있다. 넷째는 남북 관련 제작물이 안정적으로 유통될 수 있도록 공적기관에 의한 한민족

채널 설립과 같은 접근도 가능하다. 이를 위해서는 법제도적인 환경이 뒷받침되어야 한다. 다섯째는 남북이 공동제작이나 제작협력을 원활하게 할 수 있도록 하는 공간이 요구되며, 이를 위해 남북방송디지털제작센터와 같은 기관의 설립도 고려해볼 수 있다. 마지막으로 제작인력 교류의 정례화 및 방송기술 교류를 통한 제작협력 강화, 남북제작협력 활성화 등의 노력이 요구된다.

결국 남북방송교류의 목적은 오랜 분단으로 인한 남북한의 사회·문화적 이질성을 극복하고 화해와 협력의 평화적 통일 기반을 구축하는 데 있는 것으로 일방통행이 아닌 쌍방향적인 것이어야 한다. 이를 위해 '연립주의적 방송채널'의 공동운영을 제안한 이정춘(2008)은 '남북단일방송통로(channel)'를 통한 방송교류협력 방안을 통일 정책적 차원에서 모색하면서, 동시에 분단의 벽을 넘어 북한사회의 개방과 개혁을 촉구할 수 있는 전략으로서 '한민족 방송가교'의 구상을 현실화시켜야 한다고 주장했다. 그가 말하는 '연립주의적 통합방송채널'은 독일의 ARD에서 착안한 것으로 남북의 정치적 체계와 이념의 대립을 넘어서 통일된 민족국가 성립에 전제되는 민족적 동질감 형성의 가능성을 모색하는 차원에서 추구되어야 한다고 했다. 또한 남북한 통합방송채널은 남북관계의 성숙단계에서 남북한 연립주의에 입각하여 구상될 수도 있으나 통일 후의 방송제도로도 바람직한 방송모델이 될 수 있을 것으로 보았다.

이상의 논의를 종합해보면, 민족의 동질성, 화합을 위한 통일방송은 북한에 대한 객관적인 정보 제공을 통해 올바른 북한관을 세우기 위한 접점을 찾아야 하며, 공통적으로 다양한 통일방송 프로그램이 개발되어야 할 것을 제안하고 있다. 정보(소스)의 다양성, 형식의 다양성, 디지털 시대에 발맞춘 미디어의 다양성이 갖추어져야 할 것이다. 또한 남북제작협력의 활성화를 위한 정부차원의 지원도 필요하지만, 정치적 변수 등 외부 환경에 영향을 받지 않는 남북방송교류와 협력의 장이 마련되어야 할 것이다.

### 3) 방송사 주요 관계자의 인식

방송매체를 포함한 언론인에 대한 인식 연구는 일반적으로 언론인의 의식이나 태도가 언론 메시지에 영향을 미친다는 점을 가정한다(김정탁, 1991). 1980~90년대에 이루어진 언론인의 인식에 관한 연구들을 살펴보면, 언론인의 인구사회학적 특성 및 경력 그리고 언론사 내에서의 활동 등에 관한 연구로서 이러한 연구들은 언론인의 인구사회학적 성격을 규명한 점에서 나름대로의 의미를 갖고 있으나 이 같은 특성이 언론현상과 어떠한 관련성을 맺고 있는지에 대한 규명이 이루어지지 않았다는 점에서 일반적 의미의 언론인 인식 연구를 벗어나지 못한다는 한계를 갖는다(권혁남, 1990; 오인환, 1985; 박흥수, 1989; 이광재 · 한균태, 1991). 따라서 언론인 인식 관련 연구가 제대로 이루어지기 위해서는 언론인의 사회경제적 성격이나 의식이 언론 메시지의 내용이나 콘텐츠 제작, 그리고 조직구성원으로서 태도와 조직문화 등과 어떠한 인과관계를 맺고 있는지에 대한 보다 세부적인 분석이 요구되었다. 이러한 맥락에서 1990년대 후반부터는 방송 실무자 및 주요 관계자 인식 연구의 범위가 방송의 공적 가치와 역할에 관한 인식과 방송사내 부서별 문화 차이와 남녀 차이의 인식, 방송 영향력자의 방송정책에 대한 인식, 그리고 지역방송 공동제작의 필요성과 방식에 대한 인식 등으로 확대되었다(남궁협, 2004; 방정배 · 김재철, 2006; 백영민 · 윤석민, 2005; 손승혜 · 김은미, 2004; 이창현, 1998; 안수근 · 이준호, 2004; 윤석민 · 이철주, 2003).

방송 관련 전문가 집단을 대상으로 공영방송의 공적가치와 역할 인식을 분석한 방정배와 김재철(2006)의 연구에서는 전문가 집단별로 공영방송의 위기인식에 차이가 있었고, 방송 채널별로도 공영방송의 '프로그램과 서비스'에 대한 기대가치, 실현가치 및 존재가치가 각각 다르게 인식되었다. 백영민과 윤석민(2005)의 연구는 방송사 조직 내부의 이질적이고 상호 배타적인 하위문화들의 존재와 그 상호작용에 주목하지 못한 기존연구의 한계를 지적하면서, 부서별 하위문화의 유형을 분류하고 그 유형에 따른 가치지향성의 차이를 보여주었다. 한편 전문화와 조직사회화 차원에서 방송 종사자의 남녀 차이에 대한 인식을 연구한 손승혜와 김은미(2004)는 방송 조직 내에 여성에 대한 사회적 폐쇄 기제가 존재하고 있음을 보여주면서 좀 더 양성 평등한 조직을 만들기 위해서는 다각적인 정책적 접근이 필요함을 주장했다. 방송 조직의 여성 인력 지위에 대한 인식을 연구한 윤석민과 이철주(2003) 역시 방송 조직 내의 공식적 조직구조인 수평적 직무분담 및 직위의 안정성 면에서 여성이 남성에 비해 상대적으로 불리한 위치에 처해 있음을 보여주었고, 조직문화와 비공식적 네트워크 그리고 멘토링 등 비공식적 조직구조 측면에서도 역시 소외현상의 심각성을 보여주었다. 이창현(1998)과 남궁협(2004)은 방송정책결정과정 및 방송뉴스 보도에 미치는 내외적 영향요인에 대한 주요 관계자들의 인식 연구에서 방송 영향력자의 인식을 유형화하였다. 이들 연구는 이념적이고 규범적인 차원에 머물러 있었던 방송정책연구를 보다 실질적인 분석의 차원으로 이끌어냈다는 점과 방송뉴스 콘텐츠에 미치는 영향 요인을 방송기자의 인식과 태도평가를 통해 구체적인 수준에서 제안했다는 점에서 그 의의를 찾아볼 수 있다. 지역방송 전문인을 대상으로 지역방송 공동제작의 필요성과 방식에 대한 인식을 연구한 안수근과 이준호(2004)는 지역방송 종사자들이 대체로 지역 프로그램의 자체제작과 공동제작을 중요하게 인식하면서도 지역민들의 정서를 반영하고, 인력과 비용을 저렴하게 활용하며, 계열사 직원들 간의 유대강화가 이루어지는 공동제작 쪽에 더 큰 가치를 부여한다고 밝히고 있다.

1980년대 이후 방송 관련 주요 관계자들의 인식에 관한 연구들이 다양하고 세부적인 주제들로 외연을 확장해왔음에도 불구하고, 여전히 기존 연구의 주제 범위가 갖는 한계성은 후속 연구의 과제로 남아 있다.

## 2. 방송 주요 관계자들의 인식 연구: 심층 면접

방송사 주요 관계자들의 통일에 대한 인식과 통일 관련 프로그램에 대한 인식 내지 평가를 알아보기 위해 심층 면접을 실시하였다. 방송의 통일 이념 실천과 밀접하게 연계되어 있는 주요 관계자들로는 지상파 방송의 통일 협력 부서 담당자, 지상파 방송의 통일 관련 프로그램 제작 담당자, 북한 대상 민간 방송의 담당자, 정부 유관부처의 담당자를 선정하였다. 현실적으로 통일 협력 업무를 수행하거나 북한·통일 관련 프로그램을 기획·제작하고 있는 방송사는 지상파 방송 3사에 한정되어 있기 때문에, 지상파 방송의 실무자들을 주된 면접 대상으로 하였다. 지상파 방송의 통일 협력 부서로는 KBS의 남북교류협력단, MBC의 통일방송협력팀과 SBS의 남북교류협력단이 있다. 또한 지상파 방송의 통일 관련 정규 프로그램으로는 KBS의 <남북의 창>과 MBC의 <통일전망대>가 편성되어 있다. 각 방송사의 통일 협력 부서 및 제작 부서에서 각 1인의 담당자를 선정하여 심층 면접을 진행했다. 지상파 방송 이외에 북한을 대상으로 하는 민간 방송의 통일 이념 실천에 대해 함께 분석하고자 관련 방송사의 대표도 면접 대상에 포함하였다. 이와 함께 방송을 통한 통일 이념의 실천을 기획하고 지원하는 정부 유관 부처 관계자와의 심층 면접도 실시하여, 정책적인 환경과 현실도 분석에 함께 고려하고자 했다. 면접 대상자들의 통일 관련 업무 경력은 짧게는 1년에서부터 길게 20년에 이르는 등 큰 편차를 보였다. 이는 인력의 순환 근무를 중요시하는 방송사와 특정 분야의 전문 기자 내지 전문가를 육성하는 방송사 등 방송사별 인사 정책의 영향인 것으로 추론된다. 심층 면접 대상자의 목록은 [표 5-1]에 제시된 바와 같다.

[표 5-1]에서 볼 수 있는 것처럼 각 심층 면접의 소요 시간은 약 1시간에서 2시간 정도였다. 면접 내용은 담당 부서의 주요 업무가 무엇이고, 통일방송과 관련해서 어떤 기여를 하고 있으며, 방송사별로 통일 관련 프로그램 제작은 어떻게 이루어지는지에 대한 것이었다. 또한 통일 개념에 대한 기본적인 이해 및 통일 과정에서 방송의 역할에 대한 인식도 함께 질문하였다. 질문지에 근거하여 면접을 실시했으나, 각 대상자의 소속 기관 및 개인적인 성향 등에 따라서 질문의 순서 및 내용을 달리 하였으며 질문지에 포함되어 있지 않은 추가 질문을 던지기도 하였다. 면접 대상자의 동의를 얻어 대화 내용을 모두

표 5-1 심층 면접 대상자

| 순서 | 대상자 id | 소속 | 성별(연령) | 면접 일시(면접 시간) |
|---|---|---|---|---|
| 1차 | A | 지상파방송 통일 협력 부서 | 남(40대) | 2008. 12. 19. 15:30 (2시간) |
| 2차 | B | | 남(40대) | 2009. 1. 13. 15:00 (1시간 30분) |
| 3차 | C | | 남(40대) | 2009. 2. 13. 16:00 (1시간) |
| 4차 | D | 지상파방송 통일 관련 프로그램 제작부서 | 여(40대) | 2009. 4. 17. 17:00 (1시간 30분) |
| 5차 | E | | 남(40대) | 2009. 6. 18. 11:30 (1시간 30분) |
| 6차 | F | 대북 민간방송 | 남(40대) | 2009. 8. 7. 10:30 (2시간) |
| 7차 | G | 통일방송 관련 정부 유관 부처 | 남(40대) | 2009. 8. 12. 16:00 (1시간) |

녹취하여 분석에 활용하였다. 녹취록을 반복해서 읽는 과정을 통해서 주요 관계자들의 인식을 이해하고자 했으며, 연구자들 간의 토의를 거쳐서 심층 면접 내용에 대한 이해를 반추하고 해석하는 과정을 반복하였다.

## 3. 방송 주요 관계자의 통일 이념 실천 과정 및 양태

### 1) 통일 이념 및 방송의 역할에 대한 인식

#### (1) 통일 이념

방송에서 직접 통일 관련 프로그램을 제작하거나 통일 협력 업무를 실행하는 주요 관계자들이 통일 이념을 어떻게 인식하고 있는가 하는 것은 방송의 실천에 직접적으로 영향을 미치는 중요한 요인이다. 이들의 인식은 실제 프로그램의 제작 과정 및 프로그램 내용에 다양한 방식으로 영향을 미치기 때문이다.

주요 관계자들의 통일 이념 인식은 크게 두 가지 특징을 보였다. 경제적이고 실용적인 관점에서 통일을 이해하고 있었으며, 또한 통일이 당장의 당면 과제라기보다는 오랜 기간을 두고 풀어야 하는 장기적인 숙제라고 생각하고 있었다. 이러한 인식은 소속기관이나 직책과 상관없이 전체 면접 대상자들에게서 공통적으로 확인되었다.

먼저, 정치적·이념적 차원에서보다는 안전이라는 실용적인 목적과 비용이라는 경제적인 관점에서 통일을 이해하고 있었다. 북한 체제가 무너지거나 북한이 도발할 경우 우리의 안보와 생존이 위협받기 때문에 이를 막기 위해서라도 북한과 좋은 관계를 유지해야 한다는 것이다. 또한 대북 관계 악화로 지금의 안보가 무너질 경우 감당해야 할 경제적 손실을 고려할 때 화해와 협력을 추구하는 것이 훨씬 더 효율적이라는 것이다. 이러한 인식은 통일에 부여하는 우리 사회의 가치가 정서적이고 감성적인 차원보다는 실용적인 차원에 더 편향되어 있는 현실과 부합하는 것이다.

> "저는 철저히 통일을 돈으로 보자는 거예요. 누구한테 이익이 되느냐. 경제적인 관점으로 보자는 거예요. 첫째는 경제적인 관점, 두 번째는 안보적인 관점, 세 번째는 민족이라는 관점이죠." (면접 대상자 A)

> "체제가 무너질 경우 우리의 안보와 생존, 삶에 가장 위험요소가 된다는 거예요. 그래서 북한을 도와주는 것은 이 체제가 무너지지 않고 틀을 유지하기 위해서라고 봐요. 그것이 우리가 값싸게 시스템을 안정시키는 방법이에요." (면접 대상자 A)

> "북한을 어떻게 감당할 것인가 했을 때 정치적, 경제적인 부담이 있기 때문에 우리가 북한하고 통일 안 되서 못 먹고 사는 것도 없으니 천천히 하자, 그렇게 되는 거죠." (면접 대상자 B)

또한 남과 북이 하나가 된다는 의미에서의 통일은 매우 요원한 일이며, 그에 앞서 남과 북이 서로 소통하고 이해하고 화해하는 과정이 필요한 것으로 보았다. 주요 관계자들의 이러한 인식은 이른바 단계적 통일 방안과 기본적으로 일치하는 것으로서, '민족공동체 통일 방안'에서는 화해와 협력의 1단계, 남북연합의 2단계, 1민족 1국가 통일국가 완성의 3단계가 제안된 바 있다(노중선, 2005: 76-77). 오랜 시간을 두고 북한과 소통하고 북한의 체제 변화를 먼저 이룬 후에 장기적으로 통일을 실현하는 것이 바람직하다는 이러한 관점은, 통일의 실현 가능성 및 통일 이후의 사회 혼란과 경제적 부담 등 현실적인 문제들에 대한 고려에서 비롯된 것으로 이해된다.

"저는 우리 정부에서 발행한 통일백서에 찬성합니다. 정부의 기조도 그렇고 상생 공존 그렇게 얘기하는데, … 그래서 화해협력단계를 거쳐서 연합제나 그런 통일로 가자. 기본적으로 우리 통일 방안이 그렇고, 그에 대해 우리 사회가 일반적으로 합의가 되어 있어요." (면접 대상자 B)

"통일은 당장 생각할 수 없는 주제입니다. 중요한 건 당국 간 정보소통, 그리고 교류가 되어야 해요. 이상적인 통일 시나리오는 북한의 국가 성격을 바꾸는 거죠 … 시간이 오래 걸리겠죠. 우리와 같은 체제로 변화시킨 다음에 합해지는 거죠. 50년이 걸릴지, 150년이 걸릴지" (면접 대상자 E)

"통일은 지금은 안돼요. 서로 지치고 싸우죠. 후세들 몫으로 놔두자는 거예요. 북한도 아이들이 태어나고 세대가 바뀌면 그들이 자라서 선택하는 거예요. 아예 지금 통일이라는 말 꺼내지 말고 서로 간에 잘 살자는 거죠." (면접대상자 A)

### (2) 통일 과정에서 방송의 역할

주요 관계자들은 통일 과정에서 방송의 역할이 중요하다는 점에는 동의하지만, 현실적으로 방송이 통일 이념을 실천하고 통일에 기여하는 데에는 많은 제약이 따른다는 점을 중요하게 지적하였다. 방송이 정부의 대북 정책이나 남북 관계 등에 의해 영향을 받기 때문에 방송사가 스스로 통일 관련 의제를 설정하거나 대북 사업 및 프로그램을 기획하고 실행하기 어렵다는 것이다. 즉 통일 이념의 실천 과정에서 방송이 주체가 되기보다는 외부 요인의 종속변인으로서 소극적으로 기능하는 데 그치는 측면이 있다는 것을 알 수 있다.

> "대북 사업이 되었든 지원이 되었든 교류가 되었든 … 어쨌든 정부차원이든 민간교류든 뭔가 활발히 움직이고 있어야 방송도 되고 하는 거지, 방송이 혼자 움직일 수 있는 일은 없지 않습니까?" (면접 대상자 B)

> "방송사도 결국은 정부의 눈치를 보기 때문에 대통령과 현 집권당이 남북문제에 어떤 입장이냐에 따라 달라지지요." (면접 대상자 A)

> "올해도 역시 일단 현안으로 제일 급한 것은 스포츠 중계 지원 사업이 제일 클 것이고, 근데 그 이외의 다른 사업들은 정국이 어떻게 될지 모르는 판에 아마 현실적으로 계획을 세우기는 어려울 것 같아요." (면접 대상자 C)

2000년대 초반과 달리 최근 방송사의 대북 사업이나 통일 관련 프로그램 제작이 줄어들고 있는 것은 방송사의 의지와 별개로 주변적인 여건에 그 원인이 있다는 지적이다. 방송사의 실천에 북한과의 관계 및 정부의 대북 정책 등 외부적 요인이 중요하게 작용하기도 하지만, 이러한 주변 여건과 관계없이 방송사가 상시적으로 수행해야 하는(또한 수행할 수 있는) 역할이 따로 존재한다. 북한의 현실에 대한 정확하고 지속적인 정보 전달, 통일의 의미에 대한 여론 조성, 민족 동질성 강화를 위한 프로그램 제작 등이 그 예이다. 외부 여건에 의해서 방송사의 통일 이념 실천이 크게 좌우된다는 것은, 방송사 스스로 통일과 관련해서 방송이 수행해야 할 역할에 대한 정의를 가지고 있지 못하다는 것을 의미한다. 독일 통일의 과정에서 동서 분열을 막고 유대감을 강화하는 데 방송이 지속적으로 중요한 역할을 담당해온 점을 감안할 때(Schmitz, 2000), 우리 방송도 외적 요인과는 별개로 꾸준히 수행할 수 있는 방송의 역할을 스스로 규정하고 실천하려는 노력이 요구된다. 실제로 KBS와 MBC의 경우 10대 기획 및 방송지표를 통해 이러한 역할을 공표하고 있기도 하다

**표 5-2** KBS의 방송 철학

| 2004년 10대 기획 | 2008년 방송지표 | 2010년 방송기본방향 |
|---|---|---|
| 1. 시청자가 주인입니다. | 1. 국민의견 수렴과 열린마당 제공 | 1. '공영성 강화'로 수신료의 가치를 높이겠습니다. |
| 2. KBS 대토론 〈대화! 그리고 갈등 극복〉 | 2. 성숙한 시민사회의 실현 | 2. 대한민국의 역사를 되새겨 새로운 '미래 비전'을 제시하겠습니다. |
| 3. 희망의 정치를 만듭시다 | 3. 남북관계의 진전과 한반도 평화정착에 기여 | 3. 고품격·고품질 프로그램으로 세계 속에 'KBS의 가치'를 높이겠습니다. |
| 4. KBS 교육기획 〈학교를 살립시다〉 | 4. 사회적 약자, 소수자와 함께 하는 공동체의식 고양 | 4. 남북관계 진전과 '한반도 평화정착'에 기여하겠습니다. |
| 5. KBS 역사기획 〈불멸의 이순신〉, 〈해신〉 | 5. 유권자 중심의 공정한 선거방송 실시 | 5. 책임 있는 '지구촌의 일원'이 되겠습니다. |
| 6. KBS 역사기획 〈불멸의 이순신〉, 〈해신〉 | 6. 고품격 프로그램으로 KBS 브랜드 세계화 | 6. '하나되는 대한민국'을 응원하겠습니다. |
| 7. KBS 생명기획 〈멸종〉, 〈백령도 물범〉, 〈질병과의 전쟁〉, 〈쌀〉 | 7. 푸른 지구 구하기 | 7. 소외 계층을 배려하고 '사회통합'에 기여하겠습니다. |
| 8. KBS 연중기획 나눔 〈이제는 동반 성장이다〉 | | 8. '시청자'가 주인이 되는 방송을 만들겠습니다. |
| 9. 남북 공동 기획 시리즈 〈고구려의 부활〉, 〈대고구려〉 | | 9. '디지털시대'를 선도하겠습니다. |
| 10. 평화를 위한 제언 〈한반도 평화, 세계는 어떻게 보고 있나〉, 〈한반도 평화의 조건〉, 〈평화 기획-중동〉 | | |

([표 5-2] 및 [표 5-3] 참조). 이러한 선언이 상징적이고 일회적인 구호에 머물 것이 아니라, 구체적이고 지속적인 실천으로 이어질 수 있어야 할 것이다.

이와 관련하여 담당자들 스스로도 방송이 진지하게 일관된 관점을 가지고 지속적으로 민족 동질성 및 통일 문제를 다룰 필요가 있다는 점을 지적하였다. 남북 관계나 정부 정책 등 외적 요인에 의해 영향을 받지 않고, 방송의 통일 실천 방안을 스스로 규정하고 지속적인 관심과 노력을 기울일 필요가 있다는 것이다. 특히 북한의 현실을 우리 사회에 알리는 역할을 넘어서서 우리 내부

**표 5-3** MBC의 방송 철학

| 2003년 10대 기획 | 2008년 10대 기획 | 2010년 시청자에 대한 약속 |
|---|---|---|
| 1. 프로그램 품질평가지수(QI) 개발 | 1. MBC 캐치프레이즈 '시작은 MBC' | 1. 한국 문화생활의 중심 |
| 2. MBC 특별기획 〈2003년 대한민국〉 | 2. 지구환경 보호 프로젝트 | 2. 방송 독립성과 공정성 |
| 3. MBC 연중기획 〈365일 따뜻한 세상〉 | 3. 최고 품질의 디지털 방송 서비스 | 3. 세계화 속에 확고한 문화 정체성 수립 |
| 4. 빈 필하모닉 오케스트라 초청공연 〈한반도 평화기원 콘서트〉 | 4. 한반도의 화합과 번영을 향한 남북 특별기획 | 4. 통일한국을 위한 방송 |
| 5. 월드컵 4강 1주년 특별기획 〈6월의 함성, 대한민국!〉 | 5. 보도 특별기획 〈한국의 미래〉 | |
| 6. 휴전협정 50주년 MBC 특별기획 | 6. MBC 특별기획 드라마 〈에덴의 동쪽〉, 〈선덕여왕〉 | |
| 7. MBC 특별기획드라마 〈대장금〉 | 7. MBC HD 다큐 프로젝트 – 사람과 자연 | |
| 8. MBC 특별기획 〈중국 10부작〉 | 8. 변화하는 세계, 미래전략 리포트 | |
| 9. 〈2003년 세계 물의 해〉 특별기획 | 9. MBC 사회공헌 캠페인 | |
| 10. 건강 사회를 위한 제안 〈내 몸의 여섯 가지 비밀〉 | 10. 건강, 환경, 미디어의 상생 | |

구성원들이 통일에 대해 합의된 의견을 형성할 수 있도록 하는 것을 방송이 담당해야 할 중요한 역할로 인식하였다. 현재의 방송의 역할이 주로 북한의 모습을 알리거나 남북관계에 대한 중요한 사안이 있을 때마다 시사보도성 프로그램을 제작하는 데 그치고 있는 점을 고려할 때, 관련 실무자들의 이러한 지적은 중요한 의미를 갖는다. 담당자들의 이러한 인식에도 불구하고 실제로 현실 속에서 그러한 인식이 제대로 반영되지 못하는 것은, 방송사의 장기적인 목표설정과 기획 부족, 시청률 위주의 편성 등의 관행에서 그 원인을 찾아볼 수 있다.

주요 관계자들이 이해하고 있는 방송의 통일 이념 실천은 구체적으로 세 가지 유형으로 나타난다. 첫 번째는 북한의 현실을 정확하게 우리 사회에 알리는 것이고, 두 번째는 우리 사회 내부 구성원들 사이에서 통일 관련 여론을 조성하고 합의된 의견을 만들어 나가는 것이다. 그리고 마지막으로 방송이 북에 다가갈 수 있는 기회를 확대하여 남과 북이 서로 소통할 수 있는 장을 만드는 것이다. 즉 통일 과정에서 방송이 추구해야 할 소통은 우리 사회 구성원들의 북한 이해, 우리 사회 구성원들 간의 소통과 합의, 그리고 커뮤니케이션 채널 개방을 통한 북한 구성원들과의 소통의 세 가지로 정리된다. 이 가운데 첫 번째 역할과 관련해서는 방송의 실천 노력이 제한적으로나마 이루어지고 있으나, 두 번째 및 세 번째 역할은 제작 여건이나 현실적인 접근 가능성, 제작 인력의 역량 부족 등으로 적극적인 실천이 이루어지지 못하고 있다.

> "일단은 (북한에 관한 정보를) 접해야 한다고 생각해요 … 남북한의 차이가 이미 통역을 필요로 하는 수준이라는 거죠. 언어만이 아니라, 똑같은 얘기를 하지만 그 얘기가 서로 다른 거예요." (면접 대상자 D)

> "제가 보기에는 북한을 (우리 사회에) 알리는 것도 중요하지만 우리 내부를 들여다보고 화해하고 (그런) 부분도 필요하단 생각이 들어요 … 결국은 남한 내부에 정파를 초월한 남북문제를 어떻게 바라볼 것인가에 대한 통일된 의견들이 있어야 해요." (면접 대상자 A)

> "북은 많은 외부 세계의 정보가 들어가서 스스로 정보를 판단할 수 있는 능력을 줘야 되고, 남쪽도 마찬가지로 북한이 자기 미래에 있어서 굉장히 중요한 변수라는 사실을 자각할 수 있어야 (합니다)" (면접 대상자 F)

통일방송 관련 주요 관계자들은 또한 현 단계에서 당장 방송의 통일 이념 실천의 가시적인 성과가 나타나기 힘들지만, 어느 단계에 이르면 방송이 결정적으로 힘을 발휘하고 매우 중요한 역할을 하게 될 것으로 보았다. 독일의 사례에서 볼 수 있는 것처럼, 궁극적으로 통일에 대한 합의된 의견과 여론 조성, 남북의 상호이해와 소통 등의 과정에서 방송이 중심적인 역할을 수행하게 될 것이라고 기대하는 것이다. 북한의 현실을 남측에 알리는 것뿐 아니라 남측의 현실을 북한에 알리는 과정에서도 방송이 중요한 역할을 하게 될 것이고, 궁극적으로 상호 소통의 매개 역할을 할 수 있으리라는 기대이다. 다만 그 시기가 지금이라고 판단하지는 않으며, 남북이 좀 더 소통할 수 있는 남북 연합 단계 등에 이르면 방송이 통일의 과정을 주도하게 될 것이라고 예상하였다.

> "동독 주민들이 서독방송을 봤듯이 어느 정도 단계가 되면 북한 당국이 주민들이 남한 방송을 보는 것을 못 막는 상황이 오지 않겠는가, 그때쯤 되면 남한방송의 통일에 대한 위력이 놀라운 영향력을 발휘하지 않겠나 싶어요." (면접 대상자 B)

## 2) 방송사의 통일 이념 실천 양태

### (1) 통일 관련 부서 현황

방송 3사는 각기 북한과의 협력과 교류업무를 담당하는 부서를 두고 있다. 먼저 KBS는 2000년에 '남북협력단'을 사장 직속 기구로 조직하여 운영하고 있다. 2000년 이전에는 통일방송 관련 연구와 남북방송교류 업무가 각기 다른 부서에서 수행되어 왔으나, 2000년 6·15 정상회담 이후 두 기능을 합쳐서 남북협력단 체제로 운영하고 있다. 남북협력단 체제로의 조직 개편은 KBS가 통일방송에 대한 연구 및 남북방송교류에 대해 중요한 의미를 부여하고 공영방송으로서의 책임을 다하겠다는 의지가 담겨있는 것으로 해석할 수 있다. 그러나 2002년 10월 북핵문제 재발의 영향으로 KBS의 대북 사업 및 북한 관련 프로그램의 개발 등 협력단의 업무가 다소 정체되는 경향을 보이고 있다. 2009년 3월 현재 남북협력단 소속 직원은 8명이며, 단장을 포함해서 4명의 기자와 1명의 PD, 박사급 및 석사급 연구원 각 1명, 행정직 1명으로 구성되어 있다.

MBC는 기획조정실 산하에 '통일방송협력팀'을 두고 있다. KBS와 달리 통일방송에 대한 연구 기능은 가지고 있지 않으며, MBC의 대북 창구로서 북한과 접촉해야 할 일이 있을 때 이를 중재하는 역할을 수행한다. 즉 대북 사업의 전개, 북한 관련 프로그램의 제작 등의 과정에서 북측과 협의하여 사업을 성사시키고 실행하는 전 과정을 총괄하는 전담 부서라 할 수 있다. 2009년 3월 현재 통일방송협력팀은 부장급 팀장 1명과 3명의 팀원으로 구성되어 있다. 특이할 만한 점은 4명의 팀 구성원이 모두 부장 대우 이상의 높은 직급의 사원이라는 것이다. 이는 대북 관련 업무의 속성상 연륜과 경력이 필요하기 때문일 수도 있지만, 회사 내에서 잠시 쉬어가는 부서로서 기능하는 측면이 있기 때문인 것으로 지적되기도 한다. 통일방송협력팀의 구성원이 정기적인 인사를 통해서 자주 교체되는 경향은 이러한 해석을 뒷받침한다.

SBS의 경우 통일 관련 업무를 담당하는 별도의 조직이 사실상 존재하지 않는다. '남북교류협력단'이 존재하기는 하지만 실제로 협력단 소속의 직원은 한 명도 없으며, 대북 지원이나 남북 교류 등의 현안이 생길 경우 임시로 담당 직원을 지정해서 업무를 수행하고 있다. 현재에는 보도국 소속의 특임부장이 남북교류협력단의 단장 직을 겸임하고 있다. 경제적 효율성을 중요하게 고려하는 SBS의 속성상 통일 관련 부서를 따로 마련해서 상시적으로 운영하는 것보다는 사안이 있을 때마다 임시적으로 테스크포스 팀을 구성하여 운영하는 방식을 더 선호하는 것으로 보인다. 이러한 방식은 단지 통일 문제에만 적용되는 것이 아니라, SBS의 기본적인 조직 운영 방침에 따른 것이다.

통일 관련 부서의 운영 현황을 통해서, 방송 3사가 통일과 관련하여 각기 다른 방식으로 사업을 전개하고 있음을 알 수 있다. KBS는 3사 중 유일하게 통일방송과 관련한 연구 기능을 가지고 있으며 가장 큰 규모로 남북협력단을 운영하고 있다. 남북협력단에서는 '아름다운 통일'이라는 홈페이지(tongil.kbs.co.kr)를 통해서 통일 관련 연구 보고서와 관련 프로그램 등을 일반에 공개하고 있다. 특히 통일 관련 프로그램들이 초·중·고등학교 학교 현장이나 일반 교육 현장에서 통일 교육의 교재로 활용되는 것을 돕기 위해서, 교재활용 가이드라인을 제시함으로써 통일 교육 현장을 지원하고 있다. MBC는 다른 방송사에 비해서 대북 지원 사업을 좀 더 적극적으로 전개하고 있다.

**표 5-4** 방송사의 통일 관련 부서 현황

| | KBS | MBC | SBS |
|---|---|---|---|
| 부서 명칭 | 남북협력단 | 통일방송협력팀 | 남북교류협력단 |
| 부서 소속 | 사장 직속 | 기획조정실 | 보도국 |
| 직원 구성 | 8명<br>– 단장 1인<br>– 기자 3인<br>– PD 1인<br>– 박사급연구원 1인<br>– 석사급연구원 1인<br>– 행정직1인 | 4명<br>– 팀장 1인<br>– 국장급1인<br>– 부장급2인 | 1명<br>– 보도국 특임부장 겸직 |
| 주요 업무 | – 통일방송연구<br>– 남북방송교류 | 대북 사업<br>및 교류의 창구 | 사안이 있을 때마다 임시<br>운영 |

MBC 통일방송협력팀에서는 북한 동명 방제사업, 변방(회령, 나진, 선봉, 황주 등) 지원 사업, 용천폭발사고 이후 용천돕기, 북한 아동 돕기(우리민족서로돕기운동본부와 협력), 나무심기(겨레숲) 등의 사업을 전개한 바 있으며, 사업과 연계된 별도의 프로그램을 제작하여 방송하기도 하였다. 그러나 최근에는 남북 관계의 정체로 인해 대북 사업을 거의 전개하지 못하고 있는 실정이다. SBS의 경우 적극적으로 대북 사업이나 통일 관련 업무를 추진하지는 않으며, 국가적으로 중요한 사안이 있을 때마다 임시로 팀을 구성하여 북한 관련 사업에 참여하는 방식을 택하고 있다.

각 방송사의 통일방송 운영현황을 통해서, 방송 3사가 통일 과정에서 방송사의 역할을 각기 다르게 인식하고 있다는 점을 유추해볼 수 있다. 즉 KBS는 공영방송으로서 통일 과정에서 중요한 역할을 수행해야 한다는 의무를 중요하게 인식하고, 연구 및 교육 사업에 주력하는 동시에 다양한 대북 사업을 전개하고 있다. MBC의 경우는 사회적으로 이슈가 될 수 있는 이벤트성 대북지원 사업을 전개함으로써, 통일방송을 통해서 공영방송으로서의 자사의 이미지를 강화하고자 하는 경향이 크다. 한편 SBS는 통일 과정에서 자사의 역할에 대해 큰 의미를 부여하고 있지 않으며, 북한이나 통일과 관련된 이슈를 하나의 뉴스원이나 프로그램 소재 등으로만 인식하는 경향이 있다. 대북 지원 사업은 금전적인 문제로 인해 쉽게 투자하기 힘들다는 것이 SBS의 입장인 것이다. 이러한 방송사 간의 입장 차이는 공영, 민영의 제도적 위상에 따라 방송사에게 부여되는 사회적 책임의 차이에서 비롯되는 것으로 이해된다.

### (2) 북한 · 통일 프로그램의 편성 현황 및 제작 여건

북한 · 통일 관련 프로그램은 사안에 따라 다양한 방식으로 편성되는데, 지상파에서 정기적으로 편성되는 통일 프로그램은 KBS1의 <남북의 창>과 MBC의 <통일전망대>이다. SBS는 별도의 독립 프로그램을 편성하고 있지 않으며, 아침 뉴스 시간의 일부를 할애하여 북한 소식을 다루고 있다. <남북의 창>은 KBS 보도국에서 제작하며 KBS1 채널에서 토요일 오전 7시 35분에서 8시까지 25분 동안 방송된다. 2004년 이전까지는 통일 관련 부서가 따로 있었으나 팀제로 전환되면서 부서가 폐지되고 현재에는 담당 기자만 배정되어 프로그램을 제작하고 있다. MBC의 <통일전망대>는 보도국 정치국제에디터 통일전망대팀에서 제작하며 1명의 총괄책임 프로듀서와 2명의 PD가 담당하고 있다. 매주 월요일 오후 1시 35분부터 2시 15분까지 40분간 방송된다. SBS는 화요일 오전 <모닝와이드> 뉴스 시간에 '평양리포트'라는 제목의 짧은 코너를 두어 북한 뉴스를 다루고 있다. 1990년대에는 통일 관련 정규 프로그램이 편성되어 있었지만, 2000년대 이후 폐지되었다. 통일 관련 프로그램의 폐지 이유에 대해 관계자는 시청률 중심의 경제적 논리의 영향을 중요하게 지적한다.

> "가면 갈수록 여러 가지 호응도가 낮으니까, 광고도 안 붙고 시청률도 낮고 그러니까 점점 축소되는 거죠. 물론 꼭 광고를 받아야 되냐 이렇게 얘기할 수도 있지만 … 방송이 보는 사람이 있어야 하는 거지 안보면 의미가 없지요." (면접 대상자 C)

북한·통일 관련 프로그램의 제작은 최소한의 인원과 예산으로 이루어지고 있다. <남북의 창>은 담당 팀장 1인, 작가 3인, 리포터 2인, 편집 1인 등 6명의 인력이 제작을 담당하며, <통일전망대>는 담당 팀장 1인, PD 2인, 북한방송 모니터 요원 2인 등 5~6명의 인력이 투입된다. 두 프로그램 모두 제작비는 회당 500만 원 내외이며, 이 가운데 상당 부분이 인건비로 충당되기 때문에 실질적인 제작비 규모는 매우 작다고 할 수 있다.

열악한 제작 여건으로 인해서 프로그램 제작 과정에서 다양한 내용을 기획한다든가 적극적인 국내외 취재를 하기는 어려운 실정이다. 따라서 이들 프로그램은 비슷한 포맷에 비슷한 내용을 채우는 관행화된 형식을 벗어나지 못하고 있는 것으로 판단된다. 실제로 통일 프로그램을 제작하고 있는 실무자들은 제작비와 인력의 부족을 가장 큰 어려움으로 꼽았으며, 이러한 여건이 다양한 형식과 내용을 개발하는 데 장애가 된다고 지적하였다.

> "ENG 프로그램이 하나 나가는데 제작비가 너무 적으니까 과감하게는 못가요. 국내 출장도 힘들어요. 출장도 당일로 다녀와야 하고 … 사실 시간이 주어지고 제작비가 주어지면 할 수 있는 일은 얼마든지 많을 것 같아요." (면접 대상자 E)

이러한 방송사의 내부적 여건 이외에도 북한에 대한 직접적인 취재가 불가능한 상황 역시 통일 프로그램을 제작하는 데 장애 요인으로 지적된다. 특히 최근 들어 남북 관계가 경색되면서 북한에 대한 접근과 취재가 원천적으로 제한되고 있다. 이로 인해 북한에 대한 직접 취재를 통해서 생생한 정보와 소식을 전달하기는 사실상 어려우며, 북한에서 방송되었던 영상을 자료 화면으로 하는 코너 구성에 머무르게 된다는 것이다.

> "일단 작년부터 금강산이 완전히 막혔죠. 지금은 완전히 행사 자체도 없고 북한이 예전에는 언론이 들어와서 하는 걸 편법으로 허용해주던 걸 전혀 안 해주고 있는 상황이고, 또 대결적인 구도이고 하다 보니 그게 좀 불가능한 상황이에요." (면접 대상자 D)

"현장이 접근이 안 되는 것, 제한적으로 해왔던 건데 그마저도 안 되니까, 현장과 진실이 기자가 하고 싶은 거죠. 그게 정치적, 현실적으로 접근할 수 없게 되니까 … " (면접 대상자 D)

북한에 대한 접근과 취재가 불가능하기 때문에 취재가 가능한 탈북자 문제가 통일 프로그램에서 자주 다루어지는 경향이 있다. 탈북자 문제가 궁극적으로 통일 과정에서 중요하게 다루어야 할 부분이라는 인식도 있지만, 그보다는 접근의 용이성이 통일 프로그램에서 탈북 문제가 자주 등장하는 요인으로 더 중요하게 작용하고 있다.

"(통일 프로그램에서) 가장 많이 나오는 게 탈북자에요. 일단 그게 소스적으로 우리가 직접 취재할 수 있는 대상이니까 … " (면접 대상자 E)

취재 여건이 열악함에도 불구하고 통일 프로그램을 제작하는 제작진들의 전문성에 대해서는 높이 평가하였다. 통일 프로그램 제작팀이 기자 및 PD들이 기피하는 부서이거나 한직일 것이라는 외부의 시각과 달리, 실제로 기자들 혹은 PD들 스스로 북한 관련 전문가로서 자신을 계발해 나가고 있다는 것이다. 또한 내부의 전문성 부족을 보완하기 위해서 프로그램의 제작 과정에서 외부 전문가의 조언과 자문을 적극적으로 활용하고 있었다.

"방송제작자들이, 가령 우리 쪽에도 북한 관련해서 만드는 사람들은 비교적 정해져 있어요. 기자들이 통일 안보 쪽으로 나가서 뼈가 굵은 사람들이 프로그램을 만들고, PD도 그렇고, 그런 면에서 전문성을 인정할 정도는 갖추고 있다고 볼 수 있죠. 그리고 또 방송이란 게 자신의 시각보다 더 중요한 게 사회 일반적으로 합의가 가능한 시각, 방안의 제시기 때문에 주로 방송은 외부의 전문가를 잘 활용하죠." (면접 대상자 A)

### 3) 프로그램을 통한 방송의 통일 이념 실천

정기적으로 편성되어 있는 통일 프로그램 이외에 북한 관련 다큐멘터리나 음악회 등 비정기적으로 편성되는 북한 및 통일 관련 프로그램에 대한 주요 관계자들의 평가를 분석해본 결과, 이들 프로그램의 주요 역할로 크게 두 가지가 지적되었다. 먼저, 북한에 관한 소식과 정보를 접함으로써 북한을 좀 더 이해할 수 있도록 해야 한다. 이미 남북한의 정서적 문화적 차이가 심해져서 서로를 이해하기 어려운 상황에 도달했으며, 남북 간의 차이를 좁히는 데 통일방송이 기여해야 한다는 것이다. 두 번째는, 통일의 과정에서 우리 사회 구성원들이 무엇을 해야 하는지에 대한 통찰과 제안을 담아낼 수 있어야 한다는 점이다. 첫 번째 역할은 어느 정도 수행하고 있으나 두 번째 역할의 경우에는 제작 여건이나 제작 참여 인력의 역량 부족 등으로 수행에 어려움을 겪고 있다고 볼 수 있다.

> "통일이라는 것은 하나의 과정으로써 … 그 과정에 기여하는 게 저희 프로그램의 역할이다. 그리고 지금 우리가 처한 모순은 뭐고 그것을 극복하기 위해서는 뭘 해야 하는 건지, 어떻게 해야 하는 건지 이런 모든 것들을 복합적으로 이해할 수 있는 통찰을 담길 원하지만 그런 것들이 잘 반영되고 있는지는 잘 모르겠어요." (면접 대상자 D)

통일 프로그램에 대한 면접 대상자들의 공통적인 문제 인식은 '재미가 없다'는 것이었다. 방송 프로그램의 기본적인 요건 중 하나가 많은 사람들이 재미있게 보고 공감할 수 있어야 하는데, 통일 프로그램에서는 이러한 부분이 부족하다는 것이다. 통일 프로그램이 재미없는 이유로는 새로운 시도를 통해서 프로그램에 재미를 더하고자 하는 제작진의 노력이 부족하다는 점을 지적했다. 정규 편성되어 있는 통일 프로그램의 경우 소수의 인원이 매주 25분 내지 40분 분량의 프로그램을 반복해서 제작해야 하다 보니, 현실적으로 새로운 아이디어를 내고 새로운 시도를 하기 힘든 여건이라는 점도 중요한 원인으로 지적되었다. 제작진의 창의적인 노력 부족 및 열악한 제작 여건이 통일 프로그램의 경쟁력을 낮추는 주요 원인으로 인식되고 있음을 알 수 있다.

이와 관련하여 향후 통일 프로그램의 제작 방향에 대해서는 무엇보다도 '재미있는' 프로그램을 만들어야 한다는 점을 중요하게 지적하였다. 아무리 좋은 내용을 담고 있더라도 시청자들의 관심을 끌지 못한다면 의미가 없다는 것이다. 따라서 시청자들의 흥미를 유발하면서 북한에 대한 관심을 넓히고 소통할 수 있는 내용을 담아낼 필요가 있다는 점을 강조하였다.

> "저는 기본적으로 재미있고 볼 일이라는 생각을 합니다. 재미없는 요소들은 확 빼고 재미있게 가는 거, 일단 어느 누가 명작을 매 주 만들어 내겠습니까? 그런 차원에서 매주 나오는 규칙적인 프로그램은 흥미로운 주제를 잡아내서 시청자가 다음 주에도 또 보고 그런 게 중요하지 않을까 그런 생각이에요." (면접 대상자 B)

한편 재미있는 포맷을 개발하고 내용적 재미를 더하기 위한 노력을 기울이는 것도 중요하지만, 인기 장르의 프로그램 제작을 통해서 흥미를 높이는 것도 유용할 것이라는 의견도 있었다. 딱딱한 정보 및 다큐멘터리 장르를 벗어나서 드라마나 버라이어티 쇼와 같이 시청자들에게 좀 더 쉽게 다가갈 수 있는 오락 장르에서 통일 프로그램을 제작할 필요가 있다는 것이다. 즉 통일 프로그램 장르의 다양화를 통해서 시청자들에게 좀 더 친근하게 다가가는 전략을 제안하였다.

> "다큐멘터리 열 개를 만들어도 안 바뀌어요. 그런데 사람들은 인기 있는 드라마에서 그걸 보여주면 영향을 받거든요 … 드라마나 이런데서 그걸 본격적으로 다루라는 게 아니고 그런 걸 밑에 깔아서 보여주는 게 훨씬 빠를 거예요." (면접 대상자 C)

이와 함께 다양한 시도를 통해 시청자들에게 북한 및 통일에 대한 관심을 환기시킬 필요가 있다는 점도 중요하게 지적하였다. 방송사 스스로가 다양한 아이디어를 내서 시청자들의 관심을 끌 수 있는 이벤트를 기획해볼 필요가 있다는 것이다. 이러한 이벤트성 프로그램의 기획과 제작은 방송사가 통일 이념을 실천할 수 있는 적극적인 방법인 동시에 시청률이나 방송사 이미지 제고 차원에서도 방송사에 도움이 되는 방법으로 인식되고 있었다.

"남북방송교류사업이 잘 된다면 좀 더 관심을 열어줄 수 있는 영역이 많이 있지 않을까 그런 생각입니다. 가령 북한과 함께 노래 프로그램도 같이 만들고 … 남북 학생들이 같이 나온다던가 하면 사람들이 좀 더 관심을 가질 수 있고, 그리고 이벤트성 프로그램이 의외로 중요해요. 사람들이 무슨 일이 있다고 해야 방송을 보니까 … " (면접 대상자 B)

재미 요소 이외에 방송사 내부의 실무자들이 고민하고 있는 것은 통일 프로그램이 어떤 시각을 견지해야 하는가 하는 것이었다. 북한을 적으로 보고 반공 사상을 고취하는 내용을 담아야 할 것인지, 남과 북이 하나의 민족이라는 관점에서 민족 동질성을 회복할 수 있는 관점을 견지해야 할 것인지, 북한의 실상을 객관적으로 전달하는 데 초점을 맞추어야 할 것인지 등의 방송이 취해야 할 관점에 대해 고민하고 있는 것이다. 실제로 같은 내용에 대해서 정치적 이념적 성향이 다른 시청자들이 매우 다르게 반응하기 때문에 이러한 고민이 더욱 커지는 것이 현실이기도 하다.

"온 국민들의 북한 인식이 중요한데 무조건 북한을 적으로 보기도 그렇고 동족으로 볼 수도 없는 거거든요. 그게 굉장히 딜레마잖아요. 북한 정권의 성격에 대해서나 그런 것에 대해서 국민들이 정확히 봐야겠죠." (면접 대상자 E)

"북한 프로그램을 보면 시청자들의 반응은 극과 극이거든요. 어떤 분들은 그걸

액면 그대로 받아들이는 분들도 간혹 있어요. 그리고 굉장히 보수적인 분들은 저런 걸 왜 틀어주느냐고 다 빨갱이들 거짓말이라고 말씀하시는 분들도 있어요." (면접 대상자 D)

방송사 내부 담당자들의 이러한 고민에도 불구하고 통일 프로그램이 어떤 관점과 시각을 가져야 할 것인지, 북한의 모습을 어떻게 보여주어야 할 것인지에 대한 명확한 해답을 찾지는 못하고 있다. 이는 앞서 언급했듯이 남북 관계가 어떤 상황인지, 정부의 대북 정책이 어떠한지 등에 따라 통일 프로그램의 시각이 영향을 받고 있기 때문이기도 하다. 이에 대해 심층 면접에 응한 대상자들은 통일과 방송의 역할에 대한 사회적 공감대가 마련될 필요가 있다는 점을 지적하였다. 학계의 연구나 사회적 논의를 통해, 통일 이념의 실천 과정에서 방송이 담당해야 할 역할에 대한 구체적인 논의들이 이루어져야 한다는 것이다. 즉 지금까지의 연구 및 논의는 철학적이고 개념적인 차원에서 이루어졌다면, 앞으로는 구체적인 내용과 방법론의 차원에서 통일 이념 실천 방향에 대한 논의 및 사회적 합의가 이루어질 필요가 있다는 지적이다.

"통일방송, 북한관련 방송이 다루어야 할 것들이 어떤 것들인가에 대한 공감대가 필요하다고 생각해요. 북한의 현실을 보여주는 게 어떤 것인가 하는 것에 대해서 어떤 분들은 반공 프로그램이어야 한다고 생각하시는 거구요. 어떤 분들은 정말 북한을 뜨거운 가슴으로 이해해야 된다고 보는 경우도 있어서요." (면접 대상자 D)

주요 관계자와의 면접 내용에 대한 분석을 통해, 통일 프로그램을 제작하는 과정에서 은연중에 정부의 대북 정책이 반영되는 경향이 있음을 확인할 수 있었다. 제작자들은 나름대로 균형을 유지하면서 통일 프로그램을 제작하기 위해 노력하지만, 지금의 정부가 통일 프로그램에 대해 무엇을 요구하고 있는지에 대해 민감하게 반응하였다. 일부 제작자들은, 현 정부가 '방송이 북한의 의도와 문제점들을 정확하게 지적해줌으로써 반공 교육을 하는 역할을 수행해주기를' 바라고 있다고 인식하고 있었다. 이러한 인식은 프로그램의 제작 과정에서 다양한 방식으로 반영될 것으로 추론된다.

"지금 정부에서는 통일방송이 되기보다는 반공방송이 되길 원하고 있거든요. 교육 자체가 통일 교육이 아니라 반공 교육입니다. 지금은 … 북한과의 대치상황에 대한 분명한 인식, 현실은 이러하고 북한의 의도와 문제점은 이러하며 이런 것들에 대한 것을 저희가 반영해주기를, 국민교육이 그런 방향으로 이루어져야 한다고 생각을 하고 있는 것 같아요." (면접 대상자 D)

통일 프로그램의 제작자들은 또한 북한 관련 내용을 다룬다는 점 때문에 다른 프로그램보다 더 조심스럽게 자체 심의를 하고 있었다. 사소한 음향이나 수식어 등이 북한을 미화하거나 찬양했다는 이유로 문제가 되곤 하기 때문이다. 따라서 제작자들은 용어 선택과 음향 사용 등에 더욱 신중을 기하며, 북한에서 방송되었던 자료 화면을 선정할 때에도 각별히 주의를 기울인다. 더 나아가 통일 프로그램에서 다루는 내용들이 남북 간의 불신을 초래하거나 갈등을 부추기는 단초가 되지 않도록 조심하면서, 남북 간의 상호 이해를 도모할 수 있는 방향으로 내용을 구성하기 위해 노력하고 있었다. 이러한 신중한 접근은 통일 프로그램의 부작용을 최소화한다는 점에서 긍정적이지만, 새로운 문제 제기를 하고 통일에 대한 적극적인 담론을 만들어가는 등의 적극적인 실천을 하기 어려워진다는 점에서는 부정적인 측면이 있다.

"김정일 김일성에 대한 수식어 같은 것들은 정서적으로 저희가 자체심의를 하죠 … 현실을 반영하되 분란을 초래하는 정치적 방향성을 가져서는 안 된다는 것 … 그리고 남북이 서로 삿대질을 한다고 해도 … 상처를 덧내기보다는 치유할 수 있는 … " (면접 대상자 D)

통일 프로그램의 편성을 의무화하거나 케이블이나 IPTV 등 채널 용량이

풍부한 매체에 통일 관련 전문 채널을 형성하는 등의 방송의 통일 이념 실천을 위한 정책 도입에 대해 주요 관계자들은 대체로 긍정적인 의견을 보였다. 분단국으로서 방송이 통일을 의무적으로 다루도록 규제하는 것은 당연하다는 것이다. 그러나 통일 프로그램의 편성 의무 규정이 자칫 최소한의 정해진 시간만을 소극적인 내용으로 때우는 부작용을 낳게 될 것을 우려하기도 하였다. 이러한 점을 감안한다면 편성 비율 규제보다는 통일 프로그램의 제작을 독려하고 지원하는 정책이 방송의 통일 이념 실천을 현실화하는데 실질적인 도움이 될 것이라는 지적이다. 한편 통일 전문 채널의 도입에 대해서는 전반적으로 긍정적인 의견을 보였지만, 방송사 내부의 실무자들은 관련 콘텐츠 부족이라는 현실적인 문제에 대해 염려하는 반면 정책 당국의 전문가는 정치적으로 민감한 내용이 방송될 것을 우려하였다.

> "(통일 전문 채널에 대해) 저는 취지는 좋고 그렇게 해야 된다고 생각하는데… 쉽지는 않을 것 같아요 … 정치적인 건 빼버리고 사람 사는 거라든지 문화적인 면 이런 부분을 하면 참 좋은데 그런 부분이 될지는 모르겠어요." (면접 대상자 G)

마지막으로 통일 프로그램의 제작을 담당하는 실무자들은 프로그램의 사회적 영향력이 부족하다는 점을 가장 아쉬운 점으로 지적하였다. 주변시간대에 편성되어 있기 때문에, 통일에 관해 아무리 중요하고 의미 있는 내용을 다루고 있더라도 많은 시청자들에게 도달할 수 없다는 것이다. 또한 통일 프로그램에서 지적하는 남북 관계에 대한 여러 가지 문제점들이나 탈북자들의 정착에 관한 제안들이 정책 입안자들에게 영향을 미쳐서 사회적인 반향을 일으키는 경우도 매우 드문 것이 현실이다. 통일 프로그램이 의무적으로 꾸준히 제작되어 오고 있기는 하지만, 사회 구성원 및 정책 입안자들에게 거의 영향을 미치지 못하고 있다는 점은 통일 프로그램의 실질적인 사회적 역할과 기여에 의문을 품게 한다.

"시간대가 소리 없는 메아리죠. 그리고 방송이 영향력이 있어야 하는데 그게 없는 부분이 있으니까. 반향 같은 것 … " (면접 대상자 D)

## 4. 소결: 논의 및 정책적 제언

이 장에서는 주요 관계자들과의 심층 면접을 통해서 방송의 통일 이념 실천 양태를 살펴보았다. 주요 관계자들이 통일이념 및 통일방송의 역할에 대해 어떻게 인식하고 있는지 살펴보고, 각 방송사의 통일 관련 부서 현황과 통일 프로그램 편성 현황, 제작 여건 등에 대해 알아보았다. 또한 주요 관계자들은 북한 · 통일 관련 프로그램에 대해 어떠한 평가를 하고 있으며 방송의 통일 이념 실천 방향에 대해서는 어떠한 의견을 가지고 있는지도 함께 고찰하였다.

먼저 주요 관계자들은 통일을 민족의 사명이나 단결 등 가치 지향적이거나 감성적인 관점에서 이해하기보다는 실용적이고 경제적인 관점에서 이해하는 경향이 있었다. 또한 통일의 시기에 대해서는 당장 이루어지기보다는 오랜 세월을 두고 남과 북이 소통하는 과정을 거쳐서 장기적으로 실현되어야 한다는 시각을 갖고 있었다. 통일 과정에서 방송의 역할은 정부의 대북정책이나 남북관계 등 외부적 요인에 의해 좌우되고 있어, 방송사 스스로 통일 이념 구현에 대한 역할 정의 및 실천을 하지 못하고 있음을 알 수 있었다. 실무자들은 통일 과정에서 방송의 역할을 크게 세 가지로 나누어 제안하였는데, 우리 구성원의 북한 사회에 대한 이해, 우리 구성원 간의 합의와 여론 조성, 북한 사회와의 커뮤니케이션이 그것이다.

방송 3사는 각각 통일 관련 부서를 두고 있는데, 각 방송사별로 부서의 규모와 통일방송에 대한 역할 인식 등에 차이를 보였다. KBS는 공영방송으로서 통일 이념의 실천을 중요한 과제로 인식하고 있었으며, 이와 관련한 다양한 사업 전개와 프로그램 제작에 대해 책임감과 동시에 부담을 가지고 있었다. MBC도 KBS와 유사한 부담감을 가지고 있었지만, 통일 관련 사업을 방송사의 사회적 이미지를 제고하거나 공영방송으로서의 위상을 강화하기 위한 수단으로 인식하는 경향이 있었다. SBS의 경우에는 다른 두 방송사에 비해서 통일방송과 관련한 제작 및 사업 전개에 있어서 경제적인 부분을 중요하게 고려하고 있었다.

정규 편성되는 북한·통일 관련 프로그램으로는 KBS1의 <남북의 창>과 MBC의 <통일 전망대>가 있다. 이들 프로그램은 최소한의 인력 및 비용 투자가 이루어지는 열악한 여건 속에서 제작되고 있었다. 제작진들은 이로 인해 관행화된 포맷과 내용을 크게 벗어나지 못하는 범위 내에서 통일 프로그램을 제작하고 있었다. 또한 북한에 대한 직접적인 취재가 불가능한 상황에서 북한 관련 소식을 다양하고 정확하게 담아낼 수 없는 한계를 안고 있었다. 방송사 통일담당부서와 제작부서 간의 인식 차이도 발견할 수 있었다. 통일부서 담당자들은 방송사의 통일 관련 의무가 프로그램을 통해서만 드러나는 것이 아니라 북한을 대상으로 하는 다양한 대북 사업의 전개를 통해서 달성될 수 있다고 보는 반면, 제작부서의 실무자들은 구체적인 프로그램 내용을 통해서 통일 이념을 실천해야 한다는 입장을 가지고 있었다. 또한 제작부서와 통일 관련 부서 간에 긴밀한 협조 체계가 구축되어 있지 않아서, 대북 사업이나 통일방송 관련 연구 성과 등이 프로그램 제작에 유기적으로 반영되지 못하고 있는 현실도 확인할 수 있었다.

통일 관련 프로그램의 문제점으로는 재미가 없다는 점, 장르가 다양하지 못하다는 점이 지적되었으며, 향후 재미 요소를 더하고, 드라마나 오락 영역으로 장르를 확장하며, 이벤트 기획 등을 통해 시청자들의 눈길을 끌기 위한 노력이 필요하다고 보았다. 제작 현장에 있는 실무자들은 통일 프로그램이 어떤 관점을 견지하는 것이 바람직할 것인지에 대해 진지하게 고민하고 있었다. 반공의 관점으로부터 북한 사회에 대한 간주관적 이해에 이르는 다양한 관점의 스펙트럼 내에서 어느 지점에 위치하는 것이 가장 바람직할 것인지 끊임없이 의문을 제기하면서 제작에 임하고 있었다. 제작진의 이러한 고민과 노력에도 불구하고 가장 아쉬운 점으로 지적되는 것은, 통일 프로그램이 시청자와 정책 입안자들의 주목을 끌지 못하기 때문에 사회적 반향을 일으키지 못한다는 것이다.

통일 프로그램 제작자들은 또한 통일 프로그램이 구체적으로 어떤 내용을 어떤 관점을 가지고 다루어야 할 것인지에 대한 이해가 부족해서, 프로그램 제작에 어려움을 겪고 있었다. 방송이 통일 관련 프로그램을 통해서 어떤 역할을 해야 할 것인지, 구체적으로 어떤 관점에서 어떤 내용을 다루는 것이 바람직할 것인지에 대한 가이드라인 제시가 필요하다는 것이다. 추상적인 차원에서 통일 프로그램의 역할만 제안할 것이 아니라 방송이 통일에 기여할 수 있는 방법을 좀 더 구체적인 포맷과 내용, 관점 등의 차원에서 제안할 필요가 있다는 것이다. 이를 위해서는 통일방송에 대한 심도 깊은 연구 내지는 사회적 논의가 이루어져야 할 것이다.

이러한 일련의 논의를 토대로 방송이 통일 이념을 실천할 수 있는 현실적인 방안과, 이를 지원할 수 있는 정책적 방안이 다음과 같이 제안될 수 있다.

### 1) 방송사의 역할 인식

방송의 통일 이념 실천의 필요성과 구체적인 실천 방법에 대한 방송사 차원의 이해와 인식이 매우 중요하다. 실무를 담당하고 있는 담당자들이 통일 과정에서 방송의 역할에 관해 다양한 아이디어를 가지고 있음에도 불구하고, 회사 차원의 경제적 인적 지원이 부족하기 때문에 실제로 이를 구현하는 데 어려움을 겪고 있다. KBS와 MBC의 경우 10대 기획이나 방송지표 등을 통해서 통일과 관련한 자사의 역할을 규정하기도 하지만, 실제로 이러한 역할이 어느 정도 실천되고 있는지에 대해서는 확인이 어렵다. SBS의 경우는 통일 과정에서 자사의 역할이 특별히 강조되기보다는 북한 및 통일 관련 이슈를 하나의 뉴스 차원이나 프로그램 소개 정도로 생각하는 경향이 있다. 방송사 스스로 통일의 과정에서 어떤 역할을 수행할 것인지를 먼저 정의하고, 그러한 역할 수행을 위해 대북 사업 전개 및 방송 프로그램 제작의 차원에서 어떤 노력을 기울일 것인지에 대한 구체적인 실행 방안이 마련되어야 할 것이다. 또한 그러한 실천이 이루어졌다면, 이를 점검하고 평가하는 과정도 함께 뒤따라야 할 것이다.

### 2) 방송사 내 통일 관련 조직 마련 및 전문가 양성

방송3사는 각기 통일 관련 부서를 두고 있지만, 그 성격은 방송사마다 크게 다르다. KBS의 남북협력단은 사장 직속 기구로서 8명의 직원을 두고 있으며 특히 박사급 및 석사급 연구원 등 전문 인력이 포함되어 있다. 반면 MBC는 4명의 팀원으로 구성된 통일방송협력팀을 기획조정실 산하에 두고 있으며, SBS의 경우 형식상의 남북교류협력단을 가지고 있다. 또한 통일 프로그램의 제작을 담당하는 부서가 따로 없고 보도국 내의 일개 팀에서 담당하다 보니, 프로그램의 내용과 형식에 변화를 주는 등의 새로운 시도를 하기 힘든 측면이 있다. 특히 KBS의 경우 2004년 보도국이 팀제로 전환하면서 '통일부' 자체가 없어지면서 통일 관련 업무 및 프로그램 제작에 대한 책임 있는 관리가 어려운 형편이다. 통일 과정에서 방송이 제 역할을 다하기 위해서는 담당 부서의 인원과 기능 등 위상을 좀 더 강화해야 할 것이다.

한편 방송사 내부에서 통일 이념 실천을 담당할 수 있는 전문가를 양성할 필요도 함께 제기된다. 열악한 환경 속에서도 통일방송 담당자들은 스스로의 전문성에 대해 자부심을 가지고 있었다. 스스로를 통일방송 분야의 전문가로 규정하고, 관련 지식과 노하우를 축적하기 위해서 부단히 노력하고 있는 것이다. 그러나 면접 대상자들은 잦은 인사로 인한 통일 관련 부서의 담당자 교체가 통일 전문가의 육성을 더욱 어렵게 만든다는 점을 중요하게 지적하였다. MBC는 통일 전문 기자를 육성하여 내부의 통일 실천 과정에 활용하고 있기는 하지만 숫자적으로 턱없이 부족하며, KBS의 경우에도 남북협력단에 박사 및 석사급 연구원과 직원 등을 두어 통일방송 연구 및 남북방송교류를 시도하고 있으나 방송 프로그램의 편성 및 제작 부서와 원활하게 연계되지는 못하고 있다. 방송이 통일 이념 실천의 방향을 정확히 설정하고 이에 따른 구체적인 계획을 수립하기 위해서는 내부 전문가 확보가 무엇보다 시급하다 하겠다.

### 3) 지속적인 통일 관련 사업 전개 및 프로그램 편성

방송사의 통일 이념 실천은 남북 관계 및 정부의 대북 정책에 의해 영향을 받고 있다. 그러나 방송사의 통일 관련 업무의 양과 내용이 외부 요인에 의해 달라지는 것은 바람직하지 못하며, 방송사는 나름대로의 통일 이념 실천을 위한 방향을 설정하고 지속적인 노력을 기울일 필요가 있다. 독일의 경우 1986년 동서독 간 문화협정이 체결되어 서독 미디어의 동독 주민에 대한 접근이 증가하였으며, 텔레비전과 라디오는 서독의 문화를 동독으로 전파하여 독일 통일을 촉진시키는 데 중요한 역할을 담당한 바 있다. 또한 대만과 중국의 통합 과정에서도 영화와 텔레비전 프로그램의 지속적인 교류가 양국의 문화적 이질감을 해소하는 데 중요한 역할을 수행하였다. 이러한 해외의 사례들을 참고하여, 방송이 지속적으로 꾸준히 전개할 수 있는 통일 관련 실천들을 발굴해 나가야 할 것이다. 남북방송교류를 정례화하거나 북한 관련 프로그램의 정규 편성 비율을 높이는 것이 그 방안이 될 수 있다. 이와 관련하여 한 관계자는 일기예보와 같은 작은 것에서부터 북한을 포함시켜 동질성 회복에 한 걸음씩 나아가보자는 제안을 하기도 했다. 일기예보와 같은 사소한 것에서부터 남북 공동제작과 같은 큰 이벤트에 이르기까지 다양한 차원에서 방송사 스스로 역할을 규정하고 실천하려는 노력이 이루어져야 할 것이다.

### 4) 통일방송 실천에 대한 제도화

방송의 통일 이념 실천과 관련한 역할을 법적 규제를 통해서 제도화할 필요가 제기된다. 통일방송 관련 주요 관계자들은 이러한 제도화의 필요성에 대해 전반적으로 동의하는 의견을 보였다. 방송사 스스로 통일과 관련한 역할을 인식하고 있기는 하지만, 다른 방송 가치가 더 우선되거나 회사 경영의 과정에서 경제적 효율성을 중요하게 고려하다보면 통일 이념이 무시될 우려가 있다는 것이다. 제도화에 따른 부작용도 무시할 수는 없을 것이다. 법 규정을 통해서 통일방송의 의무를 구체적으로 규정해 놓을 경우, 방송사들이 최소한의 정량화된 의무사항을 수행하는 데에만 주력하여 정말 중요한 사업이 배제될 우려가 있기 때문이다. 따라서 방송의 통일 이념 실천에 대해 구체적인 수준의 의무 사항을 열거하기보다는, 선언적이고 추상적인 수준에서 법 조항을 마련하고 방송사 스스로 자율적이고 창의적인 방식으로 이를 준수할 수 있도록 독려하는 것이 바람직할 것이다.

### 5) 통일방송 프로그램 편성 의무화 및 제작 지원

앞서 논의한 법적 규제와 더불어 통일 관련 프로그램의 편성을 의무화하는 방안도 고려해볼 수 있다. 현행 방송법에서는 시청자 제작 프로그램(KBS의 경우, 제69조, 제7항), 시청자 평가 프로그램(제89조), 장애인의 시청지원(시행령 제52조), 국내제작 프로그램(시행령 58조), 외주제작 프로그램(시행령 59조) 등에 대한 편성 의무 규정을 마련해 두고 있다. 이러한 조항들과 같은 맥락에서 통일 관련 프로그램을 주당 일정 시간 이상 정규 편성하도록 규제함으로써 통일 관련 프로그램의 활성화를 도모할 수 있을 것이다. 그러나 이러한 의무 편성 비율 규정이 오히려 통일 프로그램의 적극적인 제작을 저해하는 요인으로 작용할 우려도 배제할 수는 없다. 따라서 편성 의무화와 함께 통일 관련 프로그램의 제작을 제도적으로 지원하는 방안도 검토해볼 수 있다. 단순히 북한의 소식을 전달하는 프로그램 이외에 통일에 대한 시청자들의 관심을 환기시키고 통일 이념에 대한 사회적 논의를 활성화할 수 있는 프로그램에 대한 지원을 통해서, 좀 더 의미 있는 통일 관련 프로그램들이 적극적으로 제작될 수 있을 것이라고 기대한다.

### 6) 통일방송 관계자들의 전문성 강화

마지막으로 방송사 내부의 실무자 및 유관 기관의 담당자 모두 좀 더 적극적이고 진취적인 입장을 취해야 할 필요가 제기된다. 방송사 내부의 실무자들은 정부 유관 기관의 입장을 파악하고 이에 부응하느라 소극적 입장을 취하고, 정부 유관 기관의 담당자들은 방송사의 요구가 있을 때에만 소극적으로 대처하는 경향이 있다. 방송의 통일이념 실천과정에서 이러한 관행은 바람직하지 못한 것으로 판단된다. 비록 통일이라는 문제 자체가 외부 환경을 무시한 채 방송에서 자유롭게 다루기 힘든 소재이지만, 스스로의 전문성에 대한 신뢰의 바탕 위에 적극적으로 통일 이념을 실천하려는 노력이 요구된다. 정부 유관 부처에서도 통일 과정에서 방송이 기여할 수 있는 부분을 나름대로 정의하고, 이를 활성화할 수 있는 적극적인 통일방송 정책을 전개해야 할 것이다.

제6장

# 방송환경의 변화와 통일 이념 구현방안

이 장에서는 변화하는 방송시장 환경 하에서 방송의 통일이념 실천을 최적화하기 위한 방안을 모색한다. 이를 위해 방송환경 변화의 기본 방향 및 이를 추동하는 요인들은 무엇이며, 새로운 방송환경 하에서 방송시청은 어떻게 이루어지는지 살펴보고자 한다. 다음으로 새로운 방송환경 하에서 방송을 통한 효율적인 통일 이념 실천방안은 무엇인지를 제안해보게 될 것이다.[1]

## 1. 방송환경의 변화 방향 및 이를 추동하는 요인들

최근 들어 방송환경이 급속히 변화하고 있음은 기지의 사실이다. 이러한 변화는 흔히 종래 지상파방송 위주의 방송에서 다매체(다플랫폼) 다채널 상황으로의 변화로 통칭된다. 흔히 말하는 다매체 다채널 상황이라는 말에서 '다매체'는 다양한 방송 서비스 전송수단, 이른바 플랫폼을 가리킨다면 '다채널'은 이를 통해 제공되는 다양한 콘텐츠들을 나타낸다. 즉, 이는 수많은 방송

1 이 장을 서술함에 있어서 우리나라의 방송시장 현황과 정책현황과 관련해 윤석민(2011) 11장과의 윤석민(2005) 2장, 3장의 내용을 주로 참고하였다.

전송수단을 통해 지상파채널을 포함한 다양한 방송 콘텐츠들이 복잡한 양상으로 유통되는 상황을 의미한다. 지상파 방송만 존재하던 시기에 지상파방송이란 전송수단인 동시에 이를 통해 유통되는 채널을 의미하였다. 매체(전송수단)와 이를 통해 유통되는 채널(콘텐트)의 구분 자체가 생소한 개념이었다. 하지만 케이블이나 위성방송과 같은 다채널방송 플랫폼들이 등장하면서 서비스를 제공하는 플랫폼(SO)과 이를 통해 제공되는 채널(PP)이 구분되기에 이르렀다. 이하에서는 '다매체(다플랫폼)'화가 실질적으로 어떻게 전개되고 있는지 우리나라를 중심으로 살펴보고자 한다.

### 1) 다매체화(다플랫폼화)

플랫폼의 발전은 새로운 플랫폼이 이전 플랫폼을 대체하는 형식으로 이루어지기보다는 종래의 지상파 플랫폼에 케이블 및 위성방송 플랫폼, 개인 미디어 플랫폼, 더 나아가 방송통신 융합형 플랫폼 등이 추가되면서 신구 플랫폼들이 공존하며 상호 경쟁, 보완하는 복잡한 양상으로 전개된다.

#### (1) 지상파 플랫폼

지상파 방송사업자는 전파를 물리적 송신수단으로 이용하는 플랫폼 사업자이다. 전파는 사업자가 구축하는 사적(private) 전송 채널이 아닌 자연에 존재하는 제한된 공적 전송 채널이다. 방송 사업자는 이 같은 공적 자원을 위탁받아 이용하고, 또한 산업 자체가 자연스럽게 독과점을 형성하기 때문에 공중에게 필요한 주요 이슈에 대한 정보를 제공해야 하는 등의 공적임무를 부여받게 된다. 이는 지상파 방송에게 공익성을 요구하는 주요 근거가 되어왔다.

지상파방송 주파수 대역은 VHF(Very High Frequency)대역과 UHF(Ultra High Frequency)대역으로 구분된다. VHF대역은 52~72MHz(Ch.2~4), 76~88MHz(Ch.5~6), 174~216MHz(Ch.7~13), UHF대역은 470~752MHz(Ch.14~60)로 구성되어 있다(이형수 · 이혁재, 2006).[2] 각 지역방송사는 서울

의 중앙 방송사로부터 광케이블이나 마이크로웨이브로 신호를 전달받아 자신의 권역에 재전송한다. 현재 KBS는 지역총국의 형태로 18개, MBC는 계열사의 형태로 19개, SBS는 가맹을 맺는 형태로 9개의 지역채널을 운영한다.

VHF대역 전파는 직진성이 강하기 때문에 전파가 미치지 못하는 난시청지역이 생기기 쉽다. 우리나라는 산간지방의 경우 산들이, 대도시의 경우는 촘촘하게 밀집되어 있는 아파트들이 전파를 가로막고 있다. 이를 해결하기 위해 주택건설기준 등에 관한 규정(대통령령 제19263호) 42조에 의해 아파트나 다세대 주택에는 지상파 공시청 안테나를 설치하게 되어 있는데 그 실효성은 미미하다. 지상파 공시청 안테나가 실제로는 케이블 공시청 안테나로 사용되면서 본래의 기능을 잃은 공시청 안테나가 많고 또한 공시청 안테나의 노후화로 인해 보수가 필요하지만 지상파 방송사가 이를 관리하는 데 소홀했기 때문이다.

2008년 이후 지상파의 디지털 서비스 및 수신료 인상논의와 맞물려 KBS를 중심으로 공시청 안테나 복원 및 수신환경 개선 사업이 진행 중이다.[3] 하지만 다채널 플랫폼을 통한 방송수신이 보편화된 상황에서 이러한 캠페인성 사업이 지상파 플랫폼을 회복시켜줄 가능성은 그다지 높지 않은 실정이다. 대다수의 지상파채널 시청자들은 다채널 유료방송 플랫폼을 통해 지상파 방송을 수신하고 있으며, 앞으로 더욱 지배적인 추세로 자리 잡게 될 것이다.

### (2) 케이블 플랫폼

케이블 플랫폼(Cable System Operator 내지 흔히 Cable SO라고 통칭)은 우리나라에서 처음으로 본격적인 다채널 시대를 연 주역으로 현재 우리나라 방송 플랫폼의 명실상부한 절대강자이다. 케이블 SO는 2000년 이후 일련의 규

---

2 SBS는 Ch6(82~88MHz), KBS2는 Ch7 (174~18MHz), KBS1은 Ch9(186~192MHz), MBC는 Ch11 (198~204MHz), EBS는 Ch13(210~216MHz)을 할당받아 방송을 하고 있다.

3 KBS는 난시청 해소를 위해 2008년부터 2012년까지 매해 약 600억 원씩 모두 3,000억 원, 공시청 안테나 복원을 위해 870억 원을 투입할 계획이다. PD저널 "난시청 해소에 3천억 투입 약속" 2007. 7. 10일자 기사.

제완화를 통해 탄력적인 채널선택이 가능하게 되고, PP등록제 이후 PP수가 급증하여 교섭력이 절대적으로 강화된 데다, 홈쇼핑 수수료, 초고속 인터넷 등으로 수입이 다변화되면서 다른 경쟁적 플랫폼과 비교할 수 없는 높은 경영 성과를 보이고 있다.

2010년 6월 현재, 총 96개의 케이블SO가 우리나라 전가구(1,670만)의 90%에 달하는 약 1,500만(15,225,892)의 가입자를 확충하면서 굳건히 자리 잡고 있다. 집중화에 따라 T-broad를 포함, 7개의 MSO(multiple system operator) 사업자들이 전체 SO중 74개사, 가입가구의 77%(11,692,973)를 차지하며 방송 산업의 맹주로 군림하고 있다.

평균적인 아날로그 케이블TV 플랫폼의 가용채널 개수는 7~80개 정도다. 처음 사업을 시작하던 시기만 해도 상당히 많은 수의 채널이었지만 이후 나타난 위성방송과 IPTV에 비하면 매우 제한적이다. 현재 각 지역의 SO가 의무적으로 재전송해야 하는 채널만 17개에 달한다. 여기에 홈쇼핑과 지상파 채널들을 포함하면 25개 정도에 달하는 채널을 의무 편성하고 있다. 이를 제하고 남은 채널들도 대기업과 지상파의 인기PP 채널들을 편성하고 나면 군소PP들이 패키지에 포함될 수 있는 기회는 매우 제한적이다.

케이블 SO들이 받고 있는 요금은 전 세계 어디서도 찾아보기 어려울 만큼 낮은 수준이다. 70여 채널에 이르는 서비스에 대한 월평균 요금은 가입가구당 약 6,000~7,000원 수준으로, 이는 해외 주요국들의 유사 서비스 대비 최대 8~9배까지 낮은 수준이다. 이는 우리나라 국민들이 가구당 월평균 13만원 이상의 통신요금을 지출한다는 사실과 극명하게 대비된다(2008년 통계청 가구 소비실태 조사 자료).

이 같은 초저가 유료방송 요금은 자연스레 형성된 시장가격이 아니라 유료방송 도입단계부터 잘못된 정책적 개입의 결과라는 것이 전문가들의 공통 견해다.

우리나라의 유료방송은 콘텐츠에 대가를 지불하지 않기에 가능했던 초저가 중계유선방송이 자리 잡고 있는 상황에서 고품질 다채널 서비스를 내건 종합유선방송을 인위적으로 도입하는 방식으로 1995년부터 본격화되었다. 사업자가 종합과 중계유선방송사업자로 이원화된 결과 많은 문제점이 생겨나자 중계를 양성화시키기 위해 (중장기적으로 종편과의 통합을 유도하기 위해) 2001~2002년에 걸쳐 정책당국(방송위원회)은 중계유선방송사를 케이블TV SO로 전환 승인하게 된다. 이 조치 직후 총 77개 종합유선방송 구역 중 42개 구역에서 복수의 SO가 사업을 운영하게 되었다. 때를 같이한 PP의 시장진입 완화, SO의 편성권강화(탄력적 티어링 시스템), SO와 PP의 개별계약허용 등으로 SO가 PP와의 관계가 거의 완전히 자유 계약관계로 전환되었다. 하지만 이는 말로만 자유계약관계지 지역독점 방송플랫폼으로서의 절대 우위를 지닌 SO에 PP가 구조적으로 종속될 수밖에 없는 상황이 심화된 것이다.

이런 상황에 앞서 언급한 복수 SO 사업자들 간의 경쟁이 가격경쟁의 형태로 전개됨에 따라 초저가의 요금이 확산되고, PP에게 프로그램 공급료를 제대로 제공하지 않는 관행이 케이블SO의 일반적 사업전략으로 자리 잡게 된 것이다. 현실적으로 상당수의 PP들이 SO로부터 프로그램 제공료를 받기는커녕 SO의 패키지에 들어가기 위해(런칭) 마케팅과 홍보비 명목으로 웃돈(런칭료)을 지불하는 실정이다.

디지털 케이블 플랫폼은 아날로그 케이블에 비해 가용채널수 및 화질, VOD 및 각종 데이터 서비스 등 모든 면에서 업그레이드된 서비스를 제공한다. 현재 MSO를 중심으로 DMC(Digital Media Center)를 구축하고 이를 기반으로 디지털 전환을 추진하고 있다. 디지털 케이블이 제공하는 채널수는 DMC별로 차이가 조금씩 있지만 120개를 전후한 TV채널과 30여 개의 오디오 채널 정도이다. 디지털 케이블 서비스의 한 달 요금은 대략 26,000원 정도로 기존 아날로그 서비스에 비해 상당히 비싸 가입자 확보에 장애 요소가 되고 있다.

### (3) 위성방송 플랫폼

위성방송은 지역매체인 케이블과 달리 우리나라 전 지역에 동시에 신호를 전달할 수 있는 기술적 특성을 지닌다. 현재 위성방송은 최대 99개의 TV채널과 41개의 오디오 채널을 서비스하고 있으며 자체 HD채널 서비스, PPV(Pay Per View), PVR(Personal Video Recorder), 데이터 서비스 등의 부가서비스를 제공하고 있다. 이 모든 서비스들은 디지털 기반이다.

채널수의 우위와 차별화된 부가서비스에도 불구하고 위성방송 사업은 가입자확보에 어려움을 겪어왔다. 2002년 3월 본방을 시작한 위성방송은 1년 만에 60만 가입자를 확보하여 비교적 순조로운 출발을 보였지만 하지만 성장세가 이내 둔화되었다. 스카이라이프의 2008년 말 누적 적자는 4,700억 원에 달한다. 이는 케이블 SO가 주도적이긴 하지만 위성방송이 지속적인 성장세를 보이며 다채널 플랫폼들이 유효경쟁체제를 갖추고 있는 미국의 경우와 대비된다. 미국의 경우 케이블 점유율은 2000년의 67%를 정점으로 감소하여 2008년 현재 54%, 위성방송은 꾸준히 가입자가 증가하여 2008년 현재 27%의 점유율을 차지(OECD Comm Outlook, 2009)하고 있다.

우리나라 위성방송이 이처럼 초기단계부터 어려움을 겪어온 주요인은 앞서 살펴본 바, 다채널 방송서비스의 선발주자인 케이블 SO들의 초저가 전략 및 인기 있는 채널 확보의 어려움에서 찾을 수 있다. 지배적인 유료방송사업자인 케이블의 초저가요금체계는 정상적인 요금에 유료방송 서비스를 제공하려는 후발플랫폼 사업자(예를 들어 위성방송)에게 어려움을 초래한다. 이는 (PP의 희생을 토대로 한) 케이블SO의 후발사업자에 대한 진입제한 가격으로 볼 소지가 다분하다.

위성방송이 겪어온 또 다른 어려움은 지상파 재전송 문제다. 위성방송사업자가 의무재송신 채널외의 지상파 방송을 재송신하고자 하는 경우 정책당국(종래 방송위, 현 방송통신위)의 승인을 얻어야 한다(방송법 78조 4항). 지상파 재전송이 허용되면 위성방송의 기술 특성상 수도권 지상파 방송이 그대로 전국으로 나가는 것과 다름없어 지역방송사에게 큰 타격이 될 수 있기 때문이다. 실제로 각 지역방송사들은 위성방송의 지상파 재전송에 강하게 저항했고 이러한 입장이 정책당국에 의해 받아들여져 위성방송사인 스카이라이프는 사업초기에 법적으로 의무전송(must carry)이 지정된 공영방송(KBS1, EBS)을 제외한 지상파 채널을 전송할 수 없게 되었다.

이후 제한수신기술(CAS, Conditional Access System)을 이용한 권역별 재송신(Local into Local)이 기술적으로 가능해지게 되면서, 위성방송사업자는 지속적인 지역방송사 설득작업을 거쳐 2005년 4월부터 권역내의 지상파 채널을 권역내로 재송신할 수 있게 되었다. 현재 스카이라이프가 지상파 재전송을 하기 위해 사용하고 있는 채널은 총 44개이다. 이 모든 채널을 전국에 산포한 뒤 해당 권역의 방송 채널이 아닌 채널은 스크램블을 걸어 시청을 차단하는 방식으로 권역별 재전송이 이루어진다. 스카이라이프가 각 지역단위의 지상파 재송신을 위해 이처럼 수십여 채널을 운용하는 것이 과연 바람직한지는 여전히 논란거리다.

### (4) DMB

이동형 멀티미디어 방송서비스인 DMB는 인공위성을 이용하는 위성DMB와 지상파 송신소를 이용하는 지상파DMB가 분리되어 각각 6개월가량 시차를 두고 서비스를 개시하였다. 양 사업자 공히 끝이 보이지 않는 적자의 굴레 속에서 어려움을 겪어온 가운데 스마트 폰을 통한 방송수신 증가에 따라 어려움이 가중되고 있는 상황이다. 2009년 초반현재 실질적인 무료방송으로 전환한 위성DMB의 적자는 3,100억 원, 지상파DMB의 경우는 1,000억 원에 달하는 것으로 평가된다.

지상파 DMB는 지상파 계열 3사(KBS:U KBS스타, U KBS하트/MBC: My MBC/SBS: SBSⓤ)와 비지상파 계열 3사(YTN: ⓜYTN, 유원미디어: U1 TV, 한국DMB: 1 to 1)로 구성되어 있다. 지상파 계열의 DMB채널은 주로 일반 텔레비전으로 송출되는 방송을 거의 그대로 재전송하고 있다. 특히 SBS의 경우 지상파 채널을 그대로 재전송하고 있는 상황이다. KBS와 MBC의 경우는 별도의 DMB용 콘텐츠를 편성에 삽입하고는 있지만 그 비율이 미미하고 시청률이 낮은 낮 시간 및 심야시간에 주로 편성되어 있다. 비지상파 계열 채널들의 경우 YTN을 제외한 두 사업체들은 자체 제작을 하기도 하지만 많은 프로그램을 지상파 혹은 일반 PP로부터 공급받고 있다. 1to1의 경우 지역 방송사들의 슈퍼스테이션 연합 채널인 MBC넷을 내보내며 실질적인 역외재전송을 하고 있다.

유료방송으로 출발한 위성 DMB는 TU미디어 단독 사업으로 운영되고 있다. 일본에 이어 두 번째로 서비스를 개시한 위성DMB 사업자인 TU 또한 지상파DMB 사업자들과 마찬가지로 시간이 지날수록 불어나는 적자에 허덕이고 있다. 가장 핵심적인 원인은 무료지상파 DMB와 유료지상파 DMB의 이원화, 그리고 지상파 채널 재송신 불발이라 할 것이다. 최근 위성DMB 서비스 일부가 SKT 이동전화 가입자들에게 실질적으로 무료로 제공되고 있다.

### (5) IPTV

인터넷을 통한 실시간 및 이시간 다채널 방송서비스를 제공하는 IPTV는 채널 전환 속도나 채널 전송 용량 등 일부 기술적 차이에도 불구하고 디지털 케이블과 유사한 수준의 서비스를 제공하는 것으로 평가된다. 방송과 통신산업 진영의 첨예한 대립으로 오랫동안 지연되던 IPTV는 2007년 관련법이 통과되면서 3개의 사업자가 선정되고(KTF, SKT, LGT), 2008년 11월에 상용서비스가 개시되었다. 기대를 모았던 IPTV는 하지만 예상에 비해 매우 저조한 가입자 증가 양상을 보여왔다. 2009년 3월까지 IPTV 3사의 가입자 수는 21만 9,000명으로 연말 목표인 224만 명의 1/10수준에 불과하였다. 하지만 2009년 10월 현재 IPTV의 양대업자인 SKT과 KTF는 인터넷, 통신 IPTV 번들링 상품에 대한 전례 없는 공격적인 마케팅 노력을 통해 100만 가입가구를 돌파하고 2010년 11월 현재 총 300만의 가입자를 확보하는 등 지속적인 성장세를 보이고 있다.

### (6) MMS

2012년 말 지상파 디지털화가 완료되면 전파의 효율적 활용에 따라 지상파 자체가 다채널 플랫폼으로 전환될 가능성이 열리게 된다. 이를 이용한 지상파 다채널 방송개념이 디지털 다중모드서비스(MMS: Multi Mode Service)다. MMS란 영상 압축 기술을 활용하여 종래 아날로그 채널 1개를 전송하던 주파수 대역(6MHz)을 활용해 복수의 디지털 채널을 동시에 전송하는 서비스를 의미한다.

현재로써 MMS에 대해서는 아무런 구체적인 정책방안이 마련되어 있지 않은 상황이다. 2009년 11월 KBS 김인규 사장은 취임사에서 KBS 버전의 MMS 서비스인 KoreaView 추진계획을 발표해 논란을 불러일으켰다. KBS는 2010년 6월 KOBA전시회에서 실험방송을 실시하였고, 2010년 9월 3일 수도권 500가구 대상으로 실험방송을 실시할 예정이었으나 방통위가 실험방송 허가 신청을 반려함으로써 무산된 상황이다.

(7) 스마트TV

2010년 한해를 뜨겁게 달군 첨단 방송미디어 개념이 스마트TV이다. 본래적 의미의 스마트TV는 애플, 구글 등에서 개발 중인 인터넷, 컴퓨터 기능과 TV를 합친 개념의 미디어서비스. TV와 휴대폰, PC 등 3개 스크린을 자유자재로 넘나들 수 있는 첨단 미디어로, '인터넷TV' 또는 '커넥티드 TV'라고도 불린다. 이용자의 능동성을 전제하는 바 수동적 이용을 특징으로 하는 종래의 TV서비스를 획기적으로 대체할 수 있을지 방송 콘텐츠를 접하는 또 하나의 플랫폼에 머물지 논란이 분분한 실정이다.

이와 별도로 응용 프로그램(어플)을 통해 방송을 볼 수 있는 스마트 폰 방송 시청이 증가하는 추세다. KBS, MBC, SBS, EBS 등 국내 지상파 방송을 실시간으로 볼 수 있음은 물론 해외 방송사들, 훌루, 유튜브, 넷플릭스 등을 통해 제공되는 동영상까지 합치면 채널이 무제한인 셈이 된다. 규제정책 차원에서 DMB는 지상파 방송에 준하는 방송법의 규제를 받는 데 비해 스마트폰 방송은 개념 및 역무 정의, 불법복제에 따른 단속 등이 이루어지고 있지 못한 실정이다.

## 2) 다채널화

이상에서 살펴본 다양한 플랫폼들을 채우고 있는 콘텐트들은 크게 지상파 채널들 및 PP 채널들로 구분된다. 지상파 채널들은 다시 지상파 네트워크 및 지역방송 채널, 그리고 가까운 시일 내에 도입이 예상되는 MMS 채널들, PP 채널들은 지상파PP, 일반PP, 공익성 채널, 홈쇼핑 채널 등으로 나누어볼 수 있다.

### (1) 지상파 네트워크

지상파 네트워크 채널은 다매체 다채널 시대에 있어서도 여전히 가장 중요한 최양질의 방송 채널로 모든 방송 플랫폼에서 최우선적으로 선호하는 콘텐츠다. 이는 다시 공영방송채널과 민영방송채널로 구분된다.

공영방송채널은 방송의 공익적 목적을 달성하는 것을 목표로 하며 KBS1과 EBS가 있다. KBS1의 경우 프로그램 장르 비율로 편성을 살펴보면 보도와 교양이 오락물을 훨씬 앞지른다는 차원에서 다른 채널과 확연히 차이가 난다. EBS는 교육방송이라는 채널 명처럼 교육관련 프로그램을 주로 제작 편성한다. 이처럼 공익적 프로그램을 주로 편성하고 있는 KBS1과 EBS는 방송법 78조에 따라 케이블과 위성방송에 의무 재송신되고 있다.

상업방송 채널인 SBS는 기본적으로 사익을 추구하는 방송을 한다. 그러나 지상파 방송의 일원이라는 점에서 공익 논리에서 완전히 자유로울 수 없음은 물론이다. 공영과 민영의 중간지점에 위치(민영적 공영 내지 공영적 민영)한 지상파 채널들은 더욱 애매한 상황에 있다. 우리나라의 경우 KBS2와 MBC가 이에 해당한다. KBS2의 경우 국민의 수신료로 운영되는 한국방송공사의 채널이고 MBC는 공영기관인 방송문화진흥회에서 주식의 70%, 공공단체인 정수장학회에서 지분의 30%를 소유하고 있다. 두 채널 모두 광고를 방영하며 따라서 법적지위는 공영일지라도 시장과 시청률에 민감하게 반응한다.

최근까지 비공영방송 지상파 채널들(KBS2, MBC, SBS)은 케이블과 위성방송 플랫폼에 무료로 채널을 제공해왔다. 지상파 난시청문제로 인해 자체의 플랫폼을 갖고 있지 못한 꼴인 지상파 채널의 입장에서 다수의 방송시청자에게 도달할 수 있는 대안적 플랫폼을 확보할 필요성과 경쟁력 있는 채널을 확보하고자 하는 다채널방송 플랫폼의 필요가 거의 대등하게 맞아떨어진 결과였다고 할 것이다.

하지만 최근들어 지상파 채널들은 다채널 플랫폼에 무료로 채널을 제공하던 관행에서 벗어나 위성, DMB, IPTV 플랫폼에 대한 재송신을 유료화하였다. 또한 이러한 유료화에 반발하는 케이블에 대해서도 법정소송을 불사하며 유료화 요구를 강하게 밀어 붙이고 있는 상황이다.

지상파 디지털 전환에 따라 MMS가 도입되면 지상파 네트워크 채널이 증가할 가능성이 열리게 된다. 하지만 MMS에 대한 정책방안이 불확실한 만큼이나 지상파를 이용해 제공되는 MMS 채널구성 역시 여전히 불확실한 실정이다. 현재 지상파 방송사업자들은 MMS의 도입을 추진하고 있는 반면 케이블 등은 이를 강력히 반대하고 있다. 이 같은 이해관계의 대립으로 인해 MMS의 도입 시기, 채널 구성, 사업권 배정 등에 대한 사회적 합의가 도출되고 있지 못한 상황이다. 우리나라가 HD 중심의 방송을 추구하고 있기 때문에 HD 채널 1개와 SD채널 1개 그리고 라디오, 데이터 채널 등을 동시에 서비스하는 것이 현실성이 있고 이 경우 MMS로 인한 추가채널은 상업주의를 지양하고 지상파 방송의 공익성을 증진시키는 목적으로 사용하여야 한다는 의견이 제시되고 있는 정도다. 참고로 KBS가 제시하는 K-View 채널구성계획안은 다음과 같다.

- 2011년(KBS와 EBS 공동): KBS1TV(HD), KBS2TV(HD), KBS N Drama, N Sports, N Joy, N Prime, EBS, EBS Plus1, EBS Plus2, EBS English(이상 4채널 EBS), KBS English, KBS 24News, K-TV, NATV, 문화예술채널 + 라디오 + 쌍방향 데이터 서비스.

- 2012년(MBC 및 SBS 참여): KBS1TV(HD), KBS2TV(HD), KBS N Drama, N Sports, N Joy, N Prime, EBS, EBS Plus1, EBS Plus2, EBS English, KBS English, KBS 24News, K-TV, NATV, 문화예술채널, MBC(HD), MBC Dramanet, ESPN, Every(이상 4채널 MBC), SBS(HD), SBS Plus, Sports, E-entertainment(이상 4채널 SBS)

### (2) 지역방송 채널

지역방송사들은 지리적으로 획정된 구역 내에서 중앙 지상파 방송사가 전송한 채널을 각 지역에 재전송하는 채널들이다. 기실 우리가 전국네트워크라고 통칭하는 지상파 채널은 엄밀히 말하면 서울을 포함한 수도권지역의 지역방송채널이 전국단위로 공급되는 것이라고 할 것이다. 지역방송채널들은 수도권 네트워크의 편성내용을 대부분 재전송하지만 지역주의 원칙(방송법 6조 7항, 17조 4항)에 따른 자체적인 프로그램 내용을 일정비율 편성한다. 자체제작 프로그램 편성 평균 비율은 KBS, MBC, SBS 계열이 모두 다르다. 2007년을 예로 들 경우 KBS의 경우 자체제작 편성 비율은 거의 모든 총국이 10%를 넘지 않으며 5% 미만인 곳도 있다. 더구나 KBS2의 경우는 자체제작 편성을 전혀 하지 않거나 30분가량 편성하고 있는 경우가 각각 절반정도다.[4] MBC의 경우는 방송위원회가 고시한 비율인 15%를 조금 넘는 선에서 이루어지고 있다. 반면에 SBS 계열사인 지역민방들의 경우 대부분 30%를 넘는 비교적 높은 자체 편성비율을 보이고 있다.

갈수록 경쟁이 심화되고 있는 다플랫폼 다채널 시대에 지역 방송사의 위기는 가중되고 있다. 이 같은 현실을 타개하기 위해 지역방송사들은 지역방송사 간의 공동 제작, 지역연합PP의 설립, 그리고 지역채널의 슈퍼스테이션화 등을 시도하고 있다. 지역 방송사 공동제작으로는 전국 7개 지역의 MBC사가 제작에 참여하는 <TV전국기행>이나 지역 7개의 지역 민영 방송사들이 순

---

4 2007년 방송산업 실태조사 보고서, pp.201~211.

환 제작하고 있는 <네트워크 스페셜> 등을 들 수 있다. 또한 2007년 초에는 MBC넷이라는 지역 MBC 네트워크의 연합 PP가 개국하였다. MBC넷은 스카이라이프와 지역MBC가 공동출자 형식으로 설립한 PP로 각 지역 MBC가 개별적 혹은 공동으로 제작한 콘텐츠만을 편성하고 있으며 스카이라이프와 위성 DMB, 지상파 DMB의 1to1 임대채널을 통해 전국에 방송되고 있다.

지역 민영방송 중 독특한 경우에 해당하는 것이 OBS이다. OBS는 과거 역외재전송 논쟁을 촉발했던 iTV가 폐업한 뒤 새롭게 선정된 인천지역 민방이다. 대부분의 지역방송사 들이 전국 지상파 채널을 재전송하는 가운데 자체제작 프로그램은 미미한 수준으로 편성하고 있는 반면, OBS는 100% 자체 프로그램을 편성하고 있다. OBS는 이러한 편성비율을 토대로 지상파 방송권역확대 및 케이블, IPTV 권역외 재전송을 추진하고 있으나[5] SBS및 여타 지역민방 등의 강력한 반대로 어려움을 겪고 있는 실정이다.

### (3) 채널사용사업자(PP)

채널사용사업자라고 불리는 PP(program provider)는 지상파 채널들과 함께 방송미디어를 통해 유통되는 가장 중요한 콘텐트 군을 형성하고 있다. PP는 다시 편성특징에 따라 지상파PP, 일반PP, 공공/공익/종교PP, 지역SO 채널, 그리고 홈쇼핑채널로 나누어볼 수 있다.

#### ① 지상파PP

2009년 초 현재 운영되고 있는 지상파 PP는 KBS 4개(KBS 드라마, KBS 스포츠, KBS 프라임, KBS 조이), MBC 4개(MBC드라마넷, MBC 게임, MBC ESPN, MBC 에브리원), SBS 3개(SBS 드라마 플러스, SBS 골프, SBS 스포츠)로 총 11개다. MBC게임과 3사 스포츠 채널을 제외하면 대부분의 채널이 자

---

5 현행 법령에 따르면 방송사가 50% 이상 프로그램을 자체 편성할 경우 유료방송 플랫폼을 통한 권역외재전송 승인신청을 할 수 있다.

사 지상파를 통해 이미 한번 방송을 했던 콘텐츠들을 재활용해 채널을 편성하고 있다. 스포츠 채널과 게임 채널마저도 편성의 빈공간이 생기면 재활용 콘텐츠를 집어넣고 있다.

지상파PP의 대부분은 유료방송 채널 시청률에 있어 상위에 속하며, 특히 드라마 채널은 항상 시청률 최상위권을 차지하고 있다. 이처럼 지상파 채널들의 시장지배력이 유료방송시장에까지 전이되자 2007년 8월 지상파 사업자가 전체 PP의 3%(채널 개수로는 6개)를 초과해 경영할 수 없도록 하고 케이블SO와 위성방송사로 하여금 한 사업자(예를 들어 지상파나 CJ미디어)로부터 전체 운용 채널의 20%를 넘는 채널들을 전송하지 못하게 하는 조항이 방송법 시행령에 신설되었다. 하지만 이러한 규제조항은 오히려 경쟁력 있는 PP사업자의 등장을 가로막고 있다는 비판을 받고 있는 실정이다.

② 일반PP

지상파PP를 제외한 일반PP들은 우리나라 방송시장에서 최대의 구조적 피해자라고 할 것이다. 케이블이 압도적인 플랫폼으로 자리 잡고 후발 플랫폼을 강력하게 견제하고 있는 상황에서 PP의 시장은 케이블SO로 국한된다고 해도 크게 틀리지 않다. PP들은 태생적으로 지역 독점의 우위를 지닌 SO 사업자에 대해 협상력에서 절대 열위에 있으며 이는 SO와의 수신료 배분에 그대로 반영된다. PP사업자들은 유료방송 채널임에도 매출의 80% 이상을 광고에 의존하는 기형적 구조를 보이는 데 이는 초저가 유료 방송요금에 PP의 열악한 협상력이 겹쳐진 결과라고 할 것이다.[6]

다채널 방송 플랫폼 시장에서 절대적 강자로 군림하고 있는 아날로그 케이블SO의 가용채널수가 70여 개로 제한된 반면 PP의 수는 많다보니 어떠한 플랫폼 서비스에도 포함되지 못하는 PP사업자도 상당수 존재한다. 다음의

---

6 미국의 PP 사업자들은 수신료 매출과 광고매출이 대략 50: 50의 비율임(출처: 2006 Kegan Research).

**표 6-1** 방송채널사용사업자(PP)의 케이블SO 및 위성방송 송출 현황

| | 케이블+위성 | | 케이블 SO only | | 계 |
|---|---|---|---|---|---|
| 100% | 20 | 불교TV, SBS골프, SBS드라마, SBS스포츠, MBC ESPN, KTV, CTS기독교TV, 농수산TV, mbn, CJ홈쇼핑, MBC드라마넷, OCN, YTN, 우리홈쇼핑, GS홈쇼핑, KBS드라마, KBS스포츠, 한국경제TV, 현대홈쇼핑, 방송대학TV | 6 | PBCTV, 바둑TV, Xports, 슈퍼액션, 온게임넷, 투니버스 | 26 |
| 90% 이상 | 12 | 아리랑, XTM, MBC게임, MBC무비스, 온스타일, 캐치온, 캐치온플러스, YTN스타, ETN, JEI, 재능방송, Q채널 | 4 | 채널CGV, Mnet, o'live, KMTV | 16 |
| 80% 이상 | 1 | 내셔널지오그래픽 | 5 | 동아TV, 토마토TV(아날로그), 토마토TV(디지털), 중화TV | 6 |
| 70% 이상 | 3 | CBSTV, 국회방송, FTV | 3 | 퀴니, MTV, e채널 | 6 |
| 60% 이상 | 4 | 어린이TV, 스파이스TV, KBS코리아, J골프 | 3 | 리얼TV, 메디TV, 채널아트 | 7 |
| 50% 이상 | – | – | 3 | 휴먼TV, MIN, 시네마TV | 3 |
| 40% 이상 | 2 | 코미디TV, 히스토리채널 | 8 | 생활경제TV, 디원, 무협TV, MCN, 생활건강TV, inet, GTV(디지털), GTV(아날로그) | 10 |
| 30% 이상 | 2 | RTV, 채널V코리아 | 6 | DTN드라마, 시리즈TV, 채널J, ABO, 육아방송, CarTV, CMC가족오락TV, 브레인TV(디지털) | 8 |
| 20% 이상 | – | – | 5 | 애완TV, CRTV, 마운틴TV, 복지TV, KCN | 5 |
| 20% 이하 | 18 | 국군방송, 디지털라디오KISS, ArteTV, ABS농어민방송, MBN, JEI English TV, 부동산방송RCN, HCB, haoTV, 한방건강TV, HICINE21, 스카이웨더, 안전TV, TV홈서비스, 포츠연예채널, 운세정보, 웨더채널, 패션뷰티채널 | 41 | CGTV, Mk-TV, 소리에쇼케이스, C3TV, 다이어트TV, 채널칭, 온디맨드, 온페이퍼뷰, 매직TV, 스타무비, 실버아이, CCN방송, 실버TV, EDUTV, FHTV, 스토리온, nick, club, 웰빙TV, 라임TV, 비타민TV, CTV, 가이드TV, 부동산TV, 브레인TV(아날로그), 메시지온TV, KISS, 아이플레이, 지존, 네오게임, TV델리쿡, 날씨n조이티켓링크, 게임채널(엔스타,이지로드, 채널가이드), 씨제이티몰, 골프파트너, YBM, 헬스플러스, TV가이드, TV클리닉, GSTshop, 현대홈쇼핑티몰 | 59 |
| 합계 | 62 | | 84 | | 146 |

출처: 황근(2007), p. 13.

**표 6-2** PP 시장 규모(단위: 억 원)

| 구분 | 2002 | 2003 | 2004 | 2005 | 2006 | 2007 | 2008 |
|---|---|---|---|---|---|---|---|
| 미국 | 283,588 | 325,972 | 367,144 | 409,676 | 448,245 | 491,569 | 534,601 |
| 한국 | 3,514 | 4,332 | 5,899 | 7,283 | 9,187 | 11,187 | 11,747 |
| 한국/미국 | 1.2% | 1.3% | 1.6% | 1.8% | 2.0% | 2.3% | 2.2% |

출처: SNL Kagan (2009), 방송산업실태조사. 시장규모에는 광고매출&수신료매출 포함.

[표 6-1]은 PP들의 케이블·위성방송 전송 현황을 보여준다. 분석에 포함된 총 146개의 채널들 중 59개에 이르는 PP 채널들이 20% 미만, 84개의 채널들이 50% 미만의 전송률을 보여준다.

PP시장 규모는 미국 대비 2% 내외로 국내 방송콘텐츠 시장이 미국 대비 6%인 것과 비교하더라도 상대적으로 매우 작다. PP 사업자들은 규모의 영세성과 낮은 수익성으로 인해 정상적인 프로그램 제작을 수행할 수 없는 상황이다. 이에 따라 다수의 PP가 자체 제작에 예산을 투입하기보다는, 인기가 높으면서 상대적으로 값싼 지상파 프로그램 내지 해외 오락물을 재전송하는 채널로 가능하고 있는 실정이다.

2008년 지상파 3개사의 콘텐츠 제작 투자비는 총 1조 7,000억 원(각사 재무제표기준)에 달한다. 반면에 동 기간 케이블PP 사업자 전체의 콘텐츠 제작 투자비는 약 1,600억 원(2008년 방송통신위원회 방송실태조사)에 불과하다.[7] 이처럼 취약한 PP의 자체 프로그램 제작 상황은 케이블 서비스의 품질을 열등하게 만들고, 이는 다시금 케이블TV에 대한 가치인식을 저하시켜 현재와 같은 저가의 유료방송 시장구조를 고착시키는 원인으로 작용한다.

③ 공공/공익성/종교PP

공공채널과 공익성채널, 종교채널은 공공적 목적에 따라 정책적으로 의무

7 제작비가 가장 큰 CJ미디어의 경우에도 지상파 1개사의 8.9% 수준인 340억 원(2008년 기준)에 불과하다. 일반적으로 케이블PP들은 프로그램을 자체제작하기보다는 기제작된 국내외 프로그램을 싸게 구입해 편성하는 데 주력하고 있다.

편성 되고 있는 채널들이다. 공공채널에는 정부홍보채널인 KTV와 국회채널인 NATV, 방송통신대학채널인 OUN이 포함된다. 공익성 채널은 유료방송 채널의 다양성 및 시청자의 채널 선택권 또는 시청자주권을 보장하는 등 공익성을 제고할 목적으로 특별 지정된 PP들이다. 이 채널들을 모두 포함하면 공익을 명분으로 의무전송 되는 채널은 2008년 현재 지상파 채널(KBS1, EBS) 2개, 공공채널 3개(KTV, OUN, 국회방송), 공익채널 6개, 종교채널 3개, 보도승인 채널 2개(YTN, MBN), 지역채널 1개 등 총 17개 이상에 달한다. 이 같은 의무전송 채널은 2010년 말 종합편성채널 4개 및 보도전문채널 1개의 추가승인에 따라 수가 늘어가게 될 전망이다.

④ 홈쇼핑 채널

홈쇼핑 채널은 서비스 판매자와 소비자를 매개해주는 가상의 마켓 역할을 하는 방송 채널이다. 2009년 초 현재 우리나라에서 운영되는 홈쇼핑 채널에는 GS홈쇼핑, CJ홈쇼핑, 현대홈쇼핑, 롯데홈쇼핑, 농수산 홈쇼핑 5개가 있다. 이들은 안정적이고 좋은 채널번호의 확보를 위해 각 지역 SO들과 위성방송사업자에게 송출 수수료를 주는데 이것이 SO전체 매출액의 약 15% 정도를 차지할 만큼 홈쇼핑 채널은 플랫폼사업자의 주 수입원이 되고 있다. 이에 따라 플랫폼사업자는 홈쇼핑 채널을 지상파 채널의 앞뒤에 편성해 홈쇼핑 업자들이 이익을 극대화할 수 있게끔 지원한다. 또한 홈쇼핑 채널은 의무재전송 채널이 아님에도 불구하고 SO들은 5개 채널 모두를 최하위 티어에 주요 지상파 방송채널과 묶어 편성하고 있다.

## 2. 새로운 방송환경 하에서의 방송시청

이상에서 살펴본 바, 수많은 방송 미디어를 통해 지상파채널을 포함한 수많은 채널들이 복잡다단한 양상으로 유통되는 다매체 다채널 상황에서 시청자들의 방송시청행태는 어떤 변화를 보이게 될 것인가? 종래에 이루어진 연구들을 토대로 이러한 변화의 주요 내용들을 정리해보면 다음과 같다.

### 1) 다채널 유료방송 플랫폼을 통한 방송시청

다매체 다채널화가 진전되면서 대다수 사람들은 다채널 유료방송 플랫폼을 통해 방송을 시청하게 된다. 전파를 물리적 송신수단으로 이용하는 소채널 플랫폼으로서의 지상파방송은 점차 의미를 상실하고 지상파방송은 다채널 유료방송 플랫폼을 통해 제공되는 가장 중요한 채널들로 전환되는 양상을 보이고 있다. 실제로 우리나라에서 '지상파'를 통해 TV를 시청하고 있는 가구는 2010년 초 현재 10% 남짓하며 그나마 지속적으로 줄어들고 있는 상황이다. 독자적인 물리적 매체로서의 지상파방송이 실질적으로 사라진 가운데 방송은 유료방송을 가리킨다고 해도 과언이 아니다.

물론 유료방송 플랫폼에 가입한 주된 이유 중 하나는 여전히 지상파 시청난시청을 해소하기 위해서라고 할 것이다. 공동주택 공시청 시설이 저가의 유료방송 네트워크로 대체된 셈이다. 하지만 대부분의 사람들에게 유료방송이 보편적인 전송수단으로 자리 잡고 있는 상황에서, 그리고 스포츠 및 오락물 등을 중심으로 유료방송 고유 채널들에 대한 특화된 시청자 층이 형성되고 있는 상황 속에서, 유료방송을 단순히 지상파 재전송 수단으로만 간주하는 것은 더 이상 사실과 부합하지 않는다고 할 것이다. 아직까지 과도기적 상태라고 할 수 있지만, 유료방송은 지상파의 보조적 수단이라기보다는 이를 포괄하는 광의의 방송을 의미하고 지상파는 이러한 확장된 방송의 일부로 편입되고 있다고 보는 것이 타당하다.

복수의 유료방송 플랫폼 중에서 시장을 지배하고 있는 것은 단연 케이블SO다. 케이블SO는 명실상부한 다채널시대의 패자(覇者)로 어떤 면에선 지상파방송보다 시장관계의 우위에 있다할 정도다.

윗 문단에 붙여서 반면에 위성방송이나 IPTV 등 케이블SO 이외의 후발 방송 플랫폼들은 공통적으로 어려움을 겪고 있다. 하지만 최근 IPTV의 공격적 마케팅에 따라 케이블 가입자가 IPTV로 이동하는 경향이 나타나고 있다.

### 2) 지상파 채널에 대한 지배적 시청

다플랫폼 다채널 상황에서 시청자들은 수십여 채널들로 분산된다. 하지만 사람들이 즐겨 찾는 방송채널은 흔히 채널 래퍼토리라고 부르는 소수의 채널들, 특히 그중에서도 가장 중요한 것은 지상파채널들 내지 지상파에서 파생된 채널들이라 할 것이다. 이런 의미에서 지상파는 독자적인 플랫폼으로서의 지위는 상실했지만, 확장된 유료방송 플랫폼 상에서 유통되는 방송 콘텐츠 시장을 사실상 지배하고 있다.

**표 6-3** 2010년 6월 16일(수) 오후 6시~12시까지 주요 PP 편성 현황

<table>
<tr><th>시 간</th><th>TVN</th><th>코미디TV</th><th>E채널</th><th>KBS JOY</th><th>MBC every 1</th><th>E! TV</th></tr>
<tr><td>18:00</td><td rowspan="6">자체제작</td><td rowspan="6">지상파재방</td><td rowspan="6">지상파재방</td><td rowspan="4">지상파재방</td><td rowspan="6">지상파재방</td><td rowspan="2">지상파재방</td></tr>
<tr><td>19:00</td></tr>
<tr><td>20:00</td><td rowspan="2">자체제작</td></tr>
<tr><td>21:00</td></tr>
<tr><td>22:00</td><td>자체제작</td><td rowspan="2">지상파재방</td></tr>
<tr><td>23:00</td><td>지상파재방</td></tr>
<tr><th>시 간</th><th>KBS Prime</th><th>MBC Life</th><th>리얼 TV</th><th>KBS드라마</th><th>MBC드라마넷</th><th>SBS드라마플러스</th></tr>
<tr><td>18:00</td><td>지상파재방</td><td rowspan="4">스포츠중계</td><td>자체제작</td><td rowspan="6">지상파재방</td><td rowspan="6">지상파재방</td><td rowspan="6">지상파재방</td></tr>
<tr><td>19:00</td><td>자체제작</td><td>지상파재방</td></tr>
<tr><td>20:00</td><td rowspan="4">지상파재방</td><td>케이블구매</td></tr>
<tr><td>21:00</td><td rowspan="3">지상파재방</td></tr>
<tr><td>22:00</td><td>지상파재방</td></tr>
<tr><td>23:00</td><td>자체제작</td></tr>
<tr><th>시 간</th><th>OCN</th><th>채널CGV</th><th>SUPER ACTION</th><th>올리브</th><th>온스타일</th><th>MNET</th></tr>
<tr><td>18:00</td><td rowspan="4">미국 구매</td><td rowspan="6">미국 구매</td><td rowspan="6">미국 구매</td><td>자체제작</td><td>미국 구매</td><td rowspan="6">자체제작</td></tr>
<tr><td>19:00</td><td>지상파재방</td><td>자체제작</td></tr>
<tr><td>20:00</td><td rowspan="2">미국 구매</td><td rowspan="4">미국 구매</td></tr>
<tr><td>21:00</td></tr>
<tr><td>22:00</td><td rowspan="2">국내 구매</td><td rowspan="2">케이블구매</td></tr>
<tr><td>23:00</td></tr>
<tr><th>시 간</th><th>Tooniverse</th><th>Champ</th><th>JEI재능TV</th><th>KBSN스포츠</th><th>MBC ESPN</th><th>SBS스포츠</th></tr>
<tr><td>18:00</td><td rowspan="6">일본 구매</td><td rowspan="6">일본 구매</td><td rowspan="6">일본 구매</td><td rowspan="4">스포츠중계</td><td rowspan="4">스포츠중계</td><td rowspan="4">스포츠중계</td></tr>
<tr><td>19:00</td></tr>
<tr><td>20:00</td></tr>
<tr><td>21:00</td></tr>
<tr><td>22:00</td><td rowspan="2">자체제작</td><td rowspan="2">자체제작</td><td rowspan="2">자체제작</td></tr>
<tr><td>23:00</td></tr>
</table>

출처: 윤석민 (2010). p. 96

자체제작 / 국내외 구매 / 지상파재방

케이블을 통해 제공되는 채널 중 시청률 최상위권을 차지하는 것은 지상파 콘텐츠를 재방, 삼방 하는 지상파 PP들이다. KBS 드라마 채널의 경우 지상파 재방 편성 비율이 97.9%, 자체 제작 프로그램 편성 비율은 1.0%에 불과하다.

MBC 드라마, SBS 드라마 채널도 상황은 대동소이하다. 상위 15위내 PP들로 범위를 넓혀보면 tvN과 YTN을 제외한 대부분의 채널들이 지상파 콘텐츠 및 해외(미국)의 드라마나 영화 중심으로 편성되어 있다.

유료방송을 통해 제공되는 일반채널들의 자체 제작역량이 커지는 것도 사실이다. 2010년 "슈스케" 신드롬을 몰고 왔던 Mnet의 <슈퍼스타 K2> 마지막 회는 1%의 시청률을 넘기기 어려운 유료방송채널로서는 상상하기 어려운 19%의 시청률을 기록하였다.

하지만 다수의 지상파 재방 채널들 사이에서 자체제작 PP가 투자에 상응하는 성과를 거두기란 어려운 실정이다. 실제로 tvN과 Mnet을 예로 들면 제작에 투자할수록 오히려 재정수지는 나빠지는 현상마저 나타난다. 유료방송 채널에 있어서 본격적인 제작 투자는 소수 채널에 의해 산발적으로 시도될 뿐 유료방송시장 전체로 확산되기는 어려운 상황이다.

채널 및 프로그램 시장에서의 지상파의 우월적 지위는 광고시장에서의 압도적 우위로 이어지고 있다. 2009년도 지상파의 방송광고 점유율은 68.2%이다(방통위, 2009년 재산상황공표집). PP광고시장은 지상파 광고시장(라디오 제외)의 40% 규모(지상파 1만 9,183억 원 vs PP 7,695억 원)에 불과하며 이를 190여 PP들이 나누어 갖는 구조다. 그 안에서도 지상파계열 PP가 30% 이상의 수익을 장악해 부익부 빈익빈 현상을 심화시킨다(지상파계열 PP포함 시 지상파의 광고시장 점유율은 77.7%). 방송통신위원회가 국회 문화체육관광방송통신위원회에 제출한 2010년도 가을 국정감사 자료에 따르면 2005년부터 2010년까지 지상파 계열 PP의 매출액(광고)이 계속 증가하고 있다. 지상파 방송3사 계열 PP의 매출은 2005년 1,474억 9,600만 원에서 2009년 2,664억 4,700만 원으로 늘어났다. 같은 기간 점유율도 25.8%에서 34.6%로 증가하였다.

### 3) 제한적 시청채널군(채널레퍼토리)의 형성

다채널화에 따라 새롭게 등장한 채널들은 최대 다수의 익명적 시청자군에 무작위로 뿌려지는 대신 채널의 내용 및 방향이 특별한 관심이나 세분화된 시청자집단으로 지향된 협송(narrowcasting)의 특성을 지닌다. 채널의 증가 및 전문화 추세는 개개 시청자들이 차별적 욕구를 십분 충족할 수 있는 이상적 TV시청 상황에 대한 전망으로 이어지기도 한다.

하지만 다플랫폼 다채널 상황에서 시청자들이 실질적으로 드러내는 시청 행태는 이러한 이상적인 전망과 차이를 드러낸다. 시청자들은 일정한 시행착오를 거쳐 수십여 채널들 중에서 소수(10여 개 안팎)의 채널들을 집중 시청하는 양상으로 귀착되는 모습을 보이게 되는데 이러한 채널들을 채널 레퍼토리라고 한다. 채널 레퍼토리에는 앞서 살펴본 바, 다매체 상황에서도 다수의 시청자들에 의해 지배적으로 시청되는 지상파 채널들 및 그 파생채널 외에 오락성이 강한 영화, 드라마, 오락, 스포츠, 음악 채널들이 주로 포함된다. 유료방송 플랫폼 사업자들은 이러한 채널들을 접근이 쉬운 낮은 번호대의 채널들에 집중 배치함으로써 이러한 경향을 더욱 심화시키게 된다.

정리하면, 방송 시청자들은 다채널상황에서 특정한 프로그램 유형 내지 제한된 수의 채널들에 대한 편식적 시청경향을 보이는 경향이 있다. 이러한 시청 경향을 플랫폼 사업자들은 편성에 적극 반영함으로써 더욱 심화시키게 된다.

문제는 이러한 편식적 시청경향이 특정한 사회집단과 체계적인 관련 하에 나타나게 될 경우다. 이를 테면 교육수준이나 소득수준이 높은(high SES) 집단들의 경우 뉴스/정보/교양 프로그램을 선호해서 이를 보다 많이 시청하는 반면, 사회하층집단(low SES)은 오락/드라마/스포츠 프로그램들로 주로 빠져나간다면 이 양 집단 간에 존재하는 사회적, 정치적 격차가 확대될 수 있다.

TV 서비스 이용의 복잡성 증대 역시 이러한 문제를 심화시킬 우려가 있다. TV가 소수채널을 제공하는 단순한 매체였을 때는 수용자에게 주어진 선택의 자유는 극히 제한적이었고 따라서 수용자는 주어지는 내용을 수동적으로 받아들이는 동질적인 존재였다. 그런데 채널의 증대 및 프로그램의 다양성 증대로 TV 이용의 복잡성이 증대되면 서비스의 다양성을 파악하고 이를 충분히 활용하는 시청자들과 이를 충분히 이해하지 못하고 주어진 옵션중의 일부만을 제한적으로 이용하는 시청자들(주로 노년층, 저교육층, 중하층 부모를 둔 아이들) 간의 격차가 심화될 소지가 있다(Youn, 1994). 특히 스마트TV 내지 스마트폰 어플리케이션을 통한 지능형 방송 시청이 확산되면서 방송이용격차는 단순한 이론적 논의를 넘어 당면한 현실과제로 부상하고 있는 상황이다. 이는 종래 사회통합을 강화하는 보편적 미디어였던 TV가 점차 사회적 가치의 전달능력이 약화되는 개인 미디어, 적절한 매체이용(media literacy) 교육의 뒷받침 없이는 불평등을 심화시키는 미디어로 전환되고 있음을 의미한다.

### 4) 공익적 프로그램의 기반약화

다매체 다채널 상황이 전개됨에 따라 채널공급차원에서 외연적 다양성이 증가하고 있음은 분명하다. 실제로 채널수의 증가 및 이에 따른 채널의 전문화는 상상력의 한계에까지 추진되고 있다는 표현이 걸맞을 정도다. 실제로 종래 4~5개에 불과하던 TV 채널이 수십, 수백여 채널로 증가함에 따라 프로그램의 질은 차치하고라도 다양성은 이미 실현된 목표인 것처럼 비추어진다.

하지만 이와 같은 외면적인 다양성의 증진 추세가 실제로 사회적으로 요구되는 다양성을 적절히 반영하는지는 좀 더 면밀한 검토가 필요하다. 시장주의자들은 다매체 다채널 상황 하에서 개개 시청자들은 자신이 프로그램에 대해 부여하는 가치 또는 후생을 자신들이 지불하려는 가격으로 방송사에 대해 직접 의사소통하기 때문에 극소수의 수요라도 잘 충족될 수 있다고 본다. 따라서 혼합편성원칙처럼 다양성 내지 다원성을 보장하기 위한 전통적인 방송서비스 내용규제는 더 이상 필요하지 않다는 주장도 제기된다.

그러나 이러한 주장은 쉽게 반박될 수 있다. 시장원리에 맡겨졌을 때 방송채널들은 시장 수요, 즉 시청자들의 선호에 주목하며 발전한다. 다수의 시청자들이 일차로 원하는 것이 흥미본위의 오락물인 상황에서 결국 다양성이란 일차적으로 자극적인 오락물의 다양성 증대를 의미한다고 보는 것이 타당하다. 극소수의 수용자란 수적으로 소수이지만 사업성 차원에서 중요한 의미를 지닌 경제적 능력을 갖춘 수용자일 때만 의미를 지닌다. 이러한 소수가 정치적 소수자 내지 사회적 약자와 거리가 있음은 물론이다. 결국 시장공급의 원리에만 맡겼을 때 구현되는 다양성은 채널증가와 무관하게 상업적 내용물의 다양성을 의미할 가능성이 높다. 지불능력을 갖추지 못한 시청자들의 존재와 필요, 상업적 소구력을 지니지 못한 사회적 가치는 다플랫폼 다채널 상황의 TV 서비스 제공체계 하에서 상대적으로 무시될 가능성이 크다.

다매체 다채널 상황이 전개되면서 이른바 창구효과(window effect)로 인해 프로그램의 완성도가 제고된다는 주장도 마찬가지다. 창구효과란 다매체 상황에서 하나의 콘텐츠가 복수의 플랫폼을 통해 다단계로 유통되면서 보다 많은 부가가치를 창출하고 그에 따라 처음부터 보다 많은 제작예산을 투입할 수 있게 되어 전반적으로 프로그램의 품질이 향상될 수 있다는 것이다. 실제로 여러 실증연구들을 통해 이러한 창구효과는 입증되어 왔다(윤석민, 2005, 2장의 논의 참조). 하지만 프로그램의 다단계유통에 따른 창구효과가 모든 프로그램에 적용된다고 보는 것은 잘못된 주장이다.

수많은 프로그램들이 시청자들의 시간과 관심을 대상으로 치열하게 경쟁하는 상황 하에서 다단계 창구를 통해 유통되고 그에 따른 제작예산 증대효과를 기대할 수 있는 프로그램의 유형은 처음부터 제한적일 수밖에 없다. 실제로 다단계 방식으로 유통되는 프로그램들의 대부분은 드라마, 스포츠, 영화, 성인물 등과 같은 오락 프로그램들이라고 할 것이다. 반면에 사회적 가치를 앞세우는 공공성이 강한 프로그램들은 대부분의 경우 창구효과에 따른 추가적 부가가치 실현을 기대할 수 없는 방식으로 제작, 공급되는 것이 통례다.

따라서 다매체 다채널화는 창구효과를 통해 오락적인 내용물의 질적 강화를 초래하는 만큼 공공성, 공익성이 강한 프로그램의 상대적 입지를 약화시켜 양자 간의 격차를 심화시키고 궁극적으로는 프로그램의 다양성 또는 다원주의를 약화시킬 우려가 크다는 것이 보다 현실적인 예측이다. 따라서 다매체 다채널 환경 하에서도 방송의 다양성, 특히 시장이 공급하기 어려운 공익적 콘텐트가 제작, 공급될 수 있도록 지원하는 정책은 여전히 중요한 의미를 지닌다고 할 것이다.

## 3. 새로운 방송환경 하에서의 통일 이념 실천방안

### 1) 다플랫폼 다채널화에 따른 기본 정책방향

이상에서 살펴본 다매체 다채널 상황의 전개, 그 안에서 제공되는 서비스의 세부적 특성 및 TV시청행태의 변화는 방송을 통한 통일 이념 실천을 제도화하려는 일체의 노력들이 일차적으로 고려해야 할 사항들이다. 이러한 요인들에 대한 엄밀한 분석 없이 이루어지는 당위론적 접근은 자칫 실효성 없는 구호에 머무르고 말 우려마저 있다.

우리 사회 방송이 지향해야 할 가장 중요한 공익적 가치라 할 수 있는 민족동질성 강화 및 통일지향성을 다매체 다채널 상황의 방송을 통해 구현하는 것과 관련한 주요 고려사항들은 다음과 같이 정리해볼 수 있다.

① 민족동질성/통일지향성 제고를 위한 방송은 종래와 같은 소채널 지상파 방송이 아니라 다수의 플랫폼과 채널들이 경쟁하는 복잡다단한 다플랫폼 다채널 방송서비스제공 및 시청 상황을 면밀히 고려해 추진되어야 한다.

② 다플랫폼 다채널 방송 상황에서 지상파 방송은 시청점유율 및 영향력 면에서 여전히 주도적인 위치를 점하고 있는 방송채널이다. 또한 지상파 프로그램은 지상파 파생PP 및 프로그램 단위의 재방영을 통해 다양한 유료방송채널로 확산된다. 따라서 새로운 방송환경 하에서도 민족동질성/통일지향성 제고를 위한 방송은 일차적으로 지상파를 통해 구현되는 것이 중요하다.

③ 다플랫폼 다채널 방송 상황에서 시청자들은 다수의 채널들이 제공하는 모든 내용을 폭넓게 활용하기보다는 소수의 주시청 채널 군(레파토리)으로 시청범위를 한정하는 경향을 보이게 된다. 공익적 가치가 높지만 오락성이 낮은 민족동질성/통일지향성 제고 목적의 방송 프로그램 내지 채널은 정책적 개입이 없을 경우 애초에 편성자체가 힘들어질 가능성이 다분하며, 설사 정책적으로 편성이 강제된다고 하더라도 다매체 다채널의 넓은 바다에서 누구의 눈에도 띄지 않고, 누구도 방문하지도 않는 게토(getto) 편성영역에 방치될 가능성이 다분하다.

④ 따라서 민족동질성/통일지향성 제고 방송 내용물이 애초에 폭넓게 시청되고 기대 효과를 거두기 위해서는 채널단위 내지 프로그램 단위로 의무편성이 정책적으로 의무화되고 많은 사람들이 쉽게 도달할 수 있는 채널 및 시간대에 편성되는 것이 매우 중요하다. 이를 위해서는 무엇보다 우선적으로 방송제도의 명문화된 형식인 방송법령에 우리나라 방송이 지향하는 기본적인 이념적 가치로서 민족동질성 및 통일지향성이 명시될 필요가 있다. 또한 종합적인 채널 편성 계획(grand channel plan) 마련을 통해 핵심채널들을 통한 남북문제 및 통일 관련 프로그램 편성의무를 구체화할 필요가 있다.

⑤ 다플랫폼 다채널 상황에서는 내용물의 소비차원에서 통일지향 내용물과 같은 공익적 방송내용물이 소외될 가능성이 크다. 내용물의 생산(제작)차원에서도 프로그램 제작 자체가 부실해져 완성도가 떨어질 위험이 존재한다. 오락성이 높은 프로그램들의 경우 복수의 플랫폼, 채널들을 통해 창구효과를 극대화하는 데 따른 고예산 제작이 가능해지는 반면, 공익적 프로그램들의 경우 일회성으로 방영되고 마는 저예산 제작물로 전락하게 되는 것이다. 아무도 거들떠보지 않는 '칙칙한 공익 프로그램들'이 그것이다. 이러한 점을 고려할 때, 다매체 다채널 환경에서 통일 관련 방송내용물의 경우도 가급적 시청자들의 기호에 부합하는 상품성(오락성)을 지닐 수 있게끔 기획되어야 한다. 이때 비로소 통일방송 프로그램은 창구효과의 이점을 살려 고예산 고품질 프로그램으로 기획, 제작될 수 있음은 물론 사회적으로 폭넓은 시청과 반향을 불러

일으킬 수 있게 될 것이다.

⑥ 종합적으로, 다매체 다채널 상황에서 방송은 더 이상 누구에게나 이용이 용이한 미디어가 아니다. 통일지향 방송프로그램처럼 방송을 통해 공익적 가치를 제고하고자 하는 노력은 단순히 수많은 채널들과 프로그램들 속에 공익적 채널이나 프로그램을 추가하는 데서 멈추지 않고 복잡다단한 미로와도 같은 방송채널 및 프로그램들 사이에서 프로그램제작의 품질을 제고하고 시청자들을 이러한 프로그램 시청으로까지 이끄는 노출 유도의 노력까지를 포함해야 한다.

이하에서는 다플랫폼 다채널 시대에 제공되는 다양한 층위의 방송서비스별로 통일지향성 제고를 위한 방송내용물이 적절히 공급되고 시청될 수 있기 위한 제도적 방안을 보다 구체적으로 살펴보고자 한다.

### 2) 다플랫폼 다채널 시대의 방송정책 청사진

다플랫폼 다채널 환경에서 일관되고 체계적인 방송정책이 추진되기 위해서는 공영방송과 민영방송, 지상파와 새로운 플랫폼, 다양한 PP들 간의 관계를 아우르는 종합적인 방송채널모형 내지 방송채널정책의 청사진이 설정될 필요가 있다. 종래 우리나라 방송정책은 이러한 종합적 청사진이 없이 각 매체단위 정책이 추진된 관계로 정책 간의 충돌 내지 비효율성이 적지 않았다. 다음 [그림 6-1]은 이러한 차원에서 다플랫폼 다채널 시대의 종합적인 방송정책 모형을 예시해본 것이다.

이 같은 모형에서 방송서비스는 공공적 책무(공익성)가 부과되는 수준에 따라 크게 기간공영방송, 공영적 민영방송 및 특정목적방송, 지상파방송, 유료방송으로 구분된다. 기실 공영방송과 민영방송을 엄밀하게 구분하는 것은 가능하지 않지만, 굳이 구분을 하자면 공영방송의 범주에는 기간공영방송, 공영적 민영방송과 특정목적방송이 포함되고 나머지는 민영방송으로 분류된다고 할 것이다. 비록 공영방송에 포함되지 않는다고 해도 지상파 방송에는 일

**그림 6-1** 다플랫폼 다채널 시대 종합적인 방송채널정책 모형

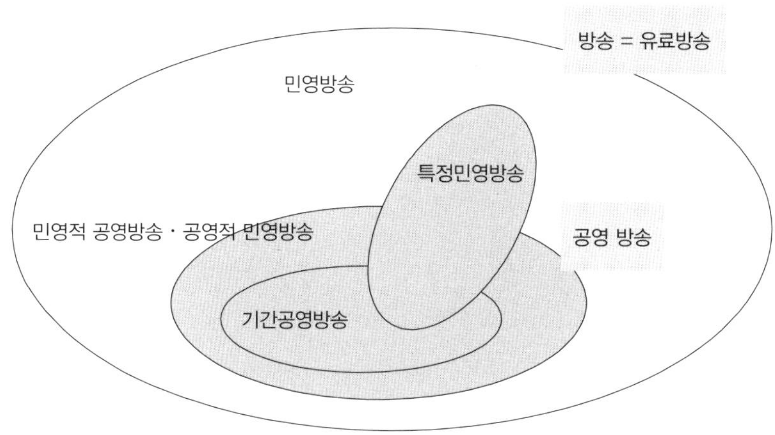


출처: 윤석민(2011), p. 528.

반적인 유료방송에 비해 보다 높은 공익성의 기준이 적용된다고 할 것이다.

기간공영방송은 디지털 다플랫폼 시대의 중심적 공영 미디어로서 사회구성원 전체를 보편적으로 아우르고, 여타 매체들과 차별화된 양질의 콘텐트를 제공하며, 가장 기초적이고 중요한 사회적 공론장으로 기능하는 채널들이다. KBS와 EBS가 이에 해당된다.

공영적 민영방송/민영적 공영방송이란 공영과 민영의 혼성적 형태로 대중적 공영성을 주도적으로 실천하는 방송이다. KBS2, MBC, 새로 도입되는 종편PP, 보도전문PP가 해당된다.

특정목적방송은 특수하게 규정된 목적을 지향하는 채널들을 의미한다. 이에는 공공채널로 지정된 채널들을 포함해 정부 또는 지자체 출자 채널들(KTV, NATV, OUN 등), 공익성 채널 및 종교채널 등과 같이 특수한 목표를 구현하기 위해 설립, 운영, 지원(공공적 예산지원 내지 유료방송 의무편성보장 등)되는 채널들이 포함된다. 소유지배구조상 공영일수도 있고 민영일 수도 있기에 공민영 영역을 가로지르는 것으로 표시된다.

민영방송은 공공적 방송(기간공영방송, 공영적 민영방송 · 민영적 공영방송, 특정목적방송을 포괄)을 제외한 모든 방송에 해당한다(MMS, Smart TV 등과 같은 새로운 서비스도 여기에 포함).

### 3) 방송서비스별 민족동질성/통일지향성 제고를 위한 정책방향

#### (1) 기간공영방송

이러한 모형에서 가장 중요한 것은 역시 기간공영방송이다. 공영방송은 가장 단순하게 정의해서 국가권력의 방송 내지 주주의 방송이 아니라 국민의 방송을 지향하는 방송이다. 국민의 국민에 의한 국민을 위한 방송을 실천하고자 국가권력 및 자본의 통제 위험을 최소화하기 위한 방송이념이다. 이는 진입 및 소유 등 사업구조, 재원, 프로그램 편성 등 서비스와 경영 전반에 걸쳐 엄격한 공공적 규제정책으로 가시화된다. 보다 구체적으로 ① 공적 재원, ② 공적 소유 및 거버넌스, ③ 공익적 서비스 제공이라는 조건이 동시 충족될 필요가 있다.

1980년대 중반이후 공영방송제도의 존립 타당성은 정당성, 정체성, 및 효율성 차원에서 도전을 받아왔다. 하지만 다플랫폼 다채널 시대에도 시장의 한계를 보완하기 위하여 공영방송제도가 여전히 필요하다는 것이 방송제도연구자들의 지배적 견해다(강형철, 2005, 2007; 조항제, 2003; Curran, 2002; McChesney, 2003; Scannell, 1989; Syvertsen, 1999). 그 대표적인 학자인 Curran(2002)에 따르면, 다원화 · 다양화되는 미디어 환경 속에서 중핵미디어(core media)로서 공영방송의 역할이 한층 중요하다. 중핵미디어란 개개인의 권리와 이익이 극대화되는 다원적 사회에서 사회를 통합하고 민주적 가치를 구현하는 공공적 담론의 장으로 공영방송(public service TV)이 이에 해당한다.

우리나라 방송정책의 기조는 많은 경우 시장을 불신하고 사업자들의 자유에 앞서 책임, 공공체적 덕목, 공공적 개입의 필요성을 강조하는 것이었다. 다플랫폼 다채널 시대를 맞아 방송의 산업적 측면이 강조되고는 있지만, 우리나라 국민 다수에게 방송의 공적역할에 대한 기대와 열망은 여전히 굳건하다 할 것이다.

특히 우리 사회에서 사회적 소통의 중추이자 사회통합의 보루라고 할 기간 공영방송은 다매체 다채널 시대에도 그 위상이 유지, 강화될 필요가 있다. 방송의 민족동질성 및 통일지향성 강화차원에서 공영방송이 수행해야 할 과제를 구체적으로 제시하면 다음과 같다.

① 기간공영방송이 지향하는 기본적 가치로서의 민족동질성 및 통일지향성 적시

'민족동질성'과 '통일지향성'은 새로운 방송환경 하에서 우리의 기간공영방송이 존립당위성과 정체성을 유지하기 위해 지켜가야 할 가장 중심적인 가치라 할 것이다. 다음의 [표 6-4]는 다플랫폼 다채널 시대의 도전에 직면해 해외의 주요 기간공영방송들이 내세우고 있는 공적 목표들을 정리해서 보여준다.

**표 6-4** 해외 주요기간 공영방송의 공적 목표

| BBC (영국 2007 칙허장) | NHK(일본 방송법) | ZDF(독일 방송텔레비젼 미디어국가협약) | FR3(프랑스 방송법) |
|---|---|---|---|
| ✔ 시민의식과 시민사회를 유지한다.<br>✔ 교육과 학습을 장려한다.<br>✔ 창의성과 문화적 우월성을 북돋운다.<br>✔ 영국연합과 영국의 국가, 지역, 공동체를 대표한다.<br>✔ 영국을 세계로 이끌고 또한 세계를 영국으로 이끈다.<br>✔ 공중이 새로 등장하는 커뮤니케이션 기술 혜택을 누릴 수 있게 하며, 디지털 TV 전환하는 데 있어서 주도적인 역할을 수행한다. | ✔ 국민의 다양한 요망을 만족시킴과 동시에 문화수준의 향상에 기여할 수 있는 풍요롭고 질 높은 방송 프로그램을 방송할 것<br>✔ 전국적으로 방송을 수신할 수 있도록 양질의 송신기능을 유지할 것<br>✔ 전국 대상 방송 프로그램과 지방 전용 방송 프로그램을 제공할 것<br>✔ 방송 발전에 필요한 조사 연구를 실시하여 그 성과를 일반에게 공개<br>✔ 국제 친선의 증진 및 경제 교류에 이바지 할 수 있도록 국제방송 등을 실시 | ✔ 파편화된 방송시장에서 신뢰를 주는 섬으로서의 역할 수행<br>✔ 모든 국민에게 디지털혁명의 혜택을 제공<br>✔ 독립적이고 신뢰할 수 있는 정보매개자로서의 역할 수행<br>✔ 국가 차원의 중대 사안에 관한 정보전달 보장<br>✔ 일정 수준 이상의 질적 서비스 보장<br>✔ 상업방송이 수행하지 못하는 취약한 영역의 서비스 제공<br>✔ 문화적 정체성 보장<br>✔ 국내 및 유럽차원의 프로그램 제작 지원<br>✔ 개혁 추동자로서의 역할 수행 | ✔시민의 방송이며, 개인 개성을 존중<br>✔개방성, 다양성확보<br>✔인권 존중, 정보, 교양, 오락 제공<br>✔토론의 활성화 및 사회통합 추구<br>✔예술문화발전, 지식보급, 미디어교육에 기여<br>✔문화, 청소년 프로그램의 다양성 확보<br>✔문화유산의 가치를 높이는 프로그램 제작<br>✔야간시간 청소년 유해프로 방송금지<br>✔프로그램 등급표시 의무 |

세계 주요 기간공영방송들이 내세우는 목표를 살펴보면 각국의 상황에 따라 차이가 있음을 알 수 있다. 독일과 프랑스의 경우를 보면 '신뢰의 섬', '개혁추동자', '인권 존중', '문화, 청소년 프로그램 다양성 증진', '야간시간 유해프로 방송금지' 등과 같이 차별적인 목표가 제시되고 있다.

반면에 3장에서 살펴본 바대로, 우리나라의 경우 공영방송이 어떠한 정체성, 질적 목표를 추구하는지는 법제도적으로 매우 모호한 실정이다. 공영방송은 법제적 규정이 애매한 가운데, 정치권력이나 상업적 이익에 좌우되지 않는 이상적 방송 정도로 막연히 인식되고 있는 상황이다.

그 결과 실제로 공영방송 서비스가 어떠한 정체성을 추구해야 하는가와 관련해 분명한 방향성을 제시 못한 채 시장주의를 옹호하는 주장들에 대해 반발적인 입장을 취하거나 좁게 정의된 시청자 평가프로그램이나 액세스프로그램 등 미시적, 명목적인 조치들에 매달려온 감이 있다.

따라서 공영방송의 역할을 공고화하기 위해 가장 우선적인 조치로 공영방송이 지향하는 공적 목표를 법제도적으로 분명하게 규정할 필요가 있다 할 것이다. 특히 기간공영방송의 공적 목표에 남북 간의 사회문화적 통합과 통일을 지향하는 방송의 역할이 분명히 명시될 필요가 있음은 두말할 나위가 없다.

② 공영방송 지배구조에 통일지향성의 반영

법제도 상에 기간공영방송의 기본적 가치를 명시함과 함께 공영방송의 위상정립을 위해 최우선적인 고려사항이 국민의 방송으로써 특정 정치권력이나 자본권력에 휘둘리지 않는 공영방송 지배구조(governance)를 정립하는 일이라고 할 것이다. 현재의 공영방송 지배구조(KBS 이사회) 및 기능(사장 임면, 프로그램 통제, 예결산 통제 등)은 정치적 독립성 및 전문성, 대표성 등의 측면에서 심각한 제도적 문제점을 지닌 것으로 평가되고 있다. 이사들을 공개모집을 한다지만 요식행위일 뿐 정권이 바뀔 때마다 권력을 잡은 측이 자기사람들로 이사진을 갈아치우고, 정치적으로 편향되고 비자격의 자리잇속이 우선인 인사들이 이사직을 차지하곤 한다는 비판이 그것이다. 감시감독기구

**표 6-5** 세계 주요국가 공영방송 지배구조

| 구분 | KBS | BBC(英) | ARD(獨) | FT(佛) | NHK(日) |
|---|---|---|---|---|---|
| 규제근거 | 방송법 | 칙허장 협정서 커뮤니케이션법 | 방송국가협정 州방송법 | 커뮤니케이션 자유에 관한 법률 | 방송법 |
| 규제기관 | 방통위 | OFCOM | 자율규제 | CSA | 총무성 |
| 최고의사 결정기구 | KBS이사회 | BBC Trust | 방송평의회/ 이사회 | 경영위원회 | 경영위원회 |
| 사장임명 | 대통령 | BBC Trust | 방송평의회 | 대통령* | 경영위원회 |

* 프랑스는 공영방송 개혁법안(2009. 3. 8)을 통해 공영방송 사장 선임방식을 기존의 방송위원회(CSA) 임명에서 대통령임명(CSA 동의 및 국회 상하원 문화위원회의 인준필요)으로 변경

인 방송사와의 관계에서도 이사회 사무국이 방송사로부터 독립되어 있지 못하고 이사회의 방송사 감독 기능도 취약하다는 비판을 듣고 있다.

이 연구에서 다루는 방송의 민족동질성/통일지향성 제고 목표와 관련해서도 현재의 기간공영방송 지배구조는 대표성 및 전문성 차원에서 많은 한계를 드러내고 있다. 이를 개선하기 위해서는 현재와 같이 정치적 대표성만 강조된 소수 이사회를 다원적 대표성을 강화시킨 다수 이사회로 변화(독일식 모형)시키는 방안이 적극 검토될 필요가 있다. 즉, 현재 11인의 이사회를 전문성 및 정당, 지역, 사회단체, 직능, 종교, 사회적 약자(여성, 어린이, 노약자, 장애인) 등 다원적 대표성을 강화하는 구조로 변경시키되 그 안에 남북간 사회문화적 통합 및 통일지향성 강화와 관련된 전문적 대표성이 반영될 수 있도록 제도화시킬 필요가 있다.

이사회의 규모가 커지는 데 따른 의사결정의 비효율성 문제가 제기되나, 전체 이사회의 규모를 키우고 비정치적 대표성을 강화함으로써 오히려 효율성이 진작될 가능성도 있다. 이사회 운영 차원에서 사장 선임과 같은 민감한 문제는 전체회의에서 다루되 일상적인 기능은 경영 소위원회, 예산소위원회, 편성소위원회 등을 구성해 운영하면 대표성과 효율성을 동시에 갖추는 것이 가능하다.

③ 수신료 현실화와 통일지향성의 강조

공영방송은 일차적으로 수신료에 의해 재원이 충당되어야 한다. 우리나라 공영방송 수신료는 1980년 이래 30년간 2,500원으로 동결되어 있는 실정이다. 공영방송 수신료는 공영방송과 민영방송의 애매한 정체성 문제를 해결함과 동시에, 방송 산업 육성을 위한 최우선 과제인 방송시장 확대와 관련해서도 중요한 의미를 지니기에 시급히 현실화되어야 한다.

일부 시민단체는 국민 부담증가를 근거로 수신료 인상을 반대하기도 한다. 하지만 이들의 주장대로 수신료 현실화가 국민들에게 과도한 부담을 주는지는 꼼꼼하게 따져보아야 한다. 우리나라 국민들은 통신요금으로 공영방송 수신료의 50배에 달하는 비용을 지불하고 있다. 만일 과도한 부담을 느끼는 계층이 있다면 그 계층에 대한 지원 정책을 마련하면 된다. 공영방송이념을 존중하고 방송시청자의 권리를 지켜내려 한다면 공영방송의 가치를 신봉하는 시민단체의 입장에서 오히려 앞장서 "입에 쓴, 하지만 꼭 필요한 약"인 수신료 현실화를 주장하는 것이 타당하다.

수신료 인상을 반대하는 보다 타당한 주장은, 공영방송 선(先)정상화 후(後) 수신료 인상을 주장하는 입장이다. 하지만 지금까지 경험에 비추어 수신료 현실화 시도에 대해 조건을 다는 것은 수신료 인상 반대의견에 진배없다. 수신료는 방송을 공익적 책무로 이끄는 유인책이지 공영방송을 강제할 수 있는 레버리지가 아니다. 공영방송 정상화의 조건을 우선 갖추어 주고(선수신료 인상), 공영방송이 제대로 역할 하도록 감시·감독을 강화(후정상화)하는 것이 타당하다.

이와 동시에 보다 근본적인 해결책으로 KBS가 내거는 수신료 인상의 당위성을 강화하는 노력이 이루어져야 한다. 디지털 전환 재원마련, 방송제작비 상승, 시청률 경쟁을 벗어난 공익적 프로그램 제작, 디지털 다채널 서비스(MMS) 제공 등, KBS가 내거는 수신료 인상의 공적명분은 국민들 입장에서 설득력이 약한 것이 사실이다. 수신료 인상을 둘러싸고 종편 음모설 등이 제기되는 것도 이러한 이유 때문이라 할 것이다.

KBS가 수신료를 인상함에 있어서 가장 설득력 있는 명분은 다른 방송사와 차별화되는 공익적 정체성의 확립이라 할 것이다. 우리 사회의 국가기간방송이 내세울 공익적 정체성으로 "남과 북의 사회문화적 통합, 민족동질성, 통일지향성 강화를 앞장서 실천하는 방송" 이상으로 중요한 정체성은 없다할 것이다.

국가기간을 통한 방송의 남북 간 사회문화적 통합은 KBS의 방송서비스 전반을 통해 실천되어야 하는 사항이다. 동시에 이러한 목적으로 특화된 서비스가 원래의 취지에 부합하도록 효율적으로 운영되어야 할 것이다. 다음의 [표 6-6]은 현재 우리나라 국가기간방송이라 할 KBS가 실시하고 있는 공공적 서비스를 보여준다. 이중 남북 간 사회통합 국제방송 KBS World TV, 라디오, 그리고 한민족 방송이 남북 간 사회문화적 통합과 관련된 특화서비스라고 할 것이다. 이러한 방송이 과연 유명무실한 명목상의 공적 서비스를 넘어 편성내용 및 수용성 차원에서 소기의 목적을 어느 정도 달성하고 있는지 엄정한

**표 6-6** KBS가 제공하는 공적 책무

| 비수입 공적 서비스 | 광고수입 서비스 |
|---|---|
| • KBS 1TV<br>• 1라디오, 1FM, 3라디오(사랑의 소리 방송)<br>• 국제방송 KBS World TV, 라디오<br>• 한민족 방송<br>• 본사 및 전국 지역 방송망 운영(총 424개 시설)<br>• 디지털 전환(EBS 송신시설 포함)<br>• 난시청 해소 및 수신서비스<br>• 재난 · 재해 주관 방송<br>• EBS 송신 지원 및 수신료 직접 지원<br>• 국가적인 외교 · 문화 · 스포츠 행사 주관<br>• KBS 교향악단과 국악관현악단<br>• 한국어 연구 및 진흥<br>• 방송기술연구, 방송문화연구, 연수시설 개방<br>• 시청자위원회, 시청자평가원, 고충처리인제도, 정보공개제도, 시청자상담실, 수신료콜센터, 열린채널<br>• 장애인을 위한 자막·수화방송, 성금모금·기부프로그램, 사회복지재단 | • KBS 2TV<br>• 2라디오/ 2FM<br>• 지상파 DMB |

평가가 필요하다. 이러한 평가 결과가 구체적인 근거로 제시될 때 공영방송 수신료 현실화는 설득력과 정당성을 지닐 수 있게 될 것이다.

### (2) 공영적 민영방송

공영적 민영방송 내지 민영적 공영방송이란 앞의 논의를 연장하자면 경쟁력 있는 대중적 공영성을 주도적으로 실천하는 방송이다. 기간공영방송이 ① 공적 재원, ② 공적 소유 및 거버넌스, ③ 공적 서비스 제공의 엄격한 교집합으로 정의된다면, 공영적 민영방송은 이러한 조건의 합집합으로 느슨하게 정의되는 공영방송이라 할 수 있다. 여기에는 MBC와 함께 현재 도입이 논의되고 있는 종합편성채널 및 보도전문채널 등이 포함된다고 할 것이다.

다플랫폼 다채널 시대에 방송의 공익성 제고를 위한 방송내용물이 다수의 시청자들에게 폭넓게 수용될 수 있기 위해서는 가급적 시청자들의 기호에 부합하는 완성도 및 상품성(오락성)을 지니도록 기획 · 제작될 필요가 있다. 이 맥락에서, 공영적 민영방송 채널은 자칫 공익성에 과잉 매몰되기 쉬운 기간공영방송의 역할을 보완해줄 수 있다.

공영적 민영방송에 대해서는 기간공영방송보다는 덜 엄격하지만 민영 방송보다는 엄격한 공익 규제가 적용되는 것이 타당하다. 주요 프로그램 장르(보도/시사 프로그램)에 대해 보다 엄격한 규제를 적용하고 광고영업에 제한을 두는 것(중간광고나 간접광고 제한) 등이 그 예가 될 수 있다. 공영적 민영방송이 이 같은 차별적 규제를 수용하게 하기 위해서는, 공익적 의무 수행에 상응하는 인센티브가 제공될 필요가 있다.

MBC는 방송문화진흥회라는 공익적 특수법인이 지배하는 구조로만 보면 공영방송이지만 광고수입에 의존하며 시청률 경쟁을 벌이는 양태는 전형적인 민영방송의 모습이다. 이를 둘러싼 정체성 시비가 1990년대를 거쳐 현재까지 지속되고 있는 가운데 급기야 2008년도 이후에는 그 정치적 개편여부가 극단적인 사회갈등의 핵으로까지 등장하기에 이르렀다. 이른바 MBC의 정명(正名)을 둘러싼 논쟁이 그것이다. 하지만 공영적 민영방송은 방송제도 측면에서 공영방송제도의 장점에 민영방송의 경쟁력 내지 효율성을 가미하려고 한 시도로써 혼성적 정체성은 그 자연스런 결과라고 할 것이다.

일각에서는 MBC를 공영방송 내지 상업적 방송중 하나로 분명하게 전환시키자는 방안이 제기되기도 한다. 하지만 현재처럼 상업적 방송플랫폼이 급증하고 있는 방송시장 상황에서, 민영방송이 과도한 상업주의로 흐르지 않고 공익적 책무를 수행하도록 하는 공영적 민영방송은 공익적 책무의 수행정도에 따른 정책적 지원 내지 인센티브의 제공을 통해 존속·발전되어야 할 제도이다. 현 시점에서 MBC에 대한 최선의 정책목표는 여전히 공영방송과 민영방송의 장점을 살린 "경쟁력 있는 공영방송"을 실천하는 것이라 할 것이다.

MBC를 통해 경쟁력 있는 공영방송을 실천하기 위해서는 앞서 기간공영방송의 경우와 마찬가지로 첫째, 공영적 민영방송인 MBC를 통해 구현하고자 하는 공공성의 목표들이 무엇인지를 법제도 내지 정관 등을 통해 분명히 밝힐 필요가 있다. 둘째, 공공성과 경쟁력을 동시에 갖추어가기 위한 지배구조의 개선이 이루어져야 한다. 이를 위해서는 사회적 합의에 의한 대안적 지배구조가 마련되기 전까지, MBC의 지배주주인 특수공익법인인 방송문화진흥회 이사회가 대외적으로 정치적 독립과, 방송의 공정성, 사회적 책임성을 실천하면서 안으로 노조의 영향력을 배제하고 효율경영, 책임경영을 실천하는 실질적인 권능과 책임성을 지닌 이사회로 재편되는 것이 최선의 방책이라 할 것이다. 이사회의 구성에 정치적 대표성 내지 전문적 대표성 차원에서 통일지향성 내지 남북의 사회문화적 통합 문제에 대한 전문성이 십분 고려된다면 더할 나위가 없다.

편성 내용 차원에서도 공영적 민영방송의 강점을 살려 시청자들의 기호 및 눈높이에 부합하는 완성도 및 상품성(오락성)을 지닌 통일 관련 프로그램이 적극적으로 기획, 방영될 수 있게끔 유도하는 방안이 필요하다. 공영적 민영방송의 강점을 살려 제작된 공공성과 오락성을 겸비한 통일 관련 프로그램의 도달력 및 파급효과가 막대하리라는 것은 쉽게 짐작할 수 있다. 예를 들어 MBC가 내보내는 인기절정의 예능프로그램인 <무한도전> 내지 <무릎팍도

사> 등에서 통일 관련 주제를 방영한다고 가정해보면 된다. 하지만 이처럼 공공성이 강한 소재로 프로그램을 제작하는 것은 경쟁력이 떨어지기에 자칫 기피의 대상이 될 수 있다. 따라서 공영적 민영방송이 남북 간 사회문화적 통합에 도움을 주는 프로그램을 적극 기획, 방영하게끔 방송평가, 내지 공적 지원 차원에서의 인센티브를 제도화할 필요가 있다.

민영적 공영/공영적 민영 방송의 범주에 들어가는 또 다른 주요 방송사업자는 종편채널이다. 2010년 12월 말 오랜 진통을 거쳐 조선, 중앙, 동아, 매경 등 4개 사업자에 대해 사업권이 승인되었다. 종합편성채널을 둘러싸고 그간 시비가 지속되어 왔는데 가장 근원적인 문제는 동 채널의 애매한 정체성이다. KBS1과 EBS에 대해서만 적용되는 의무편성을 이들 채널들에 대해 적용하는 실정법에 따르면, 이 채널들은 공영적 민영방송에 해당한다고 보는 것이 타당하다.

종편에 대한 특혜시비를 불식시키고 새로운 채널들을 성공적으로 안착시키기 위해서는 종합적인 방송채널정책의 그림 속에 종편에 대한 일관성 있는 규제정책의 틀을 갖추는 작업이 시급하다. 특히 이를 공영적 민영방송으로 정책화하려면 공적서비스 제공이라는 조건을 승인 및 재승인 조건으로 명확히 할 필요가 있다. 종편 채널이 남북 간의 사회문화적 통합, 민족동질성 및 통일 지향성 강화에 기여해야 한다는 요구가 그 주요 항목이 될 수 있을 것이다. 동시에 종편은 주요 보수 일간지들이 지배 주주로 참여하는 만큼 보도의 공정성이 지켜질 수 있을지에 대해 우려가 제기된다.

특히 우려가 되는 것은 남북 간의 문제에 대한 보도에서 드러날지 모를 이념적 편향성이다. 만에 하나 이러한 채널들이 남북문제에 대해 극단적인 근본주의, 대결주의 내지 모험주의적 보도경향을 유지할 경우 사회여론에 대한 부정적 영향은 물론 이러한 보도내용 자체가 남북 간 갈등을 악화시키는 직접적인 불씨가 될 우려마저 존재한다. 따라서 이들 종합편성 채널들이 방송을 시작하는 초기단계부터, 보도·시사의 공정성을 기하기 위한 정책적 조치, 특히 남북문제와 관련된 보도에 있어서 남북 간 긴장을 완화하고 사회문화통합에 기여하는 방향으로 보도가 이루어질 수 있게끔 유도하는 정책이 강조될 필요가 있다.

### (3) 특정목적방송

특정목적방송은 공익성 차원에서 특수하게 규정된 목적을 지향하는 채널들이다. 이에는 공공채널로 지정된 채널들을 포함해 정부 또는 지자체 출자 채널들(KTV, NATV, OUN 등), 유료방송 공익성 채널 및 종교채널 등과 같이 특수한 공적 목표를 구현하기위해 설립, 운영, 지원(공공적 예산지원 내지 유료방송 의무편성보장 등)되는 방송채널들이 포함된다. 현재 이러한 채널들의 효용성을 둘러싸고 시비가 일고 있다. 그 대표적인 예가 의무편성이 정책적으로 보장된 종교채널 및 공익성채널들이다.

공익채널제도는 방송법 70조 및 78조에 근거하여 케이블방송, 위성방송, 중계유선 방송 사업자들이 의무적으로 편성해야 하는 채널을 지정한 의무편성제도의 일환이다. 지상파 재송신 채널 및 공공채널과 달리,[8] 공익채널에 해당하는 분야 및 채널수, 그리고 그에 실제 선정된 채널들은 방송통신위원회의 고시 행위를 통해 매년 바뀌어 왔다. 공익채널을 선정하는 '공익성과 사회적 필요성'이라는 기준이 명확하지 못해 선정과정에서 매번 논란이 야기되고 있다.

다매체 다채널 상황에서 민족동질성 및 통일지향성을 강화하는 목적의 방송으로 가장 우선 상정될 수 있는 것이 이러한 특정목적방송 형식의 채널이 될 수 있다. 시장이 제대로 공급하기 어려운 공익성이 강한 통일 관련 프로그램을 주편성 내용으로 상시적으로 내보내는 채널(가칭 '종일채널')이 그것이다. 특히 이러한 채널이 모든 유료방송 플랫폼을 통해 의무 편성되는 공공채널 내지 공익성 채널로 지정될 경우 그 자체만으로 상징성이 매우 크다고 할 것이다. 하지만 이와 같은 특정목적방송의 형식으로 통일방송을 내보내는 것이 현실적으로 가능하며 실효성을 지닐 수 있을지는 사전에 신중한 검토가 필요하다.

---

8 지상파 재송신 채널의 경우 1991~2002년에는 KBS 1TV, KBS 2TV, EBS가 의무편성대상이었으며, 2002~현재는 KBS 1TV와 EBS이다. 보도채널은 2000년부터 현재까지 YTN과 MBN만이 해당 채널이며, 공공채널은 1992~2004년까지는 K-TV, OUN, 아리랑 TV였고 2004년 7월부터 현재까지는 K-TV, OUN, NATV이다.

**표 6-7** 정부 또는 지자체 100% 출자 채널들(공공채널 포함)

| 채널명 | 법인명 | 공급분야 | 기관유형 | 비고 |
|---|---|---|---|---|
| 국군방송(KFN) | 국방홍보원 | 국방정보 및 홍보 | 국방부 소속 국가기관 | – |
| 국회방송(NATV) | 국회사무처 | 의회정보 | 국회사무처 | 공공채널 |
| 한국교통방송(TBN) | 도로교통공단 | 교통정보 및 보조적데이터방송 | 경찰청 소관 준정부기관 | – |
| tbs TV | 서울특별시 | 지방자치 정보 | 지방자치단체 | – |
| TBS DMB | | 교통정보 및 보조적데이터방송 | | |
| OUN | 한국방송통신대학교 | 공공채널(방통대 강의) | 교과부 소속 국가기관 | 공공채널 |
| 한국정책방송(KTV) | 한국정책방송원 | 공공채널(국가정책 홍보) | 문광부 소속 국가기관 | 공공채널 |
| 한국직업방송 | 한국산업인력공단 | 직업교육(정보) | 노동부 소관 준정부기관 | – |

**표 6-8** 공익성 방송부문 변천 과정

| 2006년 | 2007년 | 2008, 2009년 | 2010년 |
|---|---|---|---|
| ① 한국문화(한국어)<br>② 한국문화(영어)<br>③ 수능교육<br>④ 초·중등 교육<br>⑤ 사회적 소수대변<br>⑥ 환경·자연보호<br>⑦ 어린이 청소년<br>⑧ 과학 기술<br>⑨ 순수예술 문화<br>⑩ 역사 다큐 | ① 한국문화(한국어)<br>② 시청자 참여<br>③ 수능교육<br>④ 장애인 시청지원<br>⑤ 교육<br>⑥ 환경·과학<br>⑦ 순수예술<br>⑧ 사회적 소수대변 | ① 시청자 참여 사회적 소수대변<br>② 저출산 고령화 사회 대응<br>③ 문화 예술 진흥<br>④ 과학 기술 진흥<br>⑤ 공교육 보완<br>⑥ 사회교육 지원 | ① 사회복지<br>② 과학 문화 진흥<br>③ 교육 지원 |

**표 6-9** 공익채널 지정 PP(2006~2010년)

| | | 2006 | 2007 | 2008 | 2009 | 2010 |
|---|---|---|---|---|---|---|
| 한국문화(한국어) | KBS코리아 | O | O | | | |
| 한국문화(영어) | 아리랑 국제방송 | O | O | | O | O |
| 수능교육 | EBS플러스1 수능전문 | O | O | O | O | O |
| | EDU TV | O | O | | | |
| 초/중등교육 | EBS 플러스 2 | O | O | O | O | O |
| | 중학직업 | | | | | |
| 어린이/청소년 | 어린이 TV | O | O | | | |
| | JEI재능방송 | O | O | | | |
| 사회적 소수대변 | RTV | O | O | O | | |
| | ABS농어민방송 | O | O | | | |
| | 복지TV | O | O | O | O | O |
| | 법률방송 | | | | O | O |
| 환경/자연보호 | 환경TV | O | O | O | | |
| | 사이언스 TV | | | O | O | O |
| 역사/다큐 | CTN | | | | | |
| | 휴먼TV | O | O | | | |
| | 히스토리채널 | O | O | | | |
| | 내셔널 지오그래픽 채널 | O | O | | | |
| 순수예술/문화 | Arte | O | O | O | | |
| | 예당아트 | O | O | O | O | O |
| | 극동아트(구 예당아트) | | | | | O |
| 저출산/고령화사회대응 | 육아방송 | | | O | O | O |
| | 실버 TV | | | O | O | |
| 사회교육지원 | EBS English | | | O | O | O |
| | JCBN | | | O | | |

첫째, 통일 채널이 현 시점의 방송시장에서 어느 정도의 수용성을 지니고 있을지 따져보아야 한다. 현재 기간공영방송을 포함한 다수의 채널에서 통일 관련 프로그램들을 정기적 내지 부정기적으로 상황에 맞추어 편성하고 있다. 여기에 상시적인 통일 채널 운영을 추가하는 것이 과연 바람직한지 의문이 제

기될 수 있다. 자칫 공공채널 내지 공익성 채널 중 다수가 누구도 시청 않는 군더더기 채널로 인식되는 상황에서 자칫 또 다른 채널을 추가하려 한다는 비판을 초래할 수 있다. 실제로 방송 정책당국은 특정목적방송의 수를 연차적으로 줄이면서 시장원리에 따른 자연스런 채널 공급을 유도하는 정책을 전개하고 있다. 통일 관련 채널을 도입하려 할 경우, 기존에 존재하는 공공 및 공익성 채널들의 운영성과가 사전에 면밀하게 검토되어야 한다.

둘째, 만일 이러한 채널을 설립하고자 할 때 누가 설립 및 운영 주체가 될지에 대해서도 신중한 고려가 필요하다. 실제로 채널의 성격 및 시장성 등을 고려할 때 민간영역에서 이런 채널이 설립될 가능성은 거의 없다고 해도 과언이 아니다. 따라서 이 채널의 설립 및 운영 주체는 결국 남북관계 및 통일 관련 정부부처로 귀착되는 것이 불가피할 것이다. 하지만 통일 채널을 이처럼 정부부처가 담당할 경우 자칫 이는 또 다른 정부의 홍보 내지 선전채널 정도로 운영될 가능성이 크다. 공기업 특유의 비효율성이 개입할 가능성도 다분하다. 이러한 채널은 대다수 국민들의 눈높이에서 볼 때 오히려 없느니만 못한 부정적 성과를 초래할 수 있다.

셋째, 콘텐츠 수급차원에서 과연 민족 동질성 및 통일지향성을 중심으로 전문화된 채널 운용이 가능한지 여부가 검토될 필요가 있다. 앞서 살펴본 바대로 수많은 채널들이 1~2%의 시청률을 둘러싸고 치열하게 경쟁하는 다매체 다채널 상황에서 유료방송 채널들은 대개 프로그램 수급을 많은 투자가 소요되는 자체제작보다는 상대적으로 저렴한 지상파 재전송이나 해외 프로그램 재전송에 의존하고 있는 실정이다. 케이블PP들은 전문채널로서의 특화된 정체성을 살리기보다는 지상파 재전송채널 내지 해외 드라마, 영화 프로그램 전송 채널에 머무르고 있는 실정인데 이는 상당부분 이와 같은 프로그램 수급의 어려움에 기인한다고 할 것이다. 남북문제 내지 통일문제 관련 전문채널을 설립할 경우, 이러한 채널 역시 시청자가 극히 제한적일 수밖에 없기 때문에 편성차원에서 제한된 예산으로 운영되는 케이블PP와 유사한 한계에 봉착할 가능성이 크다.

넷째, 공익성이 강한 프로그램을 공공채널이나 공익성 채널로 지정하여 전송을 의무화하는 공적 지원 내지 보호조치는 중장기적으로 오히려 해당분야 프로그램들의 경쟁력을 약화시킬 가능성이 있다. 통일 채널을 공공채널이나 공익성 채널로 지정할 경우에도 이러한 양면성을 지닐 수 있다. 이영주·송진·채정화(2006)에 따르면 이러한 정책은 SO의 편성권을 지나치게 제한하며, 동일 분야에 공익성 채널로 선정되지 못한 경쟁 PP에게 불이익을 제공할 소지가 크다는 점을 지적한다. 임정수·박남기(2008)는 시청률이 지극히 낮은 공공채널을 의무편성 하는 것은 비효율적이며 시장경쟁을 왜곡시킬 수 있다고 본다. 이상우·서민식·박용석(2009)은 공익채널로 선정된 PP들에 대한 시청자들의 노출수준이 얼마나 달라졌는지를 조사한 결과 시청정도에 거의 차이가 없다는 점을 확인한 바 있다.

이러한 점들을 고려할 때 현재와 같은 다매체 다채널 상황에서 특정목적채널의 형태로 공공기관에 의해 운영되는 독립적인 통일방송 채널을 신설하는 것은 반드시 바람직한 성과를 초래한다고 보기 어렵다. 이러한 채널은 자칫 설립과 동시에 게토화되어 시청 사각지대에 방치되고 오히려 보다 경쟁력 있는 양질의 통일 관련 프로그램 제작 및 편성을 저해할 가능성마저 존재한다. 따라서 특정목적 채널과 관련해서는 새로운 채널을 신설하기보다 종래에 안정적 성과를 보여온 공공채널 및 공익성 채널, 공공기관 출자채널들(예를 들어 정책방송, 국회방송, 국군방송, 교육방송, 국제방송 등)을 대상으로 공익성 강화차원에서 통일 지향성, 민족동질성 강화 프로그램의 편성 비중을 증가시켜가게끔 의무화하는 것이 보다 현실적이고도 타당한 정책방안이라 할 것이다.

## 4. 소결: 논의 및 정책적 제언

이 장에서는 다플랫폼 다채널 방송 상황 속에서 남북 간 사회문화적 통합, 이질성 감소, 통일지향성 강화를 위한 정책적 고려 사항들은 무엇인지 검토하였다. 다플랫폼 다채널 방송 상황이란 수많은 방송 전송수단을 통해 지상파채널(공영, 공공적 민영, 민영) 및 종합편성채널, 그리고 일반 PP 채널들이 복잡한 양상으로 유통되는 상황을 의미한다.

다플랫폼 다채널 방송 상황에서 지상파 방송은 시청점유율 및 영향력 면에서 여전히 주도적인 위치를 점하고 있다. 따라서 새로운 방송환경 하에서도 통일 지향적 방송은 일차적으로 지상파를 통해 구현되어야 한다.

또한 다플랫폼 다채널 방송 상황에서 소수의 주시청 채널 군(레파토리)으로 시청범위를 한정하는 경향을 보인다. 공익적 가치가 높지만 오락성이 낮은 통일지향적 방송 프로그램은 자칫 애초에 편성자체가 힘들어지거나, 누구도 방문하지 않는 위치에 방치될 가능성이 크다. 따라서 통일지향적 방송 내용물은 의무편성이 정책적으로 의무화되어야 할 뿐 아니라, 쉽게 이용될 수 있는 채널 번호대 및 시간대에 편성될 수 있어야 한다.

더 나아가, 통일지향적 방송내용물은 프로그램 제작 기반 자체가 부실해져 완성도가 떨어질 위험이 존재한다. 이를 고려할 때 통일 관련 방송내용물의 경우도 가급적 시청자들의 기호에 부합하는 완성도 및 오락성을 지닐 수 있게끔 기획되어 창구효과의 이점을 살릴 수 있어야 한다.

다플랫폼 다채널 시대의 수많은 방송 채널들 중 중심이 되는 방송채널은 기간공영방송이다. 방송의 통일지향성은 이러한 기간공영방송이 지향하는 핵심적 가치로서 명시되고, 주도적으로 실천될 수 있어야 한다. 현 상황에서 우리나라의 공영방송이 지향하는 목표는 법제도적으로 모호한 실정이다. 따라서 공영방송의 역할을 공고화하기 위해서는 공영방송이 지향하는 기본 이념을 법제도적으로 분명하게 규정할 필요가 있으며, 특히 남북 간의 사회문화적 통합과 통일 지향성이 가장 우선적인 가치로 명시될 필요가 있다.

기간공영방송 지배구조는 대표성 및 전문성 차원에서 한계를 드러내고 있다. 정치적 대표성만 강조된 소수 이사회를 다원적 대표성을 강화시킨 다수 이사회로 변화시킬 필요가 있으며, 이때 남북 간 사회문화적 통합 및 통일지향성 강화와 관련된 전문적 대표성이 반영될 수 있어야 한다.

공영적 민영방송 내지 민영적 공영방송은 경쟁력 있는 대중적 공영성을 주도적으로 실천하는 방송이다. 여기에는 MBC와 함께 현재 도입이 논의되고 있는 종합편성채널 및 보도전문채널 등이 포함된다고 할 것이다. 공영적 민영방송은 공영방송제도의 장점에 민영방송의 경쟁력 내지 효율성을 가미하려고 한 시도로써 자칫 공익성에 과잉 매몰되기 쉬운 기간공영방송의 역할을 보완한다. 이러한 공영적 민영방송이 남북 간 사회문화적 통합에 도움을 주는 프로그램을 적극적으로 기획, 방영하게끔 방송평가, 내지 공적지원 차원 인센티브를 제도화할 필요가 있다.

공영적 민영방송의 범주에 들어가는 또 다른 주요 방송사업자는 종편채널이다. 종편에 대한 특혜시비를 불식시키기 위해서는 일관성 있는 규제정책의 틀을 갖추는 작업이 시급하다. 종편 채널이 남북 간의 사회문화적 통합에 기여해야 한다는 요구가 그 주요 항목이 될 수 있을 것이다. 동시에 종편은 주요 보수 일간지들이 지배 주주로 참여하는 만큼 보도의 공정성, 특히 남북문제에 대한 이념적 편향성이 우려된다. 따라서 출범 단계부터 이들 채널들을 남북 간 사회문화통합에 기여하는 방향으로 유도하는 정책이 요구된다.

마지막으로 특정목적방송은 특수하게 규정된 공공적 목적을 지향하는 채널들이다. 공공채널로 지정된 채널들, 정부 또는 지자체 출자 채널들, 공익성 채널 및 종교채널 등이 여기 포함된다. 다플랫폼 다채널 상황에서 방송의 통일지향성 강화를 위해 이러한 특정목적방송 채널(가칭 '통일채널')의 도입이 검토될 수 있다. 통일 관련 프로그램을 주편성 내용으로 하는 채널이 그것이다. 하지만 이러한 채널이 현실적으로 실효성을 지닐 수 있을지 신중한 검토가 필요하다. 통일 관련 채널을 도입하려 할 경우, 기존에 존재하는 공공 및 공익성 채널들의 운영성과가 사전에 면밀하게 검토되어야 한다. 만일 이러한 채널을 설립하고자 할 때 누가 설립 및 운영 주체가 될지에 대해서도 신중한 고려가 필요하다. 실제로 채널의 성격 및 시장성 등을 고려할 때 민간영역에서 이런 채널이 설립될 가능성은 희박하다. 하지만 통일 채널을 이처럼 정부 부처가 담당할 경우 이는 또 다른 정부의 홍보채널 정도로 전락할 가능성이 크다. 이러한 점들을 고려할 때 채널 신설보다는 종래 특정목적 채널들의 통일 지향성을 제고하는 방안이 보다 현실적일 수 있다.

# 제7장

# 요약 및 정책적 제언

## 1. 연구의 요약

이 연구는 급변하는 21세기 한국사회의 정치사회적 현실, 그리고 미디어 환경 속에서 남북 간의 사회문화적 이질성 극복을 위한 방송의 역할을 다시 검토해보는 데 그 목적이 있다. 이를 위해 분단국의 사회문화적 교류와 방송, 남북한의 사회문화적 교류와 방송, 우리나라 방송법제상에 규정된 방송의 기본이념, 방송편성에서 드러난 통일이념의 실천, 방송의 통일지향성에 대한 전문가의 인식과 평가, 그리고 다플랫폼 다채널 상황하의 통일이념 제도화방안이 논의되었다. 주요 연구내용을 정리하면 다음과 같다.

### 1) 사회통합과정에서 방송미디어의 기능과 역할

분단국가의 통일 전후 사회통합과정에서 가장 효율적으로 활용될 수 있는 수단은 방송미디어라 할 수 있다. 독일 통일을 흔히 방송이 주도한 통일이라고 말하고 있는데, 이는 독일 통일과정에서 방송의 역할이 매우 컸다는 점을 시사한다.

통일 전후 독일의 사회통합과정에서 서독 방송은 객관성, 방송국 간의 협조체제, 공격적 편성시간대, 다양한 프로그램 소재 등 통일 관련 보도프로그램의 원칙을 규정하였다(2005, 이우승: 266). 서독 방송은 이러한 원칙에 입각하여 공정한 관점으로 동독관련 정보를 제공함으로써 동독 주민에 대한 심리적 친밀감을 높였고, 시청자 스스로의 판단을 강조하면서 동서독 진영의 발전과 사건을 객관적으로 전달했다. 또한 통일 관련 프로그램 제작에 있어서 서독 방송국들은 긴밀한 협조체제를 통해 양질의 프로그램 제작을 위한 여건을 갖추었고, 공동제작을 통해 전문성과 객관성을 확보하려고 노력하였다.

서독의 통일 관련 프로그램들은 국민들이 쉽게 접할 수 있는 주 시청 시간대에 편성되었으며, 내용적인 차원에서도 정치적 요소에서 탈피하여 동독 주민들의 일상적인 생활상과 문화에 대한 정보를 주로 제공하였다. 특히 서독 방송은 다양한 장르와 체제를 활용해서 통일 관련 프로그램을 제작했는데, 다큐멘터리, 보도 등 시사 정보 프로그램뿐만 아니라 분단을 소재로 한 드라마도 다수 제작하였다.

이처럼 서독 방송은 독일의 사회통합과정에서 긍정적인 역할을 수행했음에도 불구하고, 통일 이후 통합 방송 시스템 구축에서는 서독의 정치적 이해관계가 우선적으로 반영되어 민족 이질감 해소에 역기능을 유발하기도 했다. 따라서 지역문화와 다양성이라는 방송이념을 토대로 사회적 유대 및 상호이해 증진을 위한 통합 방송시스템 구성이 주요한 과제로 부상하였다.

중국과 대만의 경우는 "하나의 중국"이라는 상호 인식 하에 사회·문화 영역에서 비정치적 교류를 활발하게 전개해왔다. 특히 문화·예술분야의 교류는 양안주민의 상호이해를 촉진시키는 데 중요한 역할을 수행하였다. 대만정부는 중국의 문학작품, 서예, 음악작품, TV 프로그램 등의 유입을 허용했고, 대만 TV와 신문 등 언론매체들이 대륙의 각종 풍물을 소개하면서 양안 간 교류는 본격화되었다. 언론분야에서 중국은 1989년 대만기자의 대륙취재를 허용했고, 대만 역시 1990년 대륙의 언론, 문화, 예술, 체육인사의 대만방문 허용을 발표하면서 양안 간의 언론교류가 제도화되었다. 언론교류 제도화는 양안주민의 상호이해 증진뿐만 아니라 양안정부의 입장을 간접적으로 전달하는 매개체로도 기능하였다(최의철 · 신현기, 2001: 36).

미디어는 분단국의 사회통합과정에서 여러 가지 순기능을 수행하기도 하지만, 민족이나 인종, 혹은 이념적 갈등을 조장하는 역기능적 사례 역시 나타나고 있다. 먼저, 이데올로기적 갈등 조장 사례로 1950년의 매카시즘을 예로 들 수 있다. 당시의 언론들은 사실 여부 확인과정도 거치지 않고 미 상원의원인 매카시의 주장을 선동적으로 부각시키면서 사회의 이념적 갈등을 조장하였다. '반공'을 앞세운 매카시의 정치적 선전 · 선동이 사회적으로 확산될 수 있었던 가장 중요한 요인은 미디어의 상업성과 기자들의 무책임성, 그리고 취재시스템의 한계 등에 기인한 선정적 언론보도라고 할 수 있다. 즉, 미디어들의 무책임한 보도가 '반공'을 위시로 한 국론 분열과 사회의 이념적 갈등을 증폭시키는 기제로 작용했던 것이다.

다음으로 미국 등 서방언론의 이슬람에 대한 부정적 보도는 냉전체제가 붕괴된 현재까지도 계속되고 있다. 세계 각지에서 일어나는 테러 행위 중 일부가 이슬람교도에 의해 자행되고 있는 현실과는 달리, 서방언론은 이를 종교적 관점에서 일반화하는 경향을 보여왔다. 이로 인해 서방에서는 근거 없이 이슬람을 미워하고 두려워하는 감정이 확산되었다. 이처럼 이슬람과 서방이 서로 적대적인 관계를 형성하게 된 배경에는 강력한 영향력을 지닌 대중매체들의 왜곡된 보도태도가 내재되어 있는 것이다.

한편, 우리나라에서는 지역사회 사이에 오래된 감정적 편견과 갈등이 고착화되어 있는데, 언론매체들이 지역감정의 유지와 확산에 적극적인 기능을 수행해왔음은 주지의 사실이다. 언론매체의 사회적 파급력과 영향력을 감안한다면 지역 구도와 관련된 보도에 있어서도 적지 않은 수준의 사회적 책임이 부여된다고 할 수 있다. 그러나 언론매체들은 자신의 개인적 이해관계 실현을 위해 지역감정을 이용하거나 조장하는 정치인들에 편승하는 경향을 드러내고 있다. 즉, 언론매체들은 지역감정을 활용한 선정적인 보도를 통해 상업성을 강화하고 있으며, 적어도 지역감정 문제에 있어서는 공익적 기능을 제대로 수행하지 못하는 것으로 볼 수 있다.

### 2) 남북한 사회문화 교류협력

'민족동질성 강화'와 '통일과정'으로써 남북한 간의 사회문화 교류협력은 서로의 상이한 가치관과 생활양식 등에 대한 올바른 이해를 돕는 기능을 한다. 뿐만 아니라 남북 상호간에 신뢰를 높여주고, 나아가 통일 이후 예상되는 남북 간 문화와 심리적 갈등을 최소화 할 수 있도록 해주는 역할도 한다. 이러한 남북한 간의 사회문화 교류협력은 분단으로 인한 남북의 이질감을 해소하고, 궁극적으로 민족공동체 형성을 지향하는 과정이라는 점에서 중요하다.

분단 이후 1990년대 중반까지 남북의 사회문화 교류협력 분야에서 나타난 한계는 첫째, 정부당국의 주도하에 사회문화 교류협력이 부분적으로 이루어져왔고, 둘째는 대부분의 사회문화 교류협력이 자율성을 가지지 못했으며, 셋째는 성사된 남북의 사회문화분야 교류협력이 대부분 중국, 러시아, 일본, 미국 등 제3국인 및 교포들이 중개함으로써 남북한 당사자가 주체자가 되지 못했다는 점이다. 그러나 김대중 정부 이후부터는 민간차원의 사회문화 교류협력이 괄목한 만한 성장을 보여왔다.

김대중 정부와 노무현 정부에서는 과거에 비해 양적 · 질적 측면에서 사회문화 분야의 교류협력이 눈에 띄게 활성화되었고, 제3국에서의 접촉 및 교류가 남북 상호방문을 통한 직접교류협력의 형태로 전환되기 시작했다. 또한 제한적으로 허용되었던 남북 주민접촉 및 방북이 일반주민들에게도 확대되고, 일회성 상호방문이 아닌 수시방문이 가능한 형태로 전환되었다. 방송 등 사회문화분야 협력사업자 및 협력사업 승인이 대부분 김대중 정부 이후 이루어짐으로써 이 시기에는 남북 간 사회문화 협력사업이 급증하는 추세를 보였고, 과거와 달리 정치 · 군사적 차원의 남북관계 변화에도 불구하고 남북의 사회문화 교류협력은 지속되어 왔다(조한범, 1999: 47).

### 3) 방송제도 및 운영에서의 통일 이념 실천

방송의 제도적 측면과 방송운영 차원에서 나타는 통일 이념의 실천 양태는 크게 두 가지 측면에서 살펴볼 수 있다. 우선, 방송의 제도적 측면에서 방송관련법령들이 초기 제정단계부터 현재에 이르기까지 반세기의 기간 동안 수많은 제 · 개정을 거듭했음에도 불구하고, 이 과정에서 '민족동질성' 및 '통일'이라는 가치는 제대로 반영된 적이 거의 없음을 알 수 있다. 1964년 처음으로 방송법이 제정되면서 '민족문화의 보존과 보급발전'이라는 표현이 처음 등장한 이래로 '민족의 주체성 함양'과 '민족문화의 창조적 개발'로 조금 구체화되었다가, 2000년 통합방송법이 제정되면서 '민족문화의 창달'이라는 표현으로 대체되어, 과거의 조항들에 비해 별다른 진전을 보여주지 못한 채 오늘에 이르고 있다. 또한 우리나라 방송관련법상에 나와 있는 '민족 · 통일' 관련 조항들은 독일의 방송법과 비교할 때 매우 추상적이고 모호한 수준에 머물고 있음을 드러내고 있다. 방송법 내에서의 '민족 · 통일' 이념의 위상 역시도 1980년대 이전까지 방송윤리위원회 윤리규정에 포함되었다가, 1990년대까지 하나의 심의규정으로 존속되어 왔으며, 2000년대에 들어서도 여전히 방송의 공익성 목표 아홉 가지 중 하나의 하위 이념으로 포함되어 있는 실정이다. 마지막으로 현재 우리나라 국법질서체계상 최고 규범인 헌법 제4조는 "대한민국은 통일을 지향하며, 자유민주적 기본질서에 입각한 평화적 통일정책을 수립하고 이를 추진한다"라고 규정하고 있지만, 현행 방송관련법령에서는 통일을 지향하는 헌법의 정신이 제대로 반영되어 있다고 보기 어렵다.

정부수립 이후 남북통일 방안에 대한 국민적 차원의 논의는 거의 금기시되었으며, 반공이 국시였던 1990년대 이전의 역대정권 하에서는 정부의 통일방안 이외에 또 다른 통일방안을 제시하는 것이 불가능했다. 이러한 맥락에서 남북통일이나 남북관계, 북한문제 보도에서 언론에 허용된 기사는 정부의 통일방안에 대한 지지나 찬성일변도였고, 이로 인해 역대정권의 철저한 반공이데올로기와 냉전논리가 국민생활과 의식 깊숙이 뿌리박혀 체질화되었다(여영무, 1999: 32).

1988년 노태우 정부는 북한 및 공산권 자료를 대폭 공개하는 결정을 내려 민간의 통일논의와 연구의 문호를 넓혀주었고, 각 언론기관에 북한 및 공산권 국가에 대한 보도요강을 배포하였다. 이 자료 공개조치에서는 정부가 노동신문과 영상자료도 제한적으로 공개하도록 허용했다. 또한 언론분야에서는 1989년 한국방송공사(KBS)가 제한적이나마 북한의 방송을 남한의 채널을 통해 보여주는 <남북의 창>이라는 프로그램을 신설했고, 이어 문화방송(MBC) 역시 <통일전망대>라는 프로그램을 신설해 오늘에 이르고 있다. 북한을 민족적 동질성의 차원에서 이해해보려는 노력으로 북한의 실체를 인정하고 북한과의 방송교류를 제안하기도 했다. 각 언론매체들은 북한바로알기 일환으로써 북한의 실상을 보다 객관적으로 보도하기 위해 '북한부'를 별도로 신설하였다.

1990년대 중반 이후부터 실질적인 남북방송교류가 시작되었으나, 이 시기는 남북한 언론 및 방송사 간의 직접적인 교류형식이 아니라 대부분이 남측 중개업자와 북측의 대남 협력 기구인 아세아태평양위원회 사이에 이뤄진 제한적인 교류형태라는 한계를 지녔다. 1998년 김대중 정권 출범 이후 100대 국정과제를 발표하면서 '북한방송개방'과 '남북언론교류'를 공표했다. 그 내용은 1차로 라디오, 2차로 TV, 3차로 출판물을 포함한 매스미디어 전반의 개방문제를 과제로 설정하여 점진적으로 실현해 나간다는 것이었다. 1999년 10월에는 "북한위성방송 개방조치"를 발표함으로써 북한위성 TV방송의 국내 시청이 허용되었으며, 2000년의 남북정상회담은 남북방송교류 및 실제적인 남북교류의 물꼬를 트는 데 커다란 영향을 미쳤다. 이 시기 남한언론사장단이 김정일 위원장의 초청으로 최초로 북한을 방문하게 되었고, 이 기간에 "남북언론기관들의 공동 합의문" 5개항을 채택하는 성과를 거두었다. 2001년에는 정부관계자들이 참가하는 "남북방송교류추진위원회"가 설립되었다. 그리고 2002년에 남한의 방송위원회와 북한의 조선중앙방송위원회 사이에 "방송교류에 관한 기본 합의"가 체결되었다. 그러나 2003년까지 비교적 활발하게 전개되었던 남북방송교류사업은 북한의 핵문제로 인해 점차 소강상태에 접어들기 시작하였으며, 2004년 이후 남북방송교류사업은 북측의 소극적 태도와 교류사업 자체의 감소로 이전에 비해 상당히 후퇴하였다.

### 4) 방송편성에서 드러난 통일 이념의 실천

북한·통일 관련 프로그램 편성 현황을 보면, KBS1이 관련 프로그램 수와 프로그램 편성횟수가 가장 많은 것으로 나타났으며, 그 다음으로 MBC, SBS, KBS2의 순이었다. 전반적으로 모든 채널이 북한·통일 관련 프로그램을 1회성으로 제작·방영하는 것을 선호했고, 그중 KBS1은 다른 채널에 비해 상대적으로 연속기획물의 편성비율이 높게 나타났다. 이는 KBS1이 공익적 채널의 성격을 가지기 때문인 것으로 추론된다. 북한·통일 관련 프로그램 편성 특성은 정규 편성 프로그램에서 북한과 통일 관련 주제를 일반적인 아이템으로 다룬 경우가 전체 프로그램에서 대략 70% 정도로 가장 많았고, 그 다음이 특별 편성 프로그램, 정규 편성 프로그램 중 특집물 순으로 나타났다. 채널별로는 KBS1이 정규 편성 프로그램의 일반 비중이 가장 높았고, KBS2가 정규 편성 프로그램 가운데 특집물의 비중이, SBS는 특별 편성 프로그램의 비중이 상대적으로 높은 것으로 나타났다.

프로그램의 제작 주체는 남측에서 제작한 경우가 96.7%로 거의 대부분을 차지했고, KBS1에서는 북측이 제작한 프로그램을 두 차례 방송한 바 있다. KBS1과 MBC는 각각 네 차례에 걸쳐 공동제작을 성사시킨 바 있다. 북한·통일 관련 프로그램의 방송범위를 보면, 대부분이 남측에서만 방송이 되었고 (95.8%), SBS가 북한·통일 관련 프로그램을 타 방송사에 비해 적게 제작한 점을 감안할 때 남북 동시방송의 비중은 상대적으로 높았다. 장르별로는 북한·통일 관련 프로그램이 다큐와 토론 및 대담 장르를 선호한 것을 알 수 있으며, 특히 MBC가 다큐 장르에서 북한 및 통일 관련 주제를 많이 다루었던 것으로 나타났다. 다큐 중에서도 북핵과 한반도 평화와 같은 내용을 다룬 외교 다큐 장르의 비중이 가장 높았다. 토론 및 대담 장르 중 토론의 경우는 KBS2를 제외한 모든 채널에서 고루 제작되었고, 대담 프로그램의 경우는 KBS1에 편중되어 있는 것으로 나타났다.

보도 장르의 경우 역시 KBS1에 편중되어 있고, 스포츠 장르에서는 KBS1이 스포츠 중계 및 관련 프로그램을 단 한 번도 편성한 적이 없다는 점이 주목할 만하다. 북한 · 통일 관련 프로그램의 주제는 외교가 전체의 25.8%로 가장 높았고, 그 외 문화와 군사 관련 내용을 다룬 경우가 많았다. 이 밖에도 경제, 역사, 탈북문제와 같은 주제가 고루 분포하고 있었는데, 이와 같은 주제들을 다룬 북한 · 통일 관련 프로그램은 다큐와 토론, 대담 장르에 편중되는 경향을 보였다. 또한 장르별로 선호한 주제를 보면, 다큐 장르 역시 외교문제의 비중이 가장 높았고, 그 다음으로 군사, 문화, 역사적인 내용을 고루 다룬 것으로 나타났다. 이는 다큐 장르에서 북한 · 통일 관련 내용을 많이 다루었기 때문에 주제의 범위도 폭넓게 나타난 것으로 해석할 수 있다.

북한 · 통일 관련 프로그램이 남북 간 교류사업과 시의적으로 직 · 간접적인 연관성이 있는지 살펴본 결과, 직접적인 연관성은 없는 것으로 나타났으며, 대개 일반적인 이슈로서 북한과 통일 관련 내용을 다루었다. 반면, 장르에 따라서는 남북 간 교류사업 및 정책적인 문제들을 다루는데 시의적인 특성이 반영되기도 하였는데, 문화예술, 버라이어티쇼와 같은 경우는 문화적 교류가 있는 시기에 제작되는 빈도가 높아 시의성이 있는 것으로 나타났다.

### 5) 방송의 통일지향성에 대한 전문가의 인식과 평가

방송사의 통일부서 담당자 및 통일 프로그램 제작들은 통일방송의 역할에 대해, 첫째는 북한의 실상을 정확하고 객관적으로 알리고 이해시킴으로써 남북의 소통을 돕고 차이를 좁히는 것이고, 둘째는 통일 과정에 대한 시청자들의 이해를 돕고 통일에 대한 합의된 여론을 형성하는 것이며, 마지막으로 방송을 통해 남한의 소식을 비롯한 다양한 정보를 북한에 알리는 것으로 인식하고 있다.

방송이 통일 프로그램을 통해서 통일 이념을 제대로 실천하지 못하는 이유에 대해서 통일부서 담당자들은 제작자의 창의적 노력 부족을 중요하게 언급한 반면, 제작자들은 열악한 여건을 중요하게 언급함으로써 시각의 차이를 보였다. 또한 통일부서 담당자들은 버라이어티 쇼 등 다양한 장르에서 통일 문제를 좀 더 적극적으로 다룰 필요가 있다고 지적한 반면, 제작자들은 북한에 대한 관심이 과거와 다르고 정부의 대북정책도 교류를 지양하는 입장이기 때문에 통일 프로그램을 다양한 장르로 확대하는 것이 실효성이 적을뿐더러 현실적으로 제작되기 힘들다는 점을 중요하게 지적하였다.

통일 프로그램 제작자들은 또한 통일 프로그램이 구체적으로 어떤 내용을 어떤 관점을 가지고 다루어야 할 것인지에 대한 이해가 부족해서 통일 프로그램 제작에 대한 어려움을 겪고 있었다. 방송이 통일 관련 프로그램을 통해서 어떤 역할을 해야 할 것인지, 구체적으로 어떤 관점에서 어떤 내용을 다루는 것이 바람직할 것인지에 대한 가이드라인 제시가 필요하다는 것이다. 결국 추상적인 차원에서 통일 프로그램의 역할만 제안할 것이 아니라 방송이 통일에 기여할 수 있는 방법을 좀 더 구체적인 포맷과 내용, 관점 등의 차원에서 제안할 필요가 있다는 것이다.

방송사의 통일 관련 담당자들은 통일에 대한 실용적이고 경제적인 관점을 취하고 있었으며, 통일이 단기적으로 이루어지기보다는 장기적으로 시간을 가지고 천천히 이루어지는 것이 바람직하다는 의견을 가지고 있었다. 또한 방송이 다양한 프로그램을 통해서 통일문제를 지속적으로 다루어줌으로써, 남북의 소통을 돕는 역할을 꾸준히 수행해야 한다는 인식을 갖고 있었다.

방송이 이러한 기능을 제대로 수행할 수 있도록 통일 관련 정규 프로그램을 의무 편성하도록 하는 정책안에 대해 방송사 통일 관련 담당자들은 대체로 동의했다. 그러나 이러한 편성 규제가 자칫 의무적으로 최소한의 상투적인 프로그램만 방송하는 데 오용될 수 있다는 점을 우려하면서, 좀 더 적극적으로 통일 관련 프로그램이 제작될 수 있도록 제작비 등을 지원하는 방안을 제안하기도 하였다.

### 6) 다매체 · 다채널의 새로운 방송환경과 방송시청 양태의 변화

방송환경의 새로운 변화방향과 이를 추동하는 요인들은 무엇이며, 새로운 방송환경 하에서 방송시청은 어떻게 이루어지는지를 탐색하였다. 최근의 방송환경변화는 다플랫폼(다매체) 다채널 상황으로의 변화로 통칭된다. 다매체 다채널 상황이라는 말에서 '다매체'는 다양한 전송수단, 이른바 플랫폼을 가리킨다면, '다매체'는 이를 통해 제공되는 다양한 콘텐츠들을 나타낸다. 플랫폼의 발전은 종래의 지상파 플랫폼에 케이블 및 위성방송 플랫폼, 개인 미디어 플랫폼, 더 나아가 방송통신 융합형 플랫폼 등이 추가되면서 신구 플랫폼들이 공존하며 상호경쟁, 보완하는 복잡한 양상으로 전개된다. 또한 다양한 플랫폼들을 채우고 있는 콘텐츠들은 크게 지상파 채널들 및 PP 채널들로 구분되는데, 지상파 채널들은 다시 지상파 네트워크 및 지역방송 채널, 그리고 가까운 시일 내에 도입이 예상되는 MMS 채널들로 구성되고, PP 채널들은 지상파 PP, 일반 PP, 공익성 채널, 홈쇼핑 채널 등으로 구분된다.

다플랫폼(다매채) 다채널화에 따라 방송시청행태 자체에 근본적인 변화가 초래되고 있는데, 무엇보다 다플랫폼 다채널화가 진전되면서 대다수 사람들이 다채널 유료방송 플랫폼을 통해 방송을 시청하게 되었다. 그러나 다플랫폼 다채널 상황에서 시청자들이 수십여 채널들로 분산되었지만, 사람들이 즐겨 찾는 방송채널은 여전히 지상파채널들, 지상파에서 파생된 채널들, 내지 지상파방송에서 만들어진 프로그램을 이용하는 것으로 나타났다. 결국 지상파는 독자적인 플랫폼으로서의 지위는 상실했지만, 확장된 유료방송 플랫폼 상에서 유통되는 방송 콘텐츠 시장을 사실상 지배하고 있다.

채널의 증가 및 전문화 추세는 개개 시청자별로 자신의 차별적 욕구에 따라 모든 채널의 가능성을 십분 활용하는 이상적인 TV 시청 상황에 놓여 있음에도 불구하고, 방송 시청자들은 다채널 상황에서 특정한 프로그램유형에 대한 편식적 시청경향을 보이고 있다. 또한 다플랫폼 다채널 상황이 전개됨에 따라 공급차원에서 내용물의 외면적 다양성이 극대화되고 있다. 그러나 다플랫폼 다채널 상황에서 창구효과를 통해 오락적인 내용물의 질적 강화를 초래함으로써 공공성이 강한 서비스 내용물의 상대적 입지를 약화시켜 양자 간의 격차를 심화시키고, 나아가 궁극적으로는 프로그램의 다양성 또는 다원주의를 약화시킬 우려가 크다는 것이 현 방송 상황에서 보다 현실적인 예측이다.

## 2. 연구의 결론 및 정책 제언

새로운 방송미디어 환경 속에서 다양하게 구현되고 있는 방송의 기본이념들이 가지는 주요 가치와 함께 무엇보다 중요한 가치로써 '민족동질성 강화' 및 '통일'에 대한 위상 정립과 정책적 제도화는 통일을 지향하는 헌법의 정신뿐만 아니라 방송 본연의 의무에도 부합된다. 방송의 기본이념으로서 '민족동질성 강화'와 '통일'적 가치는 민족공동체 형성을 위해 남북한의 이질성을 극복하고, 남북의 사회구성원들에게 통일의 필요성과 통일의식을 확립하는 것이다.

또한 방송은 통일 이후 사회통합 매개체로서의 역할을 감당해야 한다. 통일 이후의 사회통합은 자연적인 현상이라기보다는 남북한 사이에 이미 존재하거나 또는 통일과정에서 발생하게 될 이질화, 분리차별, 불평등 상태를 적극적으로 해소하고 극복해가는 것을 의미한다. 따라서 통일을 전후해 상호 이질적인 정치, 사회, 경제, 이데올로기에 바탕을 두고 살아온 남북한 주민들의 이해를 촉진하고 융합시키는 역할을 방송이 수행해야 한다.

이러한 맥락에서 남북한 주민을 통합하는 통일지향적 방송은 첫째, 남북한 주민이 서로 의존하면서 한 국가의 국민이라는 소속감 내지 동일 정체감을 가질 수 있게 해야 한다. 다음으로 방송은 남북한이 서로에 대해 갖고 있는 선입견을 없애는 데 주력하여 상호 이해 증진을 도모해야 한다. 셋째는 지난 60여년 동안의 분단 상황에서 방송은 남북한 국민들이 걸어온 역사와 문화를 이해시키고, 이를 존중함으로써 한민족이라는 의식을 심어주고 미래 지향을 위한 국민통합을 이끌어내야 한다. 마지막으로 방송은 남북한 주민들이 상대방에 대한 거부감이 있다면 그 원인을 분석하여 이를 해소시킬 수 있는 방안을 마련하고, 인위적인 화합을 강요하거나 진실을 왜곡시켜 미화하는 보도태도는 지양해야 하며, 분단으로 인한 상호 이질적인 언어의 통합을 도모하는 방향으로 나아가야 한다.

한때 분단국이었던 독일의 통일전후 사회통합 사례에서도 살펴보았듯이 남북의 방송은 서로에 대해 공정하고 객관적인 정보를 제공함으로써 상대방에 대한 심리적 친밀감을 높이고 사회구성원 스스로가 통일에 대해 판단할 수 있게 해야 한다. 또한 양질의 프로그램을 위해 방송국 간에 긴밀한 협조체제를 구축하는 협동 제작 시스템을 갖추고, 사회구성원들이 쉽게 접할 수 있는 주요 시간대에 편성하는 것이 요구된다. 남북한 주민들에 대한 생활상을 객관성을 가지고 있는 그대로 전달할 필요가 있고, 무엇보다 다양한 장르와 체제를 활용해서 통일에 관한 프로그램을 제작 · 방영해야 한다.

통일 이념의 구현이라는 제도적 차원에서 우리나라 방송관련법령에 나타난 전반적인 특성들은 무엇보다 '민족 동질성 강화' 및 '통일'이라는 가치가 시대적 변화에 맞게 반영되지 못했고, 방송관련법상의 '민족 · 통일' 관련 조항들이 매우 추상적이고 모호한 수준에 머물고 있었다. 게다가 방송법 내에서 '민족 · 통일' 이념이 단순한 윤리규정이나 하위 이념으로 포함되어 있었고, 통일을 지향하는 헌법의 정신이 제대로 방송관련법상에 반영되지 못했다. 따라서 향후 방송관계법의 제 · 개정 시에는 이러한 헌법 정신을 반영하여 '민족 동질성 강화와 통일'을 지향하는 구체적인 수준의 조항이 보다 명확한 위상으로 정립될 필요가 있다.

방송이 통일 이념을 제대로 실천하기 위해서는 북한 · 통일 관련 정규 편성 프로그램의 개선이 요구된다. 북한 · 통일 관련 프로그램들이 좀 더 다양한 분야에서 새로운 소재를 찾고 새로운 포맷을 통해서 내용을 더 효율적으로 전달하기 위한 노력이 요구되고, 이와 같은 프로그램들을 좀 더 좋은 시간대에 편성하여 많은 시청자들에게 도달할 수 있도록 해야 한다. 또한 북한 · 통일 관련 프로그램들이 내용범위가 느린 속도이기는 하지만 점차 다양하게 진화하고 있는 점을 긍정적으로 평가하고, 향후 어떤 방향으로 변화하는 것이 바람직할지에 대한 대안이 적극적으로 제시되어야 한다. 북한·통일 관련 프로그램에서 장르 다양화는 반드시 필요하다. 드라마와 버라이어티쇼, 어린이 프로그램 등 좀 더 다양한 장르에서 북한 및 통일 관련 이슈를 재미있고 유익하게 다룰 수 있는 포맷을 적극적으로 개발해야 한다. 또한 방송사가 적극적으로 남북 교류 사업을 기획하고 이를 프로그램에 담아내려는 노력이 요구된다. 이러한 노력은 다양한 분야에서 남북이 소통할 수 있는 가능성을 확장해줄 것이다. 마지막으로 방송이 북한에 대한 바른 이해와 민족 동질성 회복을 위해서 어떠한 역할을 해야 할 것인지의 상징적 가치에서부터, 구체적으로 프로그램을 통해서 그러한 가치를 어떠한 방식으로 구현해야 할 것인지의 지침을 담은 가이드라인을 마련할 필요가 있다.

통일 관련 방송 담당자들의 인식 조사를 통해 얻은 결론은 통일 과정에서의 방송의 역할에 대한 방송사 차원에서의 이해가 부족하다는 것이다. 방송사 스스로 통일의 과정에서 어떤 역할을 수행해야 할 것인지를 먼저 정의하고, 그러한 역할 수행을 위해서 대북 사업 전개 및 방송 프로그램 제작의 차원에서 어떤 노력을 기울일 것인지에 대한 구체적인 실행 방안을 마련해 두어야 할 것이다. 또한 방송사의 인식과 자체 여건으로 통일 전문가를 방송사 내부에서 육성하기가 어려운 상황이다. 방송사 내부에서 다양한 재교육 프로그램을 통해 통일 전문가를 육성하거나 외부의 전문가를 직원으로 고용함으로써, 방송사 스스로 통일 관련 전문가를 많이 확보해야 할 것이다. 방송 3사가 전개하고 있는 통일 관련 사업이나 프로그램 편성 등은 남북관계 및 정부의 대북정책에 의해 크게 영향을 받는 것으로 나타났다. 방송사의 통일 관련 업무의 내용이 외적 요인에 따라서 크게 달라지는 것은 바람직하지 못하며, 방송사는 나름대로의 방향을 설정하고 지속적인 노력을 기울일 필요가 있다. 또한 방송이 통일 과정에서 담당해야 할 역할을 법적인 규제를 통해 제도화할 필요가 제기된다. 그러나 제도화에 따른 부작용도 반드시 고려할 필요가 있다. 따라서 방송의 통일 이념 실천에 대한 구체적인 수준의 의무를 규정하는 것보다는, 선언적이고 추상적인 수준에서 법 조항을 마련하고 방송사 스스로의 자율적이고 창의적인 방식으로 이를 준수할 수 있도록 독려하는 것이 바람직할 것이다. 마지막으로 통일 과정에서 방송의 역할에 대한 법적인 규제와 더불어 통일 관련 프로그램의 편성을 의무화하는 방안도 고려해볼 수 있다.

끝으로 변화하는 방송환경에 대한 고려가 필요하다. 방송을 통한 통일이념 실천은 종래와 같은 소채널 지상파 방송이 아니라 다수의 플랫폼과 채널들이 경쟁하는 복잡다단한 다플랫폼 다채널 방송 서비스제공 및 시청 상황을 종합적으로 고려하여 계획되고 추진되어야 한다. 새로운 방송 상황에서도 지상파 방송, 특히 공영방송의 민족동질성 및 통일지향성은 핵심적 가치로 유지되어야 한다. 민족동질성/통일지향성 제고를 목적으로 하는 방송 내용물은 채널단위 내지 프로그램 단위로 의무편성이 정책적으로 의무화되어야 할 뿐만 아니라, 한걸음 더 나아가 많은 사람들이 쉽게 도달할 수 있는 채널번호대 및 시간대에 편성될 수 있어야 한다. 다플랫폼 다채널 상황에서는 내용물의 소비차원에서 통일 지향 내용물과 같은 공익적 방송내용물이 소외될 가능성이 높을 뿐만 아니라, 내용물의 생산(제작) 차원에서도 프로그램 제작 자체가 부실해져 완성도가 떨어지게 될 위험이 존재한다. 따라서 민족동질성/통일지향성 제고를 위한 방송내용물이 가급적 시청자들의 기호에 부합하는 완성도 및 상품성(오락성)을 지닐 수 있게끔 기획되어 창구효과의 이점을 살릴 수 있게 유도할 필요가 있다. 이를 위해 제작 예산에 대한 공적 지원도 적극 검토해볼 수 있다.

다플랫폼 다채널 상황의 민족동질성/통일지향성 방송내용물에 대한 정책방안은 앞서 [그림 6-1]에서 제시한 종합적인 방송정책 청사진 모형을 토대로, 각 방송서비스별로 그 정책방안을 검토할 때 구체성과 타당성을 담보할 수 있다. 민족동질성과 통일지향성은 새로운 방송환경 하에서 우리의 기간공영방송이 존립당위성과 정체성을 유지하기 위해 지켜가야 할 가장 중심적인 가치라 할 것이다. 따라서 우리 사회 미디어 시스템의 중심에 위치한 기간공영방송의 공적목표에 통일을 지향하는 방송의 역할이 최우선적으로 분명히 명시될 필요가 있다. 공영적 민영방송 역시 구현하고자 하는 공공성의 목표들이 무엇인지를 법제도 내지 정관 등을 통해 분명히 밝힐 필요가 있다. 민족 동질성 및 통일지향성은 이러한 목표들 중의 중요한 항목으로 포함되어야 할 것이다. 특정목적방송은 특수한 공익적 목표를 구현하기 위해 공적으로 설립, 운영, 지원되는 방송채널들이다. 현재 이러한 채널들의 효용 및 선정의 타당성을 둘러싸고 시비가 일고 있는 상황이다. 만일 정책적으로 통일 관련 공익성 채널 도입을 추진하려 할 경우, 기존에 존재하는 공공채널들의 운영현황, 프로그램 제작 및 조달, 효과 등이 신중히 검토될 필요가 있다.

# 참고문헌


강대인 (2001).「남북방송교류정책의 연원과 추진방향」.『방송연구』, 겨울호, pp. 7~43.

강대인 (2003).『한국방송의 정체성 연구』. 커뮤니케이션북스.

강명현 · 홍석민 (2005).「로컬리즘과 지역방송」.『한국방송학보』, 제19권 1호, pp. 109~141.

강상현 · 윤영철 (1991).『지배권력과 제도언론』. 나남.

강준만 (2009).『대중매체 이론과 사상』. 개마고원.

강형철 (2005).『공영방송론: 한국사회의 변동과 공영방송』. 나남.

강형철 (2007).「공영방송의 새로운 정체성」.『방송연구』, 2007 여름호.

고유환 (2005).「노무현 정부의 대북정책 2년 평가와 과제」.『통일문제연구』 제43호, pp. 5~32.

권오중 (2007).「독일과 한국의 분단과 통일문제의 구조적 차이와 양국 정부가 추진한 통일 정책의 변화와 한계에 대한 연구」.『독일연구』, 제14호, pp. 21~48.

권혁남 (1990).「언론사의 인적구성과 작업환경 조사」.『언론사의 인적구성과 작업환경』, 연구서 8, 한국언론연구원.

권혁남 (2000).「지역감정보도와 국민의 알권리」.『저널리즘비평』, 제30호, pp. 8~13.

김경근 (1990).「남북보도의 실상과 통일 언론 정책」.『신문과 방송』. 한국언론연구원.

김광호 · 김규원 · 김태석 (2006).『콘텐츠 경쟁력향상 방안: PP 프로그램을 중심으로』. 방송위원회.

김근식 (2004).「노무현 정부의 평화번영정책: 구상과 현실, 그리고 과제」.『통일문제연구』, 제16권 1호, pp. 5~25.

김남이 (1999).「대만의 국제환경과 실무외교」.『중국학연구』. 중국관계연구소.

김대호 (2003).「미디어 산업에 대한 유럽연합의 경쟁정책에 대한 연구」.『한국언론학보』, 제47권 6호, pp. 85~106.

김대호 · 김성철 · 권영선 (2010).「글로벌 미디어기업 성장기반 구축을 위한 방송산업 규제제도 개선」. 한국미디어경영학회 발표문.

김도태 (1994).「베트남 편」. 김국신 외 엮음,『분단극복의 경험과 한반도 통일2』. 한울.

김동현 (1983).「공익과 공공정책 평가」.『한국정치학회보』, 제17권, pp. 363~381.

김동현 (1985).「공익이론의 역사적 전개: 유럽의 공익 개념 역사를 중심으로」.『현대사회』, 제17권 1호, pp. 169~189.

김성윤 (1998).「남북한 통일정책의 분석과 전망」.『북한학보』, 제23집, pp. 211~239.

김성철 (2010).「방송통신위원회 3년의 평가: 기대와 성과」. 공발련 창립 5주년 기념 세미나 발제문.

김수남 (2006). 『분단국 통일의 필요조건과 충분조건』. 도서출판 경희.
김영덕 (2008). 「남북방송제작 협력시스템 구축 방안」. 『남북방송 교류 협력과 증진을 위한 연구』. 한국언론학회 세미나 자료집.
김용제 (2009). 『한반도 통일론』. 박영사.
김용호 · 이우승 (2000). 「남북방송의 체제연합방안과 방송위원회의 역할」. 『남북한 방송교류를 위한 정책연구』. 정책연구 2000-5, 방송위원회. pp. 13~47.
김재영 (2002). 「인터넷 뉴스사이트 유형별 비교분석」. 『한국방송학보』, 제16권 3호, pp. 123~144.
김재철 (2007). 「공영방송의 공적가치와 재원부담 인식에 관한 연구」. 성균관대학교 박사학위논문.
김정수 · 김태일 (2001). 「남한의 통일방안과 통일정책 결정구조의 성격 변화」. 『통일문제연구』 제23집, pp. 197~207.
김정탁 (1991). 「언론인의 북한관 및 통일관 의식조사」. 『남북통일과 언론』, 연구서 15, pp. 9~93. 한국언론연구원.
김정탁 · 안춘옥 · 정용준(1991). 「남북통일과 언론」. 『연구서 15』. 한국언론연구원.
김정태 (2010). 『방송법해설』. 커뮤니케이션북스.
김학성 (1996). 『동서독 인적 교류 실태연구』. 민족통일연구원.
김학천 (2000). 「한국 통일 후 방송체제와 운영에 관한 연구: 문화융합을 위한 내용과 형식의 독일과의 비교를 중심으로」. 『연구보고 00-13』. 한국방송진흥원.
남궁협 (2004). 「방송뉴스 보도에 미치는 내적/외적 영향요인에 관한 연구」. 『한국언론학회 - KBS한국방송 공동연구: 전환기의 한국형 방송저널리즘』 세미나 보고서, pp. 25~66.
노중선 (2005). 「해방 60년, 분단시대의 통일정책과 통일운동: 남한역대정권의 통일문제 인식과 통일정책」. 『내일을 여는 역사』, 제21호, pp. 70~81.
문흥호 (1993). 『중 · 대만관계의 현황과 발전방향』. 민족통일연구원.
박광덕 (1984). 「정책 결정에 있어서 공익에 관한 연구」. 『경희행정논집』, 제2권, pp. 59~77.
박광득 (2009). 「호사점(胡四点)에서 호육점(胡六点)까지의 양안관계 연구」. 『정치 · 정보연구』, 제12권 1호, pp. 137~164.
박명진 (1995). 「통일 이후 동질성 회복을 위한 문화 · 오락의 역할」. 『한국언론학회 심포지엄 및 세미나: 통일 그 이후』 발표문, pp. 51~68.
박세일 (2001). 「공동선(공익)을 어떻게 찾아야 하는가?」. 『철학과 현실』, 통권 50호, pp. 61~74.
박원순 (1989). 『이영희 선생 화갑기념 논문집: 언론에 대한 국가보안법 적용사』. 두레.
박인곤 (2007). 「디지털시대 국내 케이블TV 수신료 제도 검토」. 한국방송학회 세미나 발표문.
박정택 (1990). 『공익의 정치행정론』. 대영문화사.
박종수 (2005). 「남북방송교류 어떻게 할 것인가?」. 2005 한국방송학회 특별세미나 자료집.
박주연 · 전범수 (2007). 『미디어 다양성: 디지털 융합시대의 미디어 다양성 정책』. 한국언론재단.
박홍수 (1989). 『언론인의 책임과 윤리』. 한국언론연구원.
방송문화진흥회 (2001). 『동서화합을 위한 방송의 역할 연구』.

방송위원회 (2007). 『방송산업 실태조사 보고서』.
방송위원회 (2007). 『홈쇼핑 연구 조사 보고서(정책연구 14호)』.
방송통신위원회 (2009). 『방송사업자 재산상황공표집』.
방송통신위원회. 『방송산업실태조사보고서』 각 연도. 방송통신위원회.
방정배 (1995). 「통일 이후 동질성 회복을 위한 뉴스 · 보도의 역할」. 『한국언론학회 심포지엄 및 세미나: 통일 그 이후』 발표문, pp. 17~49.
방정배 (1998). 「분단국 방송교류의 역할과 기능: 독일과 남북한의 경험을 중심으로」. "탈이데올로기적 방송패러다임 전환 필요". 『통일한국』, 통권 제175호, pp. 20~23.
방정배 (2004). 『미디어문화정책론』. 한울아카데미.
방정배 · 김재철 (2006). 「디지털 시대 공영방송의 공적가치와 역할에 관한 인식 연구: 전문가 집단을 중심으로」. 『한국방송학보』 20-1호, pp. 96~138.
배진아 · 곽정래 · 윤석민 (2009). 「방송의 통일 이념 실천에 관한 주요 관계자의 인식」. 『한국방송학보』 23-6호, pp. 126~167.
백영민 · 윤석민 (2005). 「지상파 방송사 내 부서별 하위문화의 차이: MBC를 대상으로」. 『한국언론학보』, 제49권 3호, pp. 129~152.
서울대학교 통일연구소 (2008). 「통일, 평화, 그리고 실용주의: 이명박 정부 대북정책의 비전과 쟁점」. 서울대학교 통일연구소 창립2주년 기념 학술회의.
선종근 (1985). 「공익의 개념과 그 구현관에 관한 사적 고찰: Plato와 Locke를 중심으로」. 서울대학교 석사학위논문.
설원태 (2007). 『저널리즘이란 무엇인가』. 엔북.
성낙인 (2005). 『헌법학』. 법문사.
손승혜 · 김은미(2004). 「지상파방송 종사자의 남녀차이에 관한 연구: 전문화와 조직사회화 차원을 중심으로」. 『한국언론학보』, 제48권 6호, pp. 196~224.
송해룡 (1993). 「남북한의 연립주의적 방송채널 운영에 관한 고찰」. 『'93 한국방송학회 봄철 학술대회』 발표논문집, pp. 5~29.
안수근 · 이준호 (2004). 「지역방송 공동제작의 필요성과 방식의 인식에 관한 연구: 부산 · 경남 지역 방송전문인 면접조사를 중심으로」. 『한국방송학보』, 통권 제18-2호, pp. 93~133.
양영식 (1997). 『통일정책론』. 박영사.
여영무 (1990). 『독일통일과 언론: 한국 언론의 통일문제 보도와 역할』. 한국언론연구원.
오인환 (1985). 「한국 언론인의 특성에 관한 연구」. 『한국의 언론과 사회교육』. 한국정신문화연구원.
유석렬(2007). 『남북한 통일정책의 비교와 문제점 및 변화전망』. 외교안보연구원.
윤석민 (2005). 『커뮤니케이션 정책연구』. 커뮤니케이션북스.
윤석민 (2009). 「방송소유규제완화와 여론독과점」. 사단법인 공영방송 발전을 위한 시민연대 주최 세미나(2009. 2. 28) 발표원고.
윤석민 (2010). 「유료방송 정상화 방안」. 한국케이블협회발안 연구보고서.
윤석민 (2010. 11). 「MB 정부 후반의 방송정책과제」. 공발련 창립 5주년 기념 세미나 발제문.

윤석민 (2011). 『한국사회 소통의 위기와 미디어. 나남.

윤석민 · 이철주 (2003). 「우리나라 지상파 방송사 조직에 있어서 여성인력의 지위에 관한 연구」. 『한국언론정보학보』. 통권 제22호, pp. 167~209.

이갑수 (2002). 「EU 경쟁정책과 경제질서」. 『무역학회지』, 제27권 1호.

이강수 (1991). 『현대 매스커뮤니케이션의 제 문제』. 범우사.

이강수 (1995). 「공영방송, 민족문화 그리고 세계화」. 『한국방송학회 세미나 보고서』.

이광재 (1994). 「책임있는 언론, 성숙한 언론을 위한 제언: 통일에 대비한 언론의 사명과 역할」. 『저널리즘비평』, 제12권, pp. 4~6.

이광재 · 한균태 (1991). 「언론인의 직업윤리 의식조사」. 『커뮤니케이션연구』, 경희대학교 신문방송학과.

이금순 외 (2006). 「남북한 사회문화교류와 방송」. 『통일방송연구 16』, KBS 남북교류협력팀.

이기현 (2003). 「남북한 방송문화교류의 현황과 과제」. 『한국방송영상산업진흥원 연구보고서』. 03-06. 커뮤니케이션북스.

이동복 (2008). 「이명박 정부의 대북정책」. 『신아세아』, 제15권 1호, pp. 9~30.

이병대 (2001). 『중국과 대만의 통일정책 비교연구』. 충남대학교 석사학위논문.

이상우 · 서민식 · 박용석 (2009). 「공익채널 의무전송제도의 실효성에 대한 비판」. 『방송문화연구』, 21(2), pp. 143~169.

이서행 · 강석승 · 양동안 · 조영기 (2005). 『남북정치경제와 사회문화교류 전망』. 한국학중앙연구원 편. 백산서당.

이영주 · 송진 · 채정화 (2006). 「공익성 방송 분야의 의무전송 규정에 관한 타당성 고찰」. 『한국언론학보』, 제50권 2호, pp. 148~173.

이우승 (1995). 「통일 이후의 사회문제에 대한 대응」. 한국언론학회 심포지엄 및 세미나: 통일 그 이후 발표문, pp. 163~192.

이우승 (1997). 「통일 후 사회통합을 위한 방송프로그램의 편성」. '97 한국방송학회 봄철 학술대회 발표논문집, pp. 27~38.

이우승 (1999). 『새 천년의 통일방송의 방향-북한방송 개방에 따른 남북방송경쟁 시대에 한국방송의 방향』.

이우승 (2000). 「KBS의 현안과 과제-북한 · 통일 관련 프로그램의 제작방향에 관한 연구」. 『방송문화연구』, pp. 142~163.

이우승 (2001a). 『방송을 통한 국민통일의식 제고방안 연구-프로그램 소재 및 포맷개발을 중심으로』. 통일부.

이우승 (2001b). 「북한 관련 방송프로그램 현황과 개선방안 연구」. 『방송연구』, 2001년 겨울호, pp. 45~82.

이우승 (2001c). 「KBS의 현안과 과제-북한 · 통일 관련 프로그램의 제작방향에 관한 연구」. 『방송문화연구』, pp. 141~163.

이우승 (2004). 『분단국의 방송교류』. 커뮤니케이션북스.

이우승 (2005). 『통일방송론』. 한울아카데미.

이우승 (2006). 「통일교육과 방송의 역할」. 『한국시민윤리학회보』, 제19-2호, pp. 119~ 140.
이은호 (1990). 「통일직후 남북베트남의 통합시도 과정」. 민병천 엮음. 『전환기의 통일문제』. 대왕사.
이재승 (1998). 「김대중 당선자의 대북시각 및 통일정책 분석」. 『북한』, 제314권, pp. 106~112.
이정춘 (2008). 「남북방송교류의 새로운 방향 모색에 관한 연구」. <남북방송 교류 협력과 증진을 위한 연구> 세미나 자료집. 한국언론학회.
이정춘 · 전석호 (1991). 『분단국의 통일과 방송정책』. 청림출판사.
이종석 (1988). 「남한의 통일정책과 통일운동」. 『사회와 사상』.
이주철 외 (2006). 「남북한 사회문화교류와 방송」. 『통일방송연구 16』. KBS 남북교류협력팀.
이준웅 (2000). 「통일을 위한 방송의 역할: 북한관련 정보추구와 통일에 대한 해석적 프레임이 통일정책에 대한 여론에 미치는 영향」. 『방송연구』, 겨울호, pp. 223~253.
이준호 (1998). 「정부정책과 방송사 경쟁구도의 변화에 따른 편성다양성의 변화에 대한 연구」. 『한국방송학보』, 제10권, pp. 257~286.
이창현 (1998). 「한국방송 영향력자의 방송정책에 대한 인식 차이: 공익적 계도론과 상업적 자율론」. 『한국방송학보』, 통권 제11호, pp. 117~146.
이현우 (2008). 『이동전화서비스에 대한 보편적 서비스 정책이념 적용가능성』. 서울대학교 석사학위논문.
이현희 (2002). 「민족공동체 형성의 역사적 접근 방법」. 『통일전략』, 제2권 1호. pp. 345~358.
임성원 · 구세희 · 연보영 (2007). 「지상파방송의 장르다양성에 관한 연구: 시간대별 프로그램 편성과 노출을 중심으로」. 『언론과학연구』, 제7권 2호, pp. 402~440.
임정수 · 박남기 (2008). 『의무편성채널제도 개선방안연구(정책연구보고서)』. 방송통신위원회.
임채환 외 (2006). 『분단과 통합: 외국의 경험적 사례와 남북한』. 한울아카데미.
임현진 · 정영철 (2005). 『21세기 통일한국을 향한 모색: 분단과 통일의 변증법』. 서울대학교출판부.
장경섭 (1995). 「통일 한민족국가의 사회통합: 사회적 시민권의 관점에서 본 준비된 통일」. 세종연구소 주최 『남북한 통합모델 학술회의』 발표논문.
장수련 (1998). 「남북한 통일정책(전략)의 어제와 오늘」. 『북한』, 8월호, pp. 58~71.
전득주 외 (2000). 『남 · 북한 통일정책 비교』. 한울아카데미.
정군기 (2001). 「정치체제의 변화에 따른 언론의 성격: 80년대 이후 한국의 역대 정권을 중심으로」. 고려대학교 박사학위논문.
정용석 (1992). 『분단국통일과 남북통일』. 도서출판 다나.
정용하 (2000). 「대만의 선거와 양안관계」. 『한국민족문화』, 제15권 1호. 부산대학교 한국민족문화연구소.
정인숙 · 지성우 · 김민호 (2008). 『PP 등록제 효과분석 및 개선방안 연구』. 방송통신위원회.
정준희 (2010. 12). 「영국: BBC · 오프콤 개혁 등 미디어지형 개편에 시동」. 『KBS 해외방송정보』.
조성민 (2006). 『언론의 자유와 국가 개입의 한계 : '신문 등의 자유와 기능보장에 관한 법률'을 중심으로』. 서울대학교 박사학위논문.

조은기 (2008). 「원가산정을 통한 케이블 이용요금 적정성연구」. 방송통신위원회 연구보고서.
조은기 · 김영환 (2007). 「케이블TV 프로그램 사용료 적정배분비율 연구」. 방송위원회 보고서.
조한범 (1999). 「남북 사회문화 교류 · 협력의 평가와 발전방향」. 『연구총서 99-13』. 통일연구원.
조항제 (2003). 『한국의 민주화와 미디어 권력』. 한울아카데미.
주창윤 · 유선영 (2004). 「통일 관련 프로그램의 분석과 개선방향」. 『통일방송연구』, 제11호. KBS 남북교류협력팀.
최민재 (2009), 「소셜 미디어의 확산과 미디어 콘텐츠에 대한 수용자 인식연구」. 한국언론정보학회 학술대회, pp. 5~31.
최성진 (2009). 「미디어 산업 재편에 따른 케이블방송 현황과 전망」.
최영묵 (1997a). 『방송공익성에 관한 연구: 방송공익성과 심의제도』. 커뮤니케이션북스.
최영묵 (1997b). 「통일 후 한민족 정체성 확립을 위한 방송의 역할」. '97 한국방송학회 봄철 학술대회 발표논문집, pp. 39~46.
최의철 · 신현기 (2001). 『남 · 북한 통일정책과 교류협력: 동서독, 중국 · 대만 사례와의 비교』. 백산자료원.
최진봉 (1999). 「북한방송 개방과 통일방송 프로그램에 대한 고찰」. 『北韓』, 5월호, pp. 84~193. KBS 남북교류협력팀.
최춘흠 (1998). 「중 · 대만 비정치 분야 교류 · 협력실태에 관한 연구」. 『연구보고서 98-19』. 민족통일연구원.
통일부 (2003). 『참여정부의 평화번영정책』. 통일연구원.
통일부 (2008). 『이명박정부 대북정책은 이렇습니다』. 통일연구원.
통일부 (2008). 『통일문제이해』. 통일부 통일교육원.
통일부. 『통일백서 1997』, 『통일백서 1998』, 『통일백서 1999』, 『통일백서 2000』, 『통일백서 2001』, 『통일백서 2002』, 『통일백서 2003』, 『통일백서 2004』, 『통일백서 2005』, 『통일백서 2006』, 『통일백서 2007』.
하용출 (2003). 『북방정책: 기원, 전개, 영향』. 서울대학교출판부.
한국 케이블TV 방송협회 (2007). 「케이블TV 가격대별 가입 비율」.
한국 케이블TV 방송협회 (2010). 「주요 PP자체제작 투자현황」. 케이블협회 내부자료.
한국디지털위성방송 (2007). 『skylife 개국5년사』.
한국방송공사 (2003). 「분단국 사회문화통합의 이해」. 『통일방송연구 9』. KBS 남북교류협력기획단.
한국신문협회 (2006). 「2006 한국신문」. 한국신문협회.
허문영 (1999). 「대한민국의 통일정책 변천사」. 『민주시민교육논총』, 제4권, pp. 113~129.
홍대식 · 박훈 (2009). 「방송발전기금 부과기준의 개선방안 연구」. 방송통신위원회 연구보고서.
황근 (2007). 「유료방송시장 콘텐츠 현황 및 평가」. 한국언론학회 봄철 정기학술대회 발표문.
황병덕 외 (2000). 『신동방 정책과 대북포용정책-브란트와 김대중의 민족 통일 대구상』. 두리 출판사.
AGB닐슨미디어리서치 (2007, 2008, 2009). 『연간시청률 동향보고서』.

PP사업자 내부자료 (2010. 5. 24). 「방송콘텐츠 산업화를 위한 PP 관련 정책 제언」.

국영텔레비전방송사업운영에관한임시조치법 [법률 제1195호, 1962. 12. 3. 제정]
국영텔레비젼방송사업특별회계법 [법률 제1196호, 1962. 12. 3. 제정]
방송법 [법률 제1535호, 1963. 12. 16. 제정]
방송법시행령 [대통령령 제1634호, 1964. 2. 10. 제정]
방송법 [법률 제2535호, 1973. 2. 16. 일부개정]
방송법시행령 [대통령령 제6581호, 1973. 3. 21. 개정]
한국방송공사법 [법률 제2418호, 1972. 12. 30. 제정]
언론기본법 [법률 제3347호, 1980. 12. 31. 제정]
언론기본법 시행령 [대통령령 제10190호, 1981. 1. 29. 제정]
방송법 [법률 제3978호, 1987. 11. 28. 제정]
방송법시행령 [대통령령 제12432호, 1988. 4. 19. 폐지제정]
한국방송공사법 [법률 제3980호, 1987. 11. 28. 전부개정]
방송문화진흥회법 [법률 제4032호, 1988. 12. 26. 제정]
종합유선방송법 [법률 제4494호, 1991. 12. 31. 제정]
방송법 [법률 제6139호, 2000. 1. 12. 폐지제정]
방송법 [법률 제9280호, 2008. 12. 31. 일부개정]
KBS (2010). 『방송제작 가이드라인』. KBS 한국방송.
MBC (2010). 『방송제작 가이드라인』. MBC 문화방송.
SBS (2008). 『SBS 사회공헌자료집』. SBS.
SBS (2001~2008). 『SBS 매거진』 1월~12월. SBS.
KBS 연감(2002~2009). 『2001 KBS연감』~『2008 KBS연감』. KBS 한국방송.
MBC 연감(2002~2009). 『2001 MBC연감』~『2008 MBC연감』. MBC 문화방송.

Busterna, J. C. (1988). Television station ownership effects on programming and idea diversity: Baseline data. *Journal of Media Economics*, 1(2), pp. 63~74.

Curran, J. (2002). *Media and power*. Routledge.

De Jong, A., & Bate, B. (1991). Channel diversity in cable television. *Journal of Broadcasting and Electronic Media*, 35(2), pp. 159~166.

Dongsbach, Wolfgang (2004). Psychology of news decisions: Factors behind journalists' professional behavior, *Journalists* 5(2), pp. 131~157.

Ettema, J. S., Whitney, D. C. & Wackman, D. B. (1987). Professional mass communicator, C. R. Berger & S. H. Chaffee (Eds.), *Handbook of communication Science*. pp. 747~779, Newbury Park, CA: Sage.

Feintuck, M. (1999). *Media regulation, public interest and the law*. Edinburgh: Edinburgh University Press.

Fishwick, F. (1993). *Making sense of competition policy*. Kogan Page.

Johnson, L. L. (1994). *Toward competition in cable television*. Cambridge, MA: MIT Press.

Jones, A., & Surfin, B. (2001). *EC competition law: Text, cases and materials*. Oxford University Press.

Kelly, D. & Donway, R. (1990). Liberalism and free speech. In J. Lichtenberg(Eds.), *Democracy and Mass Media*. NY: Cambridge University Press.

Lacy, S., & Riffe, D. (1994). The impact of competition and group ownership on radio news. *Journalism Quarterly*, 71(3), pp. 583~593.

Lasswell, H. D. (1948). The structure and function of communication in society. in L. Bryson,(ed.), *The communication of ideas*. New York: Harper.

Levin, H. (1971). Program duplication, diversity, and effective viewer choices: Some empirical findings. *American Economic Review*, May, pp. 81~88.

Litman, B. (1979). The television networks, competition and program diversity. *Journal of Broadcasting*, 23, pp. 393~409.

McChesney, R. W. (2003). Public broadcasting: Past, present and future. in McCauley, M.P., Peterson, E. E., Artz, B.K., DeeDee, H. (Eds.), *Public broadcasting and the public interest*. M. E: Sharpe.

McQuail, D. (1992). *Media performance, mass communication and public interest*. Newbury Park, CA: Sage.

Napoli, P. M. (2001). *Foundations of communications policy*. NJ: Hampton Press.

Nordenstreng, K. (1997). Beyond the four theories of the press. In J. Servas & R. Lie (Eds.), *Media and politics in transition*. Leuvon: Acco.

Owen, B. (1977). Regulating diversity: The case of radio formats. *Journal of Broadcasting*, 21(3), pp. 305~331.

Owen, B. M., & Wildman, S.S. (1992). *Video economics*. Cambridge, MA: Harvard University Press.

Roland, T., & Sylvia, D. (2000). *Deutschland einig rundfunkland?* 이우승 역 (2002). 『독일 방송 통일』. 커뮤니케이션북스.

Scannell, P. (1989). Public service broadcasting and modern public life in media. *Culture and Society*, 11, pp. 135-166.

Schmitz, Michael (2000). 「분단독일과 독일 통일과정에서의 서독TV의 역할」. 한국방송공사 편, 2000 KBS 통일방송 국제심포지엄: 남북한 화해 · 협력시대의 방송의 역할 발표문, pp. 1~16.

Syvertsen, T. (1999). The many uses of the public service concept. Nordicom Review, 1.

Wildman, S. & Owen, B. (1985). Program competition, diversity and multichannel binding in the new video industry. In E. M. Noam (Eds.), *Video media competition: Regulation, economics and technology*. NY: Columbia University Press.

Youn, S. (1994). Program type preference and program choice in a multichannel situation, *Journal of Broadcasting & Electronic Media*, 38(4), pp. 465~475.

<중국대만망> http://www.chinataiwan.org/jl/xw/201002/t20100226_1265122.htm

<sina뉴스> http://news.sina.com.cn/c/2009-10-21/185816476481s.shtml

<sohu뉴스> http://news.sohu.com/20081217/n261265532.shtml

# 찾아보기

# The Unification Broadcast for Multimedia & Multichannel Era

Seg-Min Youn, Jin-Ah Bae, Jeong-Rae Kwak,
Hyun-Woo Lee, Jeong-Hwa Chaeeds

In the context of a multi-channel, multi-platform broadcasting system, "strengthening national homogeneity" and "national reunification" should be emphasized as fundamental broadcasting principles. This study examined broadcasting legislations, programming, the understandings (Might you mean "awareness" or "knowledge?") of working level (I am not quite sure what is meant by this. Might we omit it and simply use "staff"?) staff, and changes in the broadcasting media environment in order to identify how broadcasting media may contribute to overcoming sociocultural differences between South Korea and North Korea. Major findings are as follows.

First, the current broadcasting laws hardly reflect the sentiments of the present times: "national homogeneity" and "national reunification." In addition, the current broadcasting laws define the provisions regarding "national homogeneity" and "national reunification" vaguely. We suggest that broadcasting laws be revised to include clear provisions regarding "strengthening national homogeneity" and "national reunification" in light of the reunification-oriented constitutional spirit.

Second, regular programs which cover North Korea and reunification need to be improved. These programs should make efforts to find new material and develop a new program format. In addition, there should be various genres of reunification programs, including dramas, variety shows, and children's programs in order to deliver reunification issues in more interesting ways.

Third, working level staffs (Please see my comment above.) of reunification programs lack awareness of the importance of broadcasting in the reunification process. Broadcasting companies need to define not only their own roles in the reunification process, but also develop specific action plans for mutual exchange and program production. Meanwhile, it appears that broadcasting companies are not interested in fostering reunification experts. However, we suggest that broadcasting companies need to secure reunification experts through their own education programs and by hiring external experts.

Finally, changes in the broadcasting media environment should be considered. Nowadays, various media platforms and channels compete for their audience's attention, unlike the monopoly of a few television networks in the past. Thus, the roles of broadcasting media in the reunification process need to be planned while also taking into consideration the complex competition that exists among various media platforms and channels. Especially, "national homogeneity" and "reunification-orientation" should be fundamental principles of public broadcasting in the changing media environment. TV programs regarding reunification need to be designated as mandatory programs. Furthermore, these programs have to be aired during prime time slots and on basic channels so that they are easily accessible to ordinary audiences.

## 저자약력

### 윤석민

현, 서울대학교 언론정보학과 교수
서울대학교 언론정보학과 학사, 석사
미시간주립대학교 매스미디어 박사
통신개발연구원(현 정보통신정책연구원) 연구원 역임
방송개발원(현 한국콘텐츠진흥원) 선임연구원 역임
전, 경원대학교 신문방송학과 교수
논저: 『다채널TV론』(1999), 『커뮤니케이션 정책연구』(2005), 『커뮤니케이션의 이해』(2007), 『한국사회 소통의 위기와 미디어』(2011) 외 다수

### 배진아

현, 공주대학교 영상광정보공학부 부교수
이화여자대학교 신문방송학과 학사, 석사, 박사
문화방송 편성국 전문연구위원 역임
방송위원회(현 방송통신위원회) 정책연구실 연구원 역임
논저: 『텔레비전 프로그램과 시청자』(공저), 『가족과 미디어』(공저), 『지역 미디어』(공저), 『디지털 마니아와 포비아』(공저)

### 곽정래

현, 서울대학교 언론정보학과 강사
현, 서울대학교 언론정보연구소 연구원
서울대학교 언론정보학과 석사, 박사
동국대학교 신문방송학과 학사
전, 한꿈학교(탈북청소년 대안학교 교감 역임)
논저: 「북한이탈주민의 커뮤니케이션 활동과 시민성 형성」(2011, 단독) 외 다수

### 이현우

현, 서울대학교 언론정보학 박사 수료
서울대학교 언론정보학 석사
성균관대학교 신문방송학 학사
논저: 「국회 상임위원회의 법안 공동발의 연결망 분석」(2011, 단독) 외 다수

### 채정화

현, 이화여자대학교 언론홍보영상학과 박사 수료
이화여자대학교 언론홍보영상학과 석사
부산대학교 독어독문학과 학사
KBS부산방송총국 구성작가
문화방송 홍보심의국 심의평가부
논저: 「방송광고 자율심의체제에서의 합리적 심의제도에 관한 탐색적 연구」(2011, 공저) 외 다수